日本近代史研究の軌跡

大石嘉一郎の人と学問

大石先生追悼文集刊行会【編】

日本経済評論社

大石嘉一郎先生

（2006年11月21日逝去、享年79歳）

1978年　美代子夫人とケルンの家の前で

1997年９月17日　古稀のお祝い会

前列左から次男妻・明美さん、孫・緑さん、孫・桃さん、右隣は美代子夫人、
孫・亘さん、妹・本田高子さん、後列左から長男・嘉彦さん、次男・昇さん、
弟妻・啓子さん、弟・道夫さん、甥・勇さん

1997年３月　孫たちとともに

上：福島大学時代の
教え子とともに

中：産業革命研究会合宿
左から石井寛治さん、
中村政則さん

下：1967年ごろ　新大阪ホームにて
左から佐藤昌一郎さん、右隣は石井寛治さん、高村直助さん、村上勝彦さん

上：1976年度
土地制度史学会高知大会
古島敏雄さん（左）
高橋幸八郎さん（右）

下：1980年代前半、長野県五加村の調査。
五加村役場資料を保管していた旧五加村
役場倉庫前にて
前列左から土方苑子さん、大島栄子さん、
安田浩さん、後列左から大門正克さん、
栗原るみさん、金澤史男さん、
右隣は西田美昭さん、林宥一さん。

1998年 9 月 7 日　日本鋼管にて、近代日本都市構造史研究会

左から大門正克さん、加藤千香子さん、土方苑子さん、沼尻晃伸さん、
右隣は林宥一さん、金澤史男さん、安田浩さん、柳沢遊さん、田中重博さん

2000年 1 月18日　明治学院大学での最終講義、最後のゼミ生たちと

日本近代史研究の軌跡——大石嘉一郎の人と学問

はしがき

大石嘉一郎さんは、実に多くの研究者に影響を与え、また多くの研究者から慕われた。大石さんの存在の大きさは、昨年一一月二一日の逝去とともに私たちを襲った喪失感の大きさによって実感された。したがって、二三日の通夜、二四日の告別式のときから、大石さんを偲ぶ会をやりたいという気持ちは多くの人に共有されていたといってよく、このことは今年の四月三日に神田の学士会館で実現し、文字通り大石さんの学問と人柄を偲ぶことができた。そしてこの偲ぶ会の準備の過程で、大石さんを追悼する書物を出版したいという意向が、大石ゼミ出身の研究者などから強く示され、五月に、「大石先生追悼文集刊行会」をあらためて立ち上げたのである。

どのような内容の「追悼文集」にするかについては、研究書としての性格を強くもたせる案や、追悼文を主体に編集する案など、いろいろなアイデアが出されたが、最終的に本書のような構成に落ち着いた。第I部は、「偲ぶ会」の記録である。六人の研究者が、大石さんの学問をさまざまな角度・領域から論じているが、大石史学のスケールの大きさを実感していただけるのではないかと思う。また美代子夫人からは大石さんが病魔と闘いながら最後まで、『近代日本地方自治の歩み』の執筆を続けていたことが述べられ、参会者に感銘を与えたのである。

第II部は、ご家族、友人、教え子、同僚、研究会仲間、学会関係者などからの追悼文で構成されている。大石桃さんからは、大石さんが研究者に慕われていただけでなく、ご家族からも敬愛されていたことを教えていただくことになった。この第II部により、大石さんの人柄・学問が余すところなく示されることになったのであり、寄稿されたお一人、お一人に心から感謝したいと思う。なお、掲載の順序とグルーピングは、便宜上「刊行会」事務局のほうで行ったが、不適切なまとめ方になっている場合もあるかもしれないので、その場合はご海容をお願いしたい。

第Ⅲ部は、大石さん自身が、すでに病魔に襲われていた二〇〇三年に執筆した二つの小文と一九八七年に行われた「座談会」を掲載した。前者は、戦前期日本資本主義の性格をどう捉えるかを総括的に述べたものと、大石さん自身の研究史と見通しを示したものである。後者は、大石さんの研究者としての歩みがそのルーツも含めてよくわかる。この三本をあわせ読めば、大石史学の輪郭が浮かび上がると思う。またこれらは、すでに入手しにくくなっているので貴重なものである。

第Ⅳ部は、大石さんの経歴と業績である。特に業績については事務局の責任でなるべく広く拾い上げたつもりであるが、落ちがあることを恐れる。

最後に、大石さんの死を悲しみ、また大石さんの学問に敬愛の念をもって本書の刊行を快諾された日本経済評論社の栗原哲也さん、谷口京延さん、そして本書の編集実務を担当した新井由紀子さんに心から感謝したい。

二〇〇七年一〇月

大石先生追悼文集刊行会を代表して　西田美昭

［大石先生追悼文集刊行会］

阿部武司　安在邦夫　石井寛治　伊藤正直　大門正克

加瀬和俊　金澤史男　鈴木邦夫　武田晴人　西田美昭

沼尻晃伸　長谷川信　柳沢遊

日本近代史研究の軌跡——大石嘉一郎の人と学問

目次

2 学生時代から福島大学へ

3 東京大学時代

Ⅰ　大石史学の射程――「偲ぶ会」から

明治学院大学の教学改革に関する座談会（2002年）

大石さんの人と学問

石井寛治
（東京大学名誉教授）

発起人の一人として一言ご挨拶申上げます。本日は大石嘉一郎先生を偲ぶ会に、年度初めのお忙しい時期にもかかわらず、このように大勢お集まり下さり、誠にありがとうございます。この会は、大石先生のご葬儀のお手伝いをした者のなかから、葬儀のときの弔辞だけでなく、もう少し詳しく大石先生の学問について専門の人達から話を聞きたいという声があがり、東京大学大学院での大石門下の人々を中心とし、それに若干の人が加わって計画を練りました。さまざまな方々に発起人をお願いしたところ、全員の方々が快く引受けて下さり、厚くお礼申上げます。

大石先生の研究分野は、近代日本経済史を中心としながら大変広範囲に亘っておりますので、今日は、その中から、農村史、民権運動史、経済史、都市史、地方自治史の五分野を取り上げ、大石先生と共同研究をされた方々から、大石先生の学問についてお話いただくことにしました。その他にも、福島大学、東京大学、明治学院大学での教員としての大石先生のご活動や、東京大学社会科学研究所所長ないし日本学術会議会員としてのご活躍、あるいは土地制度史学会や歴史学研究会での学会活動など、伺いたいことはたくさんありますが、それは、後の懇親会の場所で何名かの方々からお話いただくことにしまして、まずは、五つの分野の専門家からお話を伺いたいと思います。

ということで、私の最初のご挨拶は、ここで終わる予定だったのですが、その後、本日の会合の計画を立てた若い諸君が、「大石さんの人と学問」という題を作って私に話すように言ってきましたので、ほんの少しだけ付け加えます。もっとも、大石さんのお人柄について語るには、お酒の話が欠かせないのですが、残念ながら下戸の私には、その資格がありませんので、学問面に現われたお人柄について、大石さんご自身が私に向かって語られた言葉を手掛かりにして、いかに大石さんが「自信と謙虚さを併せ持つ希有な研究者」であるかをお話したいと思います。

研究者としての大石さんについて、かつて歴史家の大江志乃夫氏は、大石氏が自信に溢れた姿勢で論争してくる様子は「剛速球投手」のようで、「ビシビシとまん中に投げ込む」ので、「これほど手ごわく、しんの疲れる相手はいない」と評したことがあります（『日本読書新聞』昭和三九年六月二二日号）。私もまったく同感で、かつて歴史学研究会の大会に、福島大学から出席された大石さんが、山田盛太郎氏の『日本資本主義分析』を論じた報告者の間違いを指摘するのに、「あなたのいう山田さんは一体どこの山田さんですか」と鋭く詰め寄って、報告者を絶句させたことがあり、その議論の厳しさに、出席者一同息を呑みました。研究史の厳密な把握とその批判的検討の上に、大石さんは自信をもってつぎつぎと新しい見解を提起されましたが、独創的な見解を提起される場合には、必ずその背後に分厚い独自な実証の蓄積があったように思います。例えば、一九五七年、三〇歳のときに発表された「農民層分解の論理と形態」は、大石さんの歴史理論の把握の独自性を示した画期的な論文で、滅多に人の仕事を褒めない大塚久雄先生が、「大石君のあの論文は非常に良く出来ていますね」と大学院の授業で高く評価されたのを覚えていますが、その論文を大石さんが執筆されたのは、ちょうど古島敏雄先生たちとの伏黒村の歴史共同調査を進めていたときのことでした。幕末開港による生糸・蚕種の輸出が始まると、伏黒村でのそれまでの地主小作関係に変化が生じ、下層農民が上昇して「自小作前進型」の分解が見られるようになることを実証されたのですが、そうした実証を踏まえることによって、大石さんは、世界史的法則としての地主制成立の必然性と、日本資本主義の構造的特質に基づくその持続性を区別するという見方を自信をもって提起されたのだと思います。

このことを、私は、一九九九年に大石嘉一郎著作集が第四巻まで刊行されたことを記念して開かれた会合で報告したことがあります（石井寛治「戦後歴史学の批判的総括と今後の研究方向」『土地制度史学』一六五号）。そうしましたら、報告の後で大石さんは、私に向かって、「僕は理論よりも史実の方がはるかに重要だと考えてきた」ということをポロッと言われたのです。それを聞いて、私は、ハッとしました。大石さんの論文は、どれも厳密でしかも複雑な理論的把握が書きこまれていて、最近の大学生に読ませようとしてもほとんど歯が立たないようなのですが、大石さんの議論の複雑さは、対象とする近代日本の複雑な構成を解き明かすための手段として考え抜かれた結果なのだと言うことを教えられたと思ったからです。ある時、大石さんは、私に向かって、日本の近世史家は国際的条件を捨象して対象を把握できるから議論が単純化しやすいが、そうした単純な見方で近代史を理解しようとしても無理なんだよ、と言われたことがあります。実は、大石さんが批判された近世史家は、私に向かって、日本の中世史家の多くは、在地領主や名主が、一面では下人などを支配しながら、他面では荘園領主によって支配されているという中世社会の複雑な構成を十分理解していないから駄目なんだよ、と述べておられたので、大石さんによる批判を聞いた私は、それこそ複雑な気分がいたしました。このように考えると、大石さんは歴史家の中では大変理屈っぽいタイプだと見なされていますが、実は、本質的なところでは史実に徹底的にこだわるタイプの歴史家なのだと思います。

ところで、そうした自信に溢れた大石さんが、他面では、研究者として大変謙虚な方でもあったということを、ここでは、ぜひ指摘しておきたいと思います。私を含めて、多くの研究者は、一旦自分独自の見解を打ち出すと途端に自信過剰に陥って、他人からの批判に耳を傾けなくなるか、あるいは、謙遜ばかりして自分の次の研究成果をなかなか世に出そうとしないか、どちらかになる傾向がありますが、大石さんはそのどちらでもありませんでした。後でいろいろな研究会でのリーダーとしての大石さんの議論の仕方が紹介されると思いますが、私の知る限りでは、決して自分の見方を押しつけるのでなく、若手のさまざまな対立する見解を思いきって出させて議論した上で、ご自分の説をも乗り越える新しい理論的枠組みを作り出そうとされたように思います。問題は誰が言うかでなく、どんな中身を言うかだというわけで、ご自分の従来の理解が間違っていそうだと気がつけば、じっくりと考えた上で率直に訂正されました。この点は、大石著作集に収録された諸論文それぞれの末尾にある「補注」を読めば詳しく知ることができます。学問的真理に対しては謙虚でなければならず、自説の欠陥は絶えず改めなければならないという思いが大石さんには常にあったのでしょう。真理に対して謙虚であるために、議論にさいして自由で柔軟な姿勢を取るという点では、大石さんは、戦前の研究者では、野呂栄太郎氏と似ているように私には思われますが、この点は、東京大学出版会の『UP』に一寸書きましたので省略します（石井寛治「近代日本経済史再考」『UP』二〇〇六年一〇月号）。

そうした真理への畏敬という姿勢は、研究者は誰しも多かれ少なかれ持っているものですが、大石さんの場合は、研究仲間に対して、ご自身の学問の歴史的限界を率直に認められる点がユニークであって、これはなかなか凡人には真似できないところだと思います。いつだったか忘れましたが、大石さんは、私や中村政則さん、高村直助さんに向かって、「僕のやってきたことは、戦後歴史学の成果を纏めて君たちに伝えることにすぎない。新しい歴史学は君たちが作らなくてはいけない」と言われたのを覚えています。私などから見ますと、大石さんは戦後歴史学の最も優れた担い手の一人ですから、その成果をさらに発展させてほしいとか何とか言ってくれればわかるのですが、自分は成果の伝達者にすぎないと言われたので吃驚しました。これは少々厳しすぎる自己評価のようにも思われます。もしかすると、東京大学に一九六三年一〇月に来られてからの大石さんは、福島大学時代のような実証研究に没頭する余裕がなくなったため、若手研究者を組織して共同研究を進めることに力を注ぐしかなくなり、そのためにご自身の研究の独自な展開が思うように行かなくなったと感じておられたのかもしれません。しかし、あの小林昇先生が、福島大学時代の大石さんについて、「同君は福大にあっても、人の和と研究の進展とをともに支える、若手の中心人物となった」と述べたのに続いて、「この青年のいちじるしい特徴は、心のゆとりと真摯で集中的な研究とを楽々と両立させていた点であって」云々（小林昇『山までの街』八朔社、二〇〇二年、一五〇頁）と記しておられるのを読むと、大石さんは福島大学時代から、猛烈に研究に打ちこみながら、その自分を客観的に評価する「心のゆとり」をもっておられたことがわかります。その「ゆとり」がいったいどこから生まれたのかは、私にはよくわかりません。もしかすると、家業の醸造業に携わっていたことが、ご自分の学問的営みそのものを相対化することにどこかで繋がったのかもしれません。いずれにせよ、大石さんは、私の見るところでは「自信と謙虚さを併せもった希有な研究者」であり、そうした研究者として、私は限りなく尊敬しております。

晩年の大石さんは、おそらく、二〇世紀社会主義の崩壊という大事件を解き明かすには、戦後歴史学のパラダイムだけでは到底不可能なので、新しい歴史分析の方法の開発と地道な実証研究を君たちに期待すると、われわれに発破をかけられたのでしょう。そうだとすると、私達、跡に残された研究者は、自分達に対して大石さんが抱いた期待が非常に大きいことに気づくべきだと思います。今日の会合が、そうした私達のこれからの研究活動に対して、いくらかでも示唆を与えてくれれば、発起人の一人として大変嬉しく思います。

以上、拙い言葉ですが、これをもって開会のご挨拶に代えさせていただきます。

大石さんの農村研究の方法

西田美昭
（東京大学名誉教授）

1　すべての史料に当たる

私が大石さんと農村史料調査を基に共同研究をまとめるという仕事は二つありましたが、キイワードは、「すべての史料に当たる」ということに集約されるように感じています。一つは、岡山県の牛窓町の西服部家の膨大な地主史料の分析です。これは一九八五年に大石嘉一郎編著『近代日本における地主経営の展開』（御茶の水書房）として刊行されました。この共同研究は、東京と岡山を中心として研究者一四人が参加して行われ、農業先進地域の大地主経営の実態をその段階的変化を含めてあきらかにすることができたと考えています。この研究の特徴は、史料が膨大であったということもあり、共同研究という形になったことがまず挙げられますが、もう一つは大石さんの強い示唆もあり、完璧な史料目録をまず作った上で、本格的な研究を開始したことでした。この史料目録作成には共同研究者全員が参加したことはもちろんですが、岡山大学の学生・院生にも応援をしてもらいました。その結果、東京大学社会科学研究所の文献資料目録第六・七冊の『服部和一郎家所蔵文書目録』（一九七七年）、『服部完二家所蔵文書目録』（一九八〇年）を刊行することができました。この目録の最後の仕上げの段階では、当時社研の助手であった清水洋二さんと相当時間をかけて作ったことが印象にあります。しかし、結果的にはこの資料目録を作ったことで、邑久・周匝・石生・赤穂・朝鮮などの小作地の所在地単位で、あるいは貸金・塩田などの事業部門ごとに法人化したり、服部家内部に有価証券などの財産管理を行う統括部門を置いたりしながら、独特の経営を展開した服部家地主経営の全体像が史料の整理・分類から次第に見えてきて、共同研究者それぞれの役割分担と相互関係もはっきりさせることができました。また研究史の上では、手薄であった近畿型地主の典型例を提示できたこと、一概に大地主といっても、①最後まで土地所有依存を変えなかった大地主、②第一次大戦を画期に有価証券投資家としての性格を強める大地主、③地方財閥化した大地主、の三類型に区分できること、西服部家は多数の大地主と同様、②の有価証券投資家としての性格を強める大地主の典型であることをあきらかにすることができました。「すべての史料に当たる」という大石流完璧主義は、手間暇かかって大変ですが最終的には合理的で意味があることを実感しました。

もう一つは、軍事関係を除けばほぼ完璧に役場史料がそろっていた長野県埴科郡五加村の共同研究です。この研究の内容については金澤さんから紹介されると思いますので、ここではこの役場史料の処理の仕方に絞って話してみたいと思います。五加村の役場史料の存在については、大江志乃夫編『日本ファシズムの形成と農村』（校倉書房、一九七八年）ですでに知られていました。そして、一九九九年に不慮の死を遂げた林宥一さんの論文などから五加村の史料が一級品であることは衆目の一致するところとなりました。大石さんは、自身がすでにこの史料の一部を使って「昭和恐慌と地方財政」という論文を社研の全体研究である『ファシズム期の国家と社会』に執筆していたこともあり、五加村役場史料を使って本格的な共同研究を組織しようと呼びかけられました。大石さんは、大江編の仕事は個々の論文にはいいものがあっても一級品の五加村役場史料を総体として分析していないのは問題だし、第一もったいないと批判し、林さんや安田浩さんという大江編の執筆者にも共同研究への参加を呼びかけ、一九七九年に五加村研究会を発足させました。研究会の発足事情がこういうことでしたので、研究会参加者はもちろんのこと、応援も頼んでまずやったことは、旧五加村役場の古い建物にぎっしり詰まっていた資料をすべて隣の小学校の体育館に運び出し、史料群ごとに並べ、原則として史料一点ごとに袋詰めをして史料名を書き出し、史料目録を作るという作業でした。埃にまみれてのこの作業は三K労働にも等しい凄まじいものでしたが、大石さんは戦時中の工場動員と比べればどうってことないという風情で、一作業員に徹していました。そして、一年半位かかって史料目録を作り、それからしばらくは史料群ごとに分担して報告をして、史料の全体像を把握するという研究会を続け、最後に研究の取りまとめ構成案を作るということになりました。この五加村研究会は、一二年の長期に及んだこともあり、「現地調査は二〇回を超え、研究会は六五回に達し」ましたし、基幹史料として分析で威力を発揮した『所得調査簿』のデータ入力と処理にも大きなエネルギーが割かれました。公正のため言っておけば、入力を始めた一九八三年当時、パソコンをまったく扱えなかった私と大石さんは、このデータ入力作業にはタッチしていません、というよりタッチできませんでした。若いメンバーの頑張りに完全に依存したことを明確にしておかなければならないと思っております。

しかし、取りまとめ構成案の作成では、大石さんの役割が非常に大きかったと記憶しています。もちろん共同研究ですから、研究会では何回も議論し、構成案も改定に改定を重ねていくのですが、大石さんの行政村の把握の仕方が全体の議論をリードしていったことは間違いないと思っています。大石さんが執筆した序章第一節の「課題と方法」では、「行政村の構造を、①行政・政治の場の基礎をなしている地域経済の編成と村民諸階層の構成、すなわち社会経済構造、②行政村と自然村とを通じて遂行される行政・財政の構成と機能、すなわち行財政過程、③行政村を場として展開される村民諸階層・諸部落の対抗、その支配と統合、すなわち政治過程、この三つのレベルの諸契機＝諸過程の総体として捉えることである」（一一頁）と記していますから、行政村を社会経済構造、行財政過程、政治過程という三者の相互規定的関係も含めて総体的に捉えることが方法として提示されたといってよいと思います。そして、こうした方法に基づいて章節立てが決められたことは、一九九一年にようやく大石・西田編著として刊行された『近代日本の行政村』（日本経済評論社）の目次を見れば一目瞭然ですし、そのことにより、五加村という行政村の歴史的展開過程をダイナミックに把握することが可能になったと思っています。

林宥一さんと大石さんが「総括」を共同で書いていますが、そこでは、五加村が成立した一八九〇年代は五つの部落間の対立が激しく、土地所有序列を基礎とする行政村の安定は得られなかったが、日清・日露戦期に至って、これが安定すること。第一次大戦期以降、農民的小商品生産の中下層農家への浸透にともない、村政担当層に階層的変動が生じ、昭和恐慌期には小作争議を背景として、部落間対立が新たな装いを持って展開すること。戦時期には、総力戦の論理の下で行政村の「事業統一」が進められ、部落間対立は「解消」されますが、下層農民の政治・行政への参加はよりいっそう深化したこと。戦後改革期には、共産党員村長の誕生からそのリコールという激しい政治変動を五加村は経験しますが、これは、「戦後改革により創出された経済構造を前提とする新たな政治体制の下に行政村が定置されたことを意味していた」（七五四頁）こと、などを指摘しています。そして全体としては、「地方政治における大衆政治構造の進展、行政村を基礎単位とする地域的公共関係の形成、『行政村と自然村の二重構造』の解消、という一連の過程」が、「相互規定的に進行したこと」（七六二頁）が、五加村の史料分析からあきらかになったということだと思います。

「すべての史料に当たる」という大石さんの農村研究の方法は、共同研究者全員のものとして了解され、すべての史料に当たらなければ絶対得られない研究の質を結果として、五加村の研究に付与することになったのではないかと考えています。

2　県内町村をくまなく歩いた上で地域類型（先進・中間・後進）をつくる

私が体験した「すべての史料に当たる」という大石さんの研究方法は、一九七〇年代中頃からのものですから、大石さんが四〇歳代後半以降ということになります。では、それ以前の大石さんはどうであったかということになりますが、結論からいえば、「すべての史料に当たる」という姿勢は、大石さんの研究方法に一貫しているということです。

大石さんは、東大社研を退職されるときの座談会で、一九五〇年から一九六三年までの福島大学時代一三年間を振り返って、「とにかく福島県内をあっちこっち資料を探して歩きました。極端に言いますと、福島県内で行かない町村がほとんどないぐらいに歩いたという感じです」「資料調査をよくやりましたので、今でもそういう資料に即した仕事が大事だという感覚が身についていると思います」と語っています。このことは、一九六一年に出版された『日本地方財行政史序説』（御茶の水書房）がなぜ名著といわれる評判を得たかということにもかかわってくると思います。もちろん、この本のエッセンスは、自由民権運動が小ブルジョア化しつつあった豪農層によって担われていたこと、明治地方自治制がこうした自由民権運動の中で出された地方自治要求への対応体系として成立したことを実証的にあきらかにしたことであると思います。大石さんによれば、「自由民権運動の指導者豪農層が、国会開設という形式的妥協で政府党に転化した究極的な基礎が、彼らの寄生地主＝商人資本への転成であったと同様に、地方自治制という形式的妥協で自由民権運動に見られた近代的地方自治の要求が放棄された基礎は、指導者層の「近代的」村落支配者たる寄生地主＝商人資本への転成であった」（四一六頁）というわけです。しかし私が注目したいのは、こういう結論に達するまでのプロセスです。大石さんは、福島自由民権運動の拠点地域の村レベル・個人レベルの史料を渉猟し、「福島事件の主導者を排出した旧肝煎＝所謂『豪農』層は、自ら農民的商品生産の指導者として分解の波頭に立たされ、一部は没落し、一部は例えば宇田家のごとく豪農経営を持続し、そうして多くの者が地主化の道を辿っていく。この地主化の先頭を切るのは比較的大きな豪農であり、遠藤直喜や前田耕作など民権運動からいち早く転身するものにその例をみることができる」（一五七頁）として、豪農にも、没落するもの、小ブルジョア的経営を維持しつつ民権運動の担い手になるもの、地主化して運動から手を引き転身するものがあることを見出します。大石さんが、「農民層のブルジョア的分解と『地主・小作分解』」（一五六頁）という二つの道を問題にするのは、以上のような当時の現実を史料の渉猟・分析により確認していたことが大きいと思います。また、大石さんは、民権運動期の農民層分解のあり方から、福島県内を、「寄生地主＝商人資本による農村の支配体制が確立しつつあった」（八八頁）先進地帯、「地主・小作関係の生成は部分的且つ微弱」で「小ブルジョア経済関係を生成」（同）させていた中間地帯、「農奴主的地主の寄生地主への転化」（八九頁）が一般的であった後進地帯の三地帯に区分し、中間地帯で民権運動が高揚していることを主張していますが、これも県内をくまなく歩いて史料に当たった実感を踏まえたうえで、理論的に整理したということだと思います。

自由民権運動についての、「明治政府に連繋する反民権派は、主として城下町・宿駅・市場町などを中心とする、すでに商工業と地主制の発展した地帯、ならびに山間僻地の経済発展のおくれた地帯において優勢であり、明治政府に対立する民権派は、町場と山間僻地との中間、町の周辺の農村地域において優勢であった。そして、これを経済発展の地域差と関連づけて把握すれば、すでにみた『中間地帯』において民権運動は高揚したのであり、『先進地帯』と『後進地帯』では民権運動は高揚しなかった、ということである。さらに、運動の発展過程との関連で言えば、民権運動がなお『士族民権』『上流民権』としてあった段階には、その担い手が農民階級と結合しないために、特定の経済的地域性と結びつかなかったが、それが『平民民権』『豪農民権』へと発展し農民を同盟者とするに至って運動は『中間地帯』に移行し、そして、農民の蜂起をともなう激化段階では、運動は、最も典型的な『中間地帯』に限られて行った」（三二一三頁）という大石テーゼは、「福島県内で行かない町村がほとんどないぐらいに歩」き、「資料調査をよくやりました」という大石さんの研究方法・姿勢に裏打ちされていただけに、今日においても説得力をなおも ち続けているのだと思います。

3　社会経済構造・行財政過程・政治過程の三層構造を分析する

『日本地方財行政史序説』のもう一つの方法的特徴は、農民層分解のあり方と自由民権運動との関連、さらにこの自由民権運動と地方自治制の関連を追究するという三層構造分析とでもいうべき組み立てにあると思います。大石さんはこのことを『序説』では明示していませんが、「自由民権期における経済発展と諸階級」という章につづいて、「自由民権運動と地方自治」という章を設けていることから推察することができます。社会経済構造、行財政過程、政治過程という、「三つのレベルの諸契機＝諸過程の総体として捉える」という五加村の分析枠組みは、すでに『序説』でほぼ出来上がっていたといってよいのです。そしてこの分析枠組みは、農村研究だけでなく、都市を含めた日本社会全体の研究にも適用することができることは、いうまでもありません。大石さんの研究が、農村研究という域を超え、近代日本資本主義史の総体に及ぶ守備範囲の広いものになっていくのは、こうした分析枠組みを、若いときから自らのものにしていたからだ、と思われます。

自由民権運動研究と自由民権百年運動

安在邦夫
（早稲田大学文学学術院教授）

私のような者がこのような場に出席させていただき、さらには大石先生の自由民権運動研究についてお話し申しあげる資格を有するのか、正直迷い躊躇いたしました。しかし、これも大石先生の「もっと勉強しなさい」というお声と受けとめ、自由民権運動に関心を寄せ先生のご指導を仰いで参りました者として、「自由民権運動研究と自由民権百年運動」という題で、本日ご報告をさせていただくことにした次第です。

西田先生も大石先生の自由民権運動研究について触れておられましたが、周知のように、先生は福島大学時代には地方行財政史、自由民権運動史、そして寄生地主制の研究に取り組まれました。そして東京大学へ移られてからは、日本産業革命史、日本帝国主義史、近代日本行政村史、近代日本都市構造史と、ご研究の対象を広め深められていかれました。私がお話できますのは以上の諸分野のうち、自由民権運動研究という一分野の、その分野の中でも極めて限られた問題でしかありません。我が身の不勉強を恥じますとともに、理論・実証いずれの面におきましても、先生のご研究がいかに水準の高いものであったのかを現在改めて実感し、学ぶことの多さを再認識している次第です。

本題に入ります前に、先生との出会いについて少しお話しさせていただきたいと思います。大石先生についての思い出は、私の高校時代の記憶にまで遡ります。と申しますのは、先生の弟さんと高校時代私はクラスを同じくし、席が隣同士になったことがございます（ちなみに私が通っておりました高校は大石先生がお勤めになられていた福島大学経済学部のすぐ横にありました）。弟さんとは、お通夜の席で半世紀ぶりにお会いしご挨拶を申しあげましたが、なぜか明確に覚えておりますのが、国語の授業の折先生が弟さんに向かって「君のお兄さんはとても優秀なんだよな、現在福大ですごく活躍されているね」と言われたことです。私は、もちろん大石先生について存じませんでしたので、福島大学経済学部に在学中の中学時代の先輩に大石先生についてお聞きしましたところ、「ばりばりの理論家の先生。庄司吉之助先生とは対照的だけれども、共通しているのは学問へのすごい情熱。大石先生の講義は難しいが実に楽しい。先生方が揃っていて経済に来て本当によかったよ」という返事でした。のちに先生と面識を得ましてからは、先生は「君は僕の弟と一緒なんだよな」とよく言って下さり、また人に紹介して下さる時も「弟と同じ歳で、高校が一緒なんだよ」と話していただき、大変うれしく思ったものでした。

このような高校時代の記憶にある大石先生と、活字を通して出会うことになりましたのが、卒業論文執筆（「福島事件の一考察」。現在は福島・喜多方事件と呼ぶのが一般的）の折でした。高校時代私が興味を抱いておりましたのは、農地改革・家族制度・松川事件などでした。それは私の育ちました所は小作人の多かった貧しい農村で、戦後の農地改革で地主制から解放された喜びをよく耳にしていたこと、家父長制が強く残っており「家長権絶対」への懐疑心があったこと、高校時代の通学駅が松川駅で高校への往復途次松川事件の現場を通っていたことなど、が理由です。しかし、大学に進みましたもののいずれの問題も学問的な関心にまで高めることはできず、いつのまにか四年次を迎えることになりました。「六〇年安保」の翌年のことです。そして卒業論文の指導を受けテーマ設定となりました折、担当の先生から「地元で何か民主化を求める運動はなかったか」と問われ、また当事私も民主主義の有り様に強く関心を抱いておりました関係から、それまでおぼろげに記憶しておりました「福島事件」が浮かび、考えてみるということにした次第でした。

卒業論文は、大石先生・庄司先生などの論文を切り貼りした程度の誠にお恥ずかしいものでした。その不本意さから、福島事件について基本的なところから学びたく大学院に進みました。私が本格的に大石先生のご業績に接するようになりましたのは、したがって大学院で修士論文を書くときからでした。しかし、経済的な事情から学部を出てすぐ勤め、職を持ちながら院生生活を送らなければなりませんでした私にとって、史料収集の時間を得られないということは大きな悩みでした。そのような時に手に致しましたのが、大石先生などがおまとめになられた『福島県史』第一一巻近代資料一でした。まさになにごとにも代え難い宝を得た思いでした。本書を得て私は、とにかくこの一冊でわかることを修論でまとめようと心に決め、大石先生の解説文や通史編の関連箇所を繰り返し読ませていただきました。

高校時代の記憶以来、先生の存在はますます私の心の中で増幅して参りましたが、大石先生と直接お目にかかる機会を得ましたのは、あとで触れますが、一九八〇年五月自由民権百年運動の第二回準備委員会が開かれた時でした。この時私は、東京歴史科学研究会の近代史部会の運営担当者・自由民権百年運動の担当者として出席し、初めて大石先生にご挨拶申しあげる機会を得ました。その時の感動は今も忘れることはできません。自由民権百年運動はその年の一一月に実行委員会が結成される運びとなり、以後先生とはお目にかかる機会も多くなりましたが、より親しくさせていただく契機になりましたのは、全国集会がありました一九八一年の秋、『歴史評論』の主催で行われた「自由民権運動と現代」という座談会でした。私はそのコーディネーター役で、座談会は大石先生を座長に、遠山茂樹先生・上條宏之先生の三人の先生方に、自由民権運動の歴史的・現代的意義について語りあっていただくという趣旨で企画したものでした。ところがその場になって、大石先生から「おまえも参加して何か発言しなさい」といわれ、誠に忸怩たる思いをいたしましたが、急遽座談会に参加させていただくことになったのでした。この座談会の内容は『歴史評論』の一九八一年一一月号（三七九号）に載っております。読み返すたびに、不遜な行動であったとの思いを強く抱きます。

さて、先生との出会いについて長々と申しあげ心苦しく存じますが、次に大石先生の自由民権運動研究についてのご業績と自由民権百年運動で果たされましたご活躍について、述べさせていただきたいと思います。まず前者に関してですが、西田先生のお話にもございましたが、大石先生は福島大学にお勤めの時に自由民権運動のご研究に邁進されました。その経緯について先生は、「藤田さんと庄司さんの後につきまして、県内全域をいろんな歴史の資料を探して歩きました。……そのなかでとくに興味をもちましたのが、福島の自由民権運動なのであります」（「自由民権運動の今日的意義」『日本近代史への視座』東京大学出版会、二〇〇三年）と述べておられます。

大石先生が自由民権運動について本格的に研究されるようになったのは、一九五五（昭和三〇）年の歴研大会で自由民権運動についての報告を行った時からと拝察しております。これは堀江英一先生を代表に、大江志乃夫先生・大石嘉一郎先生・後藤靖先生が共同報告されたもので、この報告を機に自由民権運動史研究会を立ち上げ、自由民権運動の研究を深めて行かれました。自由民権運動の研究に関して果たされた先生のご業績は多岐に渉りますが、端的に記せば、長期的全体的視点に立って極めて精緻・実証的な検証を行うとともに、理論的な位置付けを行った、と指摘できるかと思います。そしてそれは次の二点で顕著に見られると私は理解しております。

第一の点は、社会経済史的な側面を特に緻密に検証しつつ、その状況と政治過程とをリンクさせ、自由民権運動を歴史的構造的に解明されたということです。その研究方法・視角・評価は基本的には講座派の流れの中にありますが、平野義太郎や服部之総らも厳しく批判し、独自の見解を披瀝されておられます。この点に関して具体的に記せば、以下の諸点を指摘することができるように思われます。

その一は、福島・喜多方事件に関する研究です。同事件について、「豪農層（特に小ブルジョア＝小地主としての小豪農）指導の、広範な小農民が運動推進の主力をなしたブルジョア民主主義運動の激化事件」と明確に規定し、さらに次のように指摘しておられます。

運動そのものの形態は、農民層の分解の初期的段階に規定された初期ブルジョア民主主義運動（本来は絶対主義成立期の農民闘争）であり、従ってたえず上昇転化を遂げざるをえない豪農によって指導されざるをえなかったと同時に、孤立分散的・割拠的であり、政府の弾圧・懐柔によって容易に敗退する性格をもつものであった。しかし、運動が全機構的に与えられた位置は、まさに産業資本の原始的蓄積期におけるブルジョア民主主義運動（本来は本格的ブルジョア革命）であったのであり、したがって、統一的国家権力そのものを改革することなくしてはその要求を貫徹しえない運命を持たされたのであり、また事実絶対主義国家権力そのものと対決したのである。しかし、かかる対決にふさわしい指導者たる国民的ブルジョアジーも、またプロレタリアートの指導も持ちえなかったのであり、わずかに輸入された革命思想が指導者たる豪農層・小ブルジョアによって鼓吹されることによって、その間隔が埋められたのである。（「福島事件の社会経済的基盤」。遠山茂樹・堀江英一編『自由民権期の研究』第二巻、有斐閣、一九五九年。ちなみに、自由民権百年運動前までは「福島事件」と呼ばれておりました同事件は、現在では一般に「福島・喜多方事件」と呼ばれるようになっております。これは百年運動の最中、『歴史評論』が同事件の特集号を組みました折、構成を一任されました際私が付しましたことを嚆矢としていると思います。以後私自身、この呼び名が適当であったのか自問自答しているところですが、先生は遺著となりました『近代日本地方自治の歩み』（大月書店　二〇〇七年）の中で、「福島＝喜多方事件」と記しておられます。「・」ではなく「＝」とされた意図と意味について、ぜひお教えいただきたかったと強く思ったことでした）。

その二は、以上の指摘は、自由民権運動全体に関する歴史的位置付けと受けとめてよいかと思われますが、ここでの指摘で明瞭なように、運動全体における「豪農層」の位置・役割を明らかにされたことです。その三は、二のことも関連しますが、豪農層の動向の変容を軸に自由民権運動の流れを、生成期＝一八七四〜七七年ころまで、昂揚期＝一八七七〜八一年ころまで、激化・分裂期＝一八八二〜八四年まで、退潮期＝一八八五年以降と把握し、全体像を提示されたことです（「自由民権運動と地方自治」『日本地方財行政史序説』御茶の水書房、一九六一年）。

自由民権運動研究に関する業績の第二の点は、一般に指摘されております自由民権運動の五大要求のうち、（憲法制定・国会開設・地方自治・地租軽減・条約改正）、特に地方自治問題に関し鋭い分析を行い大きな成果を示されたことです。実際この分野は、自由民権運動史研究の中では方法論的にもアプローチし難い分野であり、五大要求に関する研究の中では最も蓄積の希薄な分野と言ってよいと思われます。先生の地方自治史研究の歩みは、「私と地方自治研究」（『日本近代史への視座』東京大学出版会、二〇〇三年）で語られておられますが、先生にとり地方自治史は「研究を進めてきた主要な課題」（前掲『視座』はしがき）であり、その基本的視座には、「地方自治——二つの路線の交錯」（前掲『視座』第二章）と表記されていることからも推測されますように、官と民の対抗関係、資本主義の生産構造の一環として捉え分析されているところに特色が見られます。

地方自治に関する先生のご研究の意義を自由民権運動との関連で記せば、運動の目標の一つであったことから研究の対象とし解明されたというのではなく、自治を要求する運動が自由民権運動を国民運動に発展させる重要な契機となったことを実証されたことにあります。郡長公選・府県会規則の改正など地方行政立法に関する要求、国道線経費・監獄費用問題など地方財政に関する要求などの詳細な分析はもちろん、会津における道路開鑿問題も、官治的方法か自治的方法かという自治をめぐる問題として検討・検証されておられますことに、先生の方法論や視角の独自性がいかんなく示されております。いずれにいたしましても、前掲『日本地方財行政史序説』、や『近代日本の地方自治』（東京大学出版会、一九九〇年）は、自由民権運動研究上揺るぎない大きな位置を有しております。

次に自由民権百年運動でのご活躍について触れさせていただきます。

自由民権百年運動は、民主主義の源流としての自由民権運動の歴史的意義を確認すること、運動で捕縛・投獄され処刑された人々の復権を図りその事績を顕彰すること、そしてその精神を今に伝え、受け継ぎ学び現代に活かすことを目標として全国的に展開された壮大な研究・学習運動でした。同運動は、一九八〇年に入り具体化し、同年一一月、全国集会実行委員会が結成されました。そして第一回全国集会が一九八一年に横浜の神奈川県民ホールで、第二回集会が一九八四年に早稲田大学で、そして第三回が一九八七年に高知市で開かれました（各回とも一一月）。いずれの集会も、盛況で成功裏に終わりましたことは良く知られているところですが、この運動の最初の提唱者こそ大石先生でありました。

すなわち先生は、一九七六年初頭、次のように述べておられるのです。

明治百年（祭）のように、明治維新を王政復古を中心に考えて、あるいは王政復古よりちょっとさがった殖産興業的な日本の近代化を出発と考えて、その百年を祝うというような考え方があったのですが、それとの対抗ということで、自由民権百年（祭）というようなものを考えてみたらどうかと、最近思ってるんです（座談会「自由民権運動と日本の近代」『歴史公論』一九七六年一月号）。

ここには自由民権運動の流れの中に、日本における良質のもう一つの近代化を探る軌跡があったことを考えようという先生の意図を読み取ることができます。そして先生がこのような発言をされた背景としては、少なくとも次の諸点が指摘できるように思われます。第一は、憲法改正の動き、議会制民主主義や教育・平和の危機という、戦前への回帰的政治社会状況の噴出です。第二は、農業・地方の切り捨てによって進められる高度経済成長政策です。おそらくこれは先生の研究と極めて結び付くものであったと思います。すなわち高度成長経済政策のもとに進められる中央主導・依存型の乱開発に、先生は自由民権運動が対決した課題を重ねられたのであると思います。第三は、このような状況にもかかわらず自由民権運動研究には停滞が見られるという研究上の要請です。先生はよく「職業的研究者の研究停滞」を指摘されておられました。一九七〇年代に入りますと、周知のように民衆史・地域史・女性史研究などに新たな動向が見られ、独自の見方や学際的研究が進展して参ります。いわゆるアナール学派など、社会史的研究の浸透です。このような学派の影響が民衆史・地域史の研究を深めることにはなりましたけれども、その一方、豪商農層が活動の主体をなした自由民権運動に関しては、思想の側面を含めて厳しい評価が与えられるようになり、その結果研究への関心も薄れていく状況が作り出されるようになりました。先生はこのようなあり様に大きな危惧をもっておられたものと思われます。そして第四が、各地で進められていた民衆史掘り起こし運動の展開です。

さて、自由民権百年運動の最初の事務局会議が、先生のご勤務先である東京大学社会科学研究所で開かれましたことにも、同運動に掛けられた先生の情熱が窺われます。そして以後先生はこの運動の全国集会実行委員会代表委員、同委員会運営委員長、東京実行委員会委員長などをお務めになられました。また、第一回集会では、開会宣言と集会の総括、第二回集会では基調報告をなされるなど、まさに八面六臂のご活躍をなされました。思い出されますのは、横浜での第一回集会の折の爆弾騒ぎです。同集会では二日間で四千人近い人が集まり、会場は文字通り立錐の余地のない盛況でしたが、集会第一日目に「爆弾を仕掛けた」との情報が入り、事務局は騒然となりました。しかし、運営責任のお立場におられた大石先生は、「今日集まっている人には絶対に知られないようにしよう」とお話しになり、実に冷静沈着に対応の指揮を執られました。

自由民権百年運動は、地域の歴史を掘り起こしそこに光をあてるという視座を内包するものでしたが、先生はこの視座を終始もち続けられました。そのことを示しますのが、各自治体史の編纂に積極的に携わられたことでした。例えば、『保原町史』『船引町史』『郡山市史』『水戸市史』『東松山市史』『喜多方市史』などのお仕事です。『喜多方市史』は、先生の自治体史編纂最後のお仕事となりましたが、「自由民権運動」として「喜多方事件」関係史料を中心に編まれました第六巻（中）には、加波山事件や大阪事件関係者の史料も含まれており、先生の視野の広さ、配慮がよく窺えるものとなっています。

地域に根ざした自由民権百年運動は、新しい文化運動を地域に生み出す契機ともなりました。福島県における「三春地方自由民権運動血縁の会」の結成と、福島自由民権大学の開校がそれです。前者は一九九〇年四月に結成され、以後関係史料の収集・保存に努めつつ、毎年法要を営み民権運動に奔走した先祖の偉業を偲び、その精神を受け継ぐことを誓っています。後者は一九九一年春創設され、現在は春季講座を三春で、秋季講座を自由民権運動と深く関わりのあった地で開き、その事績を語り合い学びあう学習を続けております。先生はこのような地域での活動を温かく見守り、励ましてこられました。特に福島自由民権大学開校一〇周年記念に際しては、記念の講演をご快諾くださり、「自由民権運動と現代」という題でお話しくださいました。ご講演は予定の時間をはるかにこえるものであり、その内容は、大学での講義を彷彿させるほどきわめて難しいものでありました。しかし、先生のご情熱は参加者を魅了し、先生の一語一語に皆真剣に耳を傾けておりました。思えばこのご講演が、私にとり先生のお話をお聞きする最後の場となりました。

ところで私たちは、自由民権百年運動を継受すべく、二〇〇一年「全国自由民権研究連絡会」（略称「みんけん連」）を結成し、二〇〇五年秋には「自由民権一二〇年東京フォーラム」を開きました。この折先生は、闘病中で大変な日々をお過ごしであったにもかかわらず、次のようなメッセージをくださいました。

自由民権一二〇年シンポジウムに際し、次のメッセージをお送りいたします。

自由民権一二〇年シンポジウムのご盛会・ご成功を心からお祈り致します。二〇年前の自由民権百年の全国集会を主催した者の一人として、自由民権運動の日本近代史上にしめる意義をあらためて確認するとともに、その成果が今後も継承されていくことを期待してやみません。

先生のメッセージに、私たちは本当に鼓舞されました。そして自由民権百年運動の精神を受け継ぎ、次代に伝えていく決意をあらたにいたしました。その報告集を未だ刊行するに至らず先生にお届けできませんでしたことは、まことに残念で申し訳なく、ここで深くお詫びする次第です。今後も先生のご著書を通していろいろ学んでいく所存ですが、いつぞや私は、熊本のある町役場に勤務する知人に、先生のご著書を紹介したことがあります。その方から次のような感想文をいただきました。

私は恥ずかしながら、「日本（人）は外国によって自由・権利を与えられた（敗戦のため）」と思い込んでいたのですが、まずは自由民権運動があったのだと気付かされ、主体的な国民的運動の歴史があったことは、本当に日本人の誇りなのだと感じました。……私は、自由民権運動をロシアのデカブリストの乱と引き比べて、類似点・相違点を自分なりに分けるなどしてみました（先生の影響とロシア旅行前という条件が重なって）が、今の日本社会にもこのくらいの気概がほしいものだとつくづく思います。また、地方の一小役人として地方自治について研修する機会は多いのですが、地方自治・住民自治・団体自治のルーツは自由民権運動にあるのか、と知った時は嬉しかったです。

先生の教えは、このように現在学び生かされ自治体に働く人びとを勇気づけております。昨今の地方の財行政は惨憺たる状況にあります。このような現実への怒りと警鐘が、先生の学問への執念となり、遺著『近代日本地方自治の歩み』の上梓になったものと拝察いたします。先生のその思いをかみしめ、ご遺著から多くのことを学習して参りたいと思います。先生が指摘されましたように、自由民権運動という「われわれの祖先の残した歴史的遺産」を、「今日の民主主義運動の精神的一支柱として再生産」させること、そのために「その意義と限界を正確に受けとめる」（前掲「福島事件の社会的経済的基盤」）ことの必要性はますます重要な課題となってきていることを実感いたします。その課題に向かって、牛歩の歩みでも、着実に進んで参りますことをお約束し、拙いご報告に代えさせていただきます。

大石先生の段階論的把握と構造論的把握
――大石先生の学問と研究によせて

武田晴人
（東京大学大学院経済学研究科教授）

1　はじめに

私に与えられた課題は、大石先生が産業革命研究会、日本帝国主義研究会を通して共同研究を指導され、『日本産業革命の研究』（上下、東京大学出版会、一九七五年）、『日本帝国主義史研究』（一～三巻、東京大学出版会、一九八五～九四年）の著作にまとめられた研究の成果についておはなしすることです。

ただ、多くの方がご存じのように、私はこの二つの共同研究のうちの後者には参加しましたが、前者はようやく大学院に入ったころにすでに完成されていましたから、研究会の成り立ちや雰囲気をお話しすることはできません。幸いに、大石先生がまとめられた一連の書物のうち、『日本資本主義史論』と『日本資本主義の構造と展開』（いずれも東京大学出版会、一九九八～九九年）に、これらの共同研究で書かれた論文が収録されており、そこには大石先生自身のことばで、産業革命研究会のいきさつなどが記録されていますから、それに従って経過を紹介しながら、今私たちがこれらの仕事から何を学び何を継承すべきかについて、拙い私見をお話ししてみたいと思います。

2　産業革命研究会

大石先生が産業革命研究に着手したのは、一九六〇年代初めのことですが、六三年に東京大学の社会科学研究所に移られてから、東京で大石先生を待ちかまえていた若手の研究者（水沼知一、中村政則、高村直助、石井寛治等）に促されて産業革命研究会を組織し、それから一三年という長期の共同研究が行われています。息の長い共同研究ですが、その間にそれぞれのメンバーがそれぞれの専門分野での研究をまとめ、高村直助さんの『日本紡績業史序説』（上下、塙書房、一九七一年）、石井寛治さんの『日本蚕糸業史分析』（東京大学出版会、一九七二年）などが刊行されていました。

こうしてすでに研究の最前線で第一人者として活躍されている錚々たるメンバーをまとめて大石先生が編纂された『日本産業革命の研究』を、私たち団塊の世代に属する研究者は、大学院時代に演習でテキストとして輪読し、ため息をついたものです。個々の論文の実証的な研究の水準の高さはもちろん、とかく論争の的であった産業革命の捉え方についても明確な解答が与えられたように感じたからです。

それは、ある意味ではよりどころを得た気分でもありました。少なくとも、山田盛太郎『日本資本主義分析』のあの難渋な文章に戻らなくても、大石先生の書かれた「課題と方法」は、これ自体は新米の研究者の卵には十分すぎるほど難しかったのですが、――実際、大石先生の文章は非常に複雑な構造・構文をもっているものが多かったので難しかったのですが――比較の問題としてはまだとりつきやすいよりどころになると感じたからです。しかし、同時に、これで産業革命期に関する研究は、もうやることはなくなったのではないか、少なくとも、私たちの世代には、取りかかるべき大きな問題は残されていないのではないかという、そういった感慨をもったという面もあったように思います。だから、団塊の世代は、多くの研究者が戦間期に研究へと軸足を移したということができるくらい、完成された作品だったように思いますし、私たちにとっては重しのように、乗り越えるべき大きすぎる山として立ちはだかってきたものだったように思います。

この『日本産業革命の研究』の序章「課題と方法」では、――このあと、多くの共同研究で大石先生が分担されるのは、いつもこうしたタイトルと内容を持つものであったように思いますし、そこに大石先生が日本経済史研究で果たされた重要な役割も明確に示されているように思いますが――大石先生は基本的には山田『日本資本主義分析』に示された産業資本確立過程に関する諸規定を受入れながら、日本の産業革命をどのように捉えるべきかということについて明確に論点を整理し、独自の視点を提示しながら議論を進めています。

ちなみに、この「課題と方法」は「一八八六年ころから開始された日本の産業革命は、ほぼ一九〇〇年ないし一九一〇年の間に達成され、産業資本の確立をみるにいたり」という書き出しで始まります。これはいうまでもなく、産業資本確立期に関する『日本資本主義分析』の規定を受けた書き方ですが、最初に読んだ時、いったい産業革命の終期はいつなのだろう、終わる時期についての幅が一〇年もあるというのは、ずいぶんとおおらかな時期区分だと思った記憶がありますが、この後に続く論旨は、そんなおおらかさとは無縁の厳密な思考に基づいたものでした。

3　産業革命研究の問題提起

ここで、その内容を詳しくお話しする余裕はありませんし、多くの方はよくご存じのことと思いますから、印象に残っていることをいくつかお話ししておきます。

ひとつは、産業革命研究で大石先生は基本的には講座派的な捉え方を支持し、これに批判的であった古島敏雄説や、大内力説などに対しては、距離を明確にとっていることです。このことがなぜ印象的であったかというと、私は、この本が刊行されたころには、『日本地方財行政史序説』を読んだこともなく、また「農民層分解の論理と形態」もろくに理解できない状態でした。ですから、大石先生といえば一九七四年、つまり『日本産業革命の研究』刊行の前年に東京大学社会科学研究所が編纂した『戦後改革1　課題と視角』（東京大学出版会）に収められている「戦後改革と日本資本主義の構造変化――その連続説と断絶説」という論文が、直近で強い衝撃を与えた大石先生の作品でした。

この論文は、対立するふたつの見解に対して、両者の主張のなかで傾聴すべき長所を探りながら、論争の「止揚」、両者を含みうるような統合的な理解を示そうとした論文でした。連続説を一刀両断に切り捨てるのではなく、それを積極的に取り込んでしまおうという意気込みと気迫がにじみ出ていたように思います。私にとって、大石先生の議論のスタイルは、そうしたイメージが最初から刻印されていたのです。それは学部や大学院のゼミでの先生の議論の仕方からも言えることでした。先回りしていえば、帝国主義史研究にかかわる方法の議論でも対立する意見を統合しようと努めていたように思いますから、その意味ではこれが大石先生の研究の基本的なスタンスのように思います。

そうした特徴から考えると、産業革命研究では、大石先生の議論は大内説にも古島説にもかなり距離を置いて批判し切り捨てる側面が強いということです。これは大石先生が産業革命を、どのように考えようとしていたかに関係することだと思いますが、ここでの大石先生の議論は、構造論的な把握が前面に出たものになっているのです。戦前日本資本主義の全生涯を通じた構造的な特質が決まる時期として産業資本の確立過程が捉えられていることと、おそらくは、このような研究史に対するスタンスとは整合的なものだと思います。

さて、二つ目は、「分析方法」にかかわって、有名な「再生産論の具体化」について論じた上で、「再生産論の具体化とは、資本の生産過程だけでなく、資本の流通過程を含む社会的総資本の再生産、さらには資本と賃労働および土地所有の三大階級とその所得の源泉の再生産にわたっての理論の具体化である」とされ、さらに、これを具体的な分析の側面から次のように整理されたことです。すなわち、「再生産論の具体化」とは、「生産諸力の表現である社会的分業の組立てを基礎的に示す諸部門間構成すなわち、産業構造、直接的生産関係の再生産を基礎とする資本制的蓄積の構造と、さらにそれに財政・金融等の間接的生産関係の諸契機を導入した経済構造、多様な経済的諸規定の具体的体現である諸階級の構成であると同時に政治的編成の基礎をなす階級構造、これらのそれぞれ抽象レベルを異にする再生産構造を、総体として明らかにすることを意味する」と書いていることです。産業構造、経済構造、階級構造という三つのレベルで論じることによって、資本主義の全体像が描きうるという指摘は、極めて重要な指摘だと思います。西田美昭さんの紹介する行政村に関する把握でも同様の三層の構造把握が示されていますが、それは小宇宙としての行政村が国民経済としての資本主義と相似形のものとして捉えられているといってもよいと思います。大石先生が想定した構造論的把握とは、このように三つのレベルの構造的な把握が入れ子のような形で組み合わされて資本主義の特質把握に結実するものと考えられていたわけです。

このような問題領域を区分することによって、私たちは自分の研究の位置がより測りやすくなるように思いますし、それぞれのレベルの分析の手法はある程度共通性を持つものとして設定することも可能になります。

ただし、大石先生の議論はそこで止まるわけではありませんでした。それが三つ目のポイントになりますが、大石先生は、「問題の所在」という節で、以上の再生産論の具体化を目指す具体的な分析の方法に加えて、次の三つの密接に絡み合う問題群を重視すべきだと指摘しています。それは①資本主義と地主制の関係、②国際的・他律的契機と国内的・内発的要因との関連、③国家と経済の関連の三つの問題をいかに把握するかということです。指摘されてみれば当たり前のことですが、これら三つの問題は、それぞれ具体的な問題点を指摘しているようでもありますが、先ほどの構造論の三つのレベルとの関係を考えると必ずしも簡明な問題提起ではありません。それぞれの問題は三つのレベルにわたる構造論的把握の複数のレベルにかかわる問題ですから、簡単には解ける問題ではないのです。例えば、①の資本主義と地主制との関係を論じることは、基本的には異質なウクラードの存在を認めた上で、産業の構成を考えることになります。つまり近代的な資本主義経済制度の下に編成される産業部門だけでなく、非資本主義的な経済制度が支配的な産業部門も含みこんで産業構造が論じられることになります。そうなると、問題は産業構造のレベルで完結するわけではなく、そうした異質性は、経済構造のあり方を変容せしめるでしょうし、階級構造にも当然異なる特質を付与することになる、というように考えていかなければなりません。

このあたりの問題の複雑さに関して、残念ながら大石先生の議論は明確な指針を示しているわけではありません。方法的な抽象度を上げて理解すれば、①は資本主義だけでなく異質なウクラードを対象に含むべきものであることを意味しますし、②は閉鎖的な国民経済を想定することがとりわけ後進資本主義国では限界があること、③は国家の権力的契機とか、国民統合・支配の問題を視野に入れるべきことを意味します。それらは漠然とした継承関係はあるとは思いますが、それらをすべて自らの方法として使いこなすことは容易ではありません。

そのためもあってか、このような問題群を総体として視野に入れながら産業革命を論じるという研究は必ずしも活発とはいえないようです。最近では、異質な経済制度ではあるが、経済合理的に説明することができる、というような形で、例えば問屋制家内工業が論じられるようになっています。そこでは、資本主義とはいったい何かというような、大石先生が大事にしていた問題関心は希薄です。どのような条件が満たされると資本主義的な経済制度が支配的となったということができるかという問題関心は、産業革命を論じる上では決定的に重要なものでしたが、今では必ずしもそうした問題に関連づけることなく、これとは無縁な形で論文を量産することが可能です。

このような問題が生じた原因の一端は、この時期の産業革命研究が、企業内の労使関係に対して比較的無関心だったことにもあるように思います。もちろん、産業革命研究会のメンバーが展開した各分野の研究では特定の産業において資本家的な経営が成立したということができる指標、根拠を何に求めるかは明確に意識されていました。ですから、これらの研究に責任を帰すことはできないでしょう。明確に継承されなかった視点があるということですが、その背景として、大石先生の構造的な把握では、労資関係は全般的には階級構造の問題として、全機構的に捉えられる側面が強く、それが印象づけられた面があるということです。そのために、個別の産業、そして企業をどのように捉えるのかは、時代とその問題関心の制約もあって明確にはならなかったようです。

4　帝国主義史研究

次の話題に移りましょう。日本帝国主義史研究会は、一九七九年に発足し、その成果が第二巻までは比較的順調に刊行を終えましたが、第三巻の刊行は九四年であり、全巻刊行までの期間は一六年でした。研究会の発足の時期には、例えば山崎隆三『両大戦間期の日本資本主義』（上下、大月書店、一九七八年）が刊行されており、歴史学研究会近代史部会が帝国主義史研究を連続的に大会テーマとして取り上げるなど、帝国主義段階の日本資本主義の研究がかなりの勢いで進展しつつありました。そこではさまざまな個別的な論点が提示され、さまざまな解釈が示されていましたが、私たち若手の関心は、そうした問題群に対して、大石先生をはじめとして産業革命研究をリードしてきた先達たちがどのような議論を展開するのか、それを覗いてみたいというものでした。研究会発足の時にこのような漠然とした期待を抱いていたように記憶しています。研究会での議論は多士済々、甲論乙駁であり、その中で大石先生は私たちの気がつかない研究史上の論点を提示されたり、論点整理の行司役として、特定の考え方にとらわれないで、それぞれの長所をいかに継承するかというスタンスであったように思います。そして、そうした中から、橋本寿朗さんの『大恐慌期の日本資本主義』（東京大学出版会、一九八二年）、伊藤正直さんの『日本の対外金融と金融政策』（名古屋大学出版会、一九八九年）などの著書も個別の研究成果として生み出されていきました。

この研究会の成果の刊行にあたって、大石先生は「第一次大戦期」を扱った第一巻で産業革命研究の時と同じように「課題と方法」を書いて、帝国主義研究の方法を論じています。ちなみに、第二巻以降は「問題の所在」という副題を付けて、それぞれの時期に関する研究史のサーベイと時代の概観を書くという総論的な書き方に変わっているため、大石先生の帝国主義史研究について方法論的に検討するうえでは、この第一巻の序章がもっとも有力な手がかりとなります。

この論文で大石先生は、講座派的な構造論的特質把握と労農派・宇野理論的な段階的な把握とを統合することを試みています。これは、繰り返し指摘しているような、論争の統合的把握を試みる大石先生の面目躍如ということができるものです。

具体的には、大石先生は山田『日本資本主義分析』に対する問題点として、①「産業資本確立期の諸規定」と「一般的危機における諸規定」を直接に連携させて捉え、帝国主義の段階規定を媒介項として導入しなかったこと、②金融資本の成立・確立をもっぱら軍事的・国家的統制の実現の過程として捉えたことから、私的資本の諸類型、国家資本との関係、対外進出の特質などが不明確となり、労働力群の「陶冶・集成」を解体の一般的条件としてしかとらえず、労資関係の変化を見失ったと批判しています。

その一方で、段階論の適用という方法をとった大内力『日本経済論』に対しては、①帝国主義段階を世界史的な段階と日本のそれとをずれた形で捉えているために、日本資本主義の対外進出における「早熟性」や「国内基盤とのずれ」が軽視されたこと、②日本資本主義の構造的な特質が帝国主義段階への移行に伴ってどのように変容したかを明らかにしていないこと、などを批判しています。

言い換えると、大石先生は、山田『日本資本主義分析』に対しては段階論的な把握を導入する必要性を指摘し、大内説に対しては、日本的な構造的特質把握の重要性を指摘する形で、それぞれの方法的接近の長所を継承して統合的な帝国主義像を作り上げることの必要性を強調しているのです。

こうして大石先生は、日本資本主義の段階的な変化について私的独占の形成と、これが国家資本と取り結ぶ関係に注目しながら独占段階を捉えなおし、さらに、国家独占資本主義への移行に関して、戦時国家独占資本主義としてしか成立し得なかったという主張を展開されることになります。そこには、段階論的な捉え方を機械的に適用することではなく、日本の現実、一般的危機の時代に展開しつつある世界史の中で古典的な帝国主義の内実を固めていこうとする現実に即して日本資本主義の段階の画期を明確化しようとするという、産業革命論でも強調された、「特殊性」への配慮があります。また、同時に戦前日本資本主義の構造的な特質についても、その全生涯を通じてまったく不変なものと捉えるのではなく、段階的に変容を遂げるものと捉えようとする柔軟さが示されています。

この段階規定、時期の確定についてては異論があり得ると思いますが、この大石説の特徴の一つは、独占段階への移行に関して労資関係の変化に注目することを明確にしたことにあると思います。山田説と大内説に代表されるふたつの見解を統合するために、用意されたのがこの視点であったと私は考えていますが、これについては、大石先生の還暦をお祝いするために編纂された『社会科学研究』の特集号に、私自身の理解の仕方を書いたことがありますから、ここではあまり立ち入らないことに致します（武田「日本帝国主義の経済構造をめぐって」『社会科学研究』三九-四、一九八八年）。

ただ、一言だけ付け加えておけば、大石先生が労資関係に注目するというときに、そこで強く意識されていたのは、先ほどの構造的な把握における、産業構造、経済構造、階級構造という三つのレベルに即して考えると、階級構造論を展望しうるようなそれとして意識されていたことです。それは『日本資本主義分析』が革命への展望としての労働者階級の成長と労農同盟の可能性を視野に入れながら一般的危機の時代を描いたことを強く意識されて、これを再解釈し歴史的な分析に生かすことを考えられたからだと思います。その捉え方は問題の重要な側面に光を当てるものでしたが、それは、そのころ、橋本寿朗さんなどがしきりに強調していた企業内労使関係の変化こそ重要ではないかという議論とは、少しずれがありました。そしてこの弱点は、産業革命の研究に際しての労資関係の捉え方に関する強調点の置き方の差異に由来しているのではないかと思います。私自身は、この問題について、労働の質の変化に基づくような労使関係の変質が資本主義の段階的な変化をもたらす重要な要因になると同時に、それと並行して発生する労働運動が資本の運動を制約することを通して独占形成を促すという形で、大石先生の議論を段階規定の捉え方の中に取り入れようとしていますが、このような議論の整理の仕方は、大石亜流というべきかもしれません。

具体的な分析については、新しい資料が発掘され、新しい研究手法が開発されるに従って経済史の研究の分野でも、これまでの研究を塗り替えるような発見が重ねられていますし、これからもそうだろうと思います。ただ、そうした研究のなかで、私たちはしばしば海図のない航海を強いられているのではないかと思い悩むことがあります。若い研究者達が自分の研究の研究史上での位置づけに戸惑ったりすることが、実証的な研究が深さを求められれば求められるほど、多くなっているように思います。経済学が適用可能なマイクロな経済現象の分析が進展する現在の研究状況の中ではとりわけそうです。しかしそのときに思い出さなければならないのは、私たちの資本主義史研究は、表層的な経済現象に関する小器用な説明に説得力があると考えるようなゲーム的な感覚で分析対象と向き合っているわけではないということです。

この報告を準備している時に、改めて気がつかされたことは、産業革命研究でも、帝国主義研究でも、具体的な実証分析としてみると、大石先生が直接立ち入って検討された成果は意外に少ないということです。もちろん、等級賃金制にかかわる著名な論文など研究史に残る重要な作品があります。しかし、資本主義の主導的な部門についての具体的な分析は限られているということです。農村に近接するような領域では資料に密着した実証研究に力を注いでいたことは間違いなく、大石先生が実証研究を軽視したということではないのですが、資本主義セクターの具体的な分析は少ないのです。それでも、大石先生は、研究史サーベイの広さと、その研究の位置づけの見事さによって私たちを圧倒します。これだけ大きな議論のできる人はもう出ないのではないかと思いますが、失ったものの大きさを嘆いていても仕方がありません。

敢えて申し上げれば、大石先生であれば、第二次世界大戦後の日本資本主義を視野に入れて、構造的な把握と段階的な把握をどのように構想されたのかを聞いてみたかった気がします。大石先生の『日本資本主義百年の歩み』（東京大学出版会、二〇〇五年）は、戦後改革期で筆をおいていますから、大石先生のお仕事の中に手がかりを見出すことは難しいようですし、これが歴史家としての大石先生の矜持であったようです。このような形で戦後日本資本主義を含めた構造的把握や段階的把握問題が問われることが少なくなっている気がします。しかし、戦後がすでに六〇年を経過した今日、それらの時期を視野に入れた資本主義史が構想されるべきであるにもかかわらず、私たちは今のところ方向を明確にできないままに暗中模索しているというべきなのでしょう。

道に迷いかけた時、大石先生が常に意識されていた資本主義の歴史を、それぞれの固有の資本主義の構造的な特質を捉えながら、同時にその段階的な変容を追跡するという問題の設定の枠組み、そこで示された三つのレベルでの構造論や、異質なウクラードを含み込んだ経済体制としての資本主義論、国際的契機と国内的要因との関連への関心などは、資本主義経済制度を一つの国の経済システムとして捉えるうえで重要なものだと思いますし、改めて強調する必要がないほどに私たちの共有の財産となっています。こうした形で、構造論的な把握と段階論的な把握を通して、大石先生は資本主義の分析がどのような広がりと深みをもって展開されなければならないかを明確に私たちに示し、これを継承してそれぞれの歴史的認識を示すことを求めているように思います。それに私たちは少しでも応えるように努めなければならないだろうと思います。

大石先生と近代日本都市史研究

沼尻晃伸
（埼玉大学経済学部准教授）

埼玉大学の沼尻と申します。どうかよろしくお願い申し上げます。私は一九八〇年代後半から大石先生が亡くなられる直前まで、大石先生が中心となった二つの研究会に参加させていただき、都市史に関して先生から直接学ぶ機会に恵まれました。私のような未熟者に報告する機会が与えられたこと自体、大変恐れ多いことと存じておりますが、以下、大石先生が、一九八〇年代後半になってから本格的に研究を開始された近代日本都市史に関する問題関心と研究内容の推移に関して、述べさせていただきたく思います。その際、大石先生の都市史への関心を、①一九八〇年代後半、②一九九〇年代前半、③一九九〇年代後半の三つに時期区分し、この三つの時期ごとに、大石先生が執筆された主要な文献や研究会でのレジュメなどを参考にしながら話を進めて参ります。

最初に、一九八〇年代後半についてです。都市史との関連で言えば、大石先生はこの時期に、水戸市史の編さんに携わるようになります。私は、東京自治問題研究所が実施した東京都台東区の地域調査に関するプロジェクトにおいて、大石先生から都市史を学ぶこととなりました。大石先生は、本日司会をされている慶応義塾大学の柳沢遊さんとともに、この研究会の第一班、地域史班に所属されました。私は、このとき学部の卒論を何とか書き上げ、修士課程一年目だったのですが、柳沢遊さんから声をかけていただき、地域史班のいわば「見習い」として、中間報告作成までの短い期間でしたが、研究会に参加させていただきました。

研究会の打合せの席上で、初めて大石先生にお会いしたときの第一印象は、実証を厳格に重んじる姿勢でした。この研究会では、短期間に、戦前から高度経済成長期に至る台東区の地域史をまとめなければなりませんでした。そのため、研究会の初期の打合せで、多数刊行されている台東区商工業に関する二次文献をまとめて報告書を作成してはどうかとの意見も出されました、しかし、大石先生はこれをきっぱりと否定され、一次史料に基づいて研究を進めることを主張されました。こうして柳沢さんと私は分担して、東京都公文書館や都立大学図書館などでまずは統計データを集め、昭和恐慌期から高度経済成長期にかけての台東区の人口や商工業の変遷に関するいくつかの指標をまとめました。

この時期の、大石先生の都市史に関する問題関心は、東京自治問題研究所が発行している『東京』第八〇・八一号（一九八九年）という雑誌に連載された「近代都市史をいかに学ぶか」（上・下）という文章に示されているように思います。大石先生は、この文章で、「私はこれまで『都市史』については専門的に研究したことがありません。どちらかというと『農村史』を中心に研究してきました。それできょうの『近代日本の都市史をいかに学ぶか』という題は、実は私自身の課題でありまして、きょうはこの課題について皆さんと一緒に考えてみたいと思います」と述べています。その上で「今日の私の話は『農村史』の立場から『都市史』を考える、いわば『横にらみの都市史』です」といわれています（上、八頁）。「横にらみの都市史」というのも面白い表現ですが、この文章から、大石先生が都市史を自らの課題として考えはじめつつも、この段階ではなお自らは都市史を研究しているとは自己規定しておらず、それゆえ「横にらみの都市史」という言葉が出てきたのではないかと思います。

さてこの文章は、「1日本資本主義史研究の特徴、2農村史研究の発展と問題点、3近年の都市史研究の興隆と問題点　4〈都市と農村〉の視点」の四章構成になっています。日本の場合、戦前の資本主義論争以来の伝統があった農村史に比べ、都市史研究が非常に遅れてしまった点を述べた上で、七〇年代から始まった都市史研究を、島崎稔氏に代表される都市社会学的な研究、柴田徳衛氏・宮本憲一氏に代表される都市経済学と社会資本論・環境論に即した研究、都市支配構造と市政に関する研究、都市の下層社会に関する研究の四つの潮流に整理されています。そのうえで都市史の研究動向に関して大石先生は、「都市を総合的に捉える視点が欠けている」点を指摘されます（下、二二頁）。大石先生は「歴史研究を現状と直接結びつけるのはよくない」と留保された上で、「現状への見通しをもった都市史研究の視点が明確になっていないために都市史研究がバラバラになっている」点を指摘されたのです（下、二三頁）。この文章のまとめとして、大石先生は、第一に「都市と農村の地域的編成」、第二に「都市生活と農村生活の独自性と関連性」、第三に「都市自治と農村自治その独自性と関連性」、この三つを前提にしての地方都市の類型化をはかり、さらにはこうした類型化を前提として、「東京や大阪などの大都市だけでなく、地方都市・町場をも含んだ近代都市史を（下、二三～二四頁）農村との関係を考慮に入れて研究しなければならない」ことを述べています。私には、ここに一九九〇年代にむけての大石先生の都市史研究への意思表明がなされているように思います。

さて、第二期である一九九〇年代前半、この時期は実証的にも理論的にも大石先生が都市史を本格的に研究され始めた時期であろうと思います。実証面では『水戸市史』下巻(1)（水戸市、一九九三年）の執筆をされました。二〇〇三年に日本経済評論社から刊行された『近代日本都市史研究』を刊行する母体となった近代都市構造史研究会（以下都市史研究会と略）が発足したのも、一九九三年でした。なぜ一九九三年という時期に研究会が発足されたのか、要因はいろいろ考えられます。五加村研究会の成果である大石嘉一郎・西田美昭編著『近代日本の行政村』（日本経済評論社）が一九九一年に刊行され、農村に関する共同研究に区切りがついたことは大きな理由の一つでしょう。都市史に即して考えてみれば、『水戸市史』下巻の一巻分の編集を追え、単なる「横にらみの都市史」ではない、実証の足場を自ら作られたことも大きかったと思います。

同時に、重要なことは、この時期の日本近代都市史研究の動向にあったと思われます。一九九〇年代前半には、東京を主に対象とした石塚裕道『日本近代都市論』(東京大学出版会、一九九一年)、大阪を対象とした論文が収録されている小路田泰直『日本近代都市史研究序説』(柏書房、一九九一年)など、都市史に関する研究が相次いで出版されました。成田龍一編『近代日本の軌跡九　都市と民衆』(吉川弘文館、一九九三年)も刊行されました。にもかかわらず、これらの研究動向を、大石先生は必ずしもポジティブに捉えていませんでした。このことを論文の形で表現されたのが、一九九四年に金澤史男氏と執筆された「近代都市財政史研究の課題と方法」(明治学院大学産業経済研究所『研究所年報』第一一号、後に大石先生の執筆の箇所が大石嘉一郎『日本近代史への視座』東京大学出版会、二〇〇三年に収録)です。

ここでの研究史整理は、基本的に『東京』の文章と共通する点が多いのですが、新たに付け加わった論点もあります。それは、大都市研究によって日本近代史像を再構成しようとする手法への批判でした。とりわけ成田龍一氏が提起される「都市空間」を重視する「方法としての都市史」から近代日本像の再構成を意図しようとする試みに関しては、「そこで書かれている史実自体はそう目新しいことではないし、その都市化の過程の追求によって日本近代史像がどのように再構成されるかは一向にみえてこない」と厳しい評価を下しています(一〇三頁)。

成田龍一氏への批判が厳しかった理由の一つは、成田論文における概念規定のわかりにくさという点がありましたが、同時に、大石先生が一貫して取り組まれてきた地方自治の歴史的追究に、「都市空間」を重視する「方法としての都市史」は直接関わると大石先生が考えていた点が大きいと思います。この論文で、大石先生は「制度や施設によって管理・秩序化していくことが都市の『近代化』の内容」と考える都市社会史の議論を取りこむことによって、都市自治史はより豊富化されることを指摘されています(同上)。

この論文の後半では「近代都市史研究の視角と課題」が設定されています。ここで指摘されている課題は、先に紹介した『東京』に掲載された議論と、共通する箇所が多いのですが、より深められた（あるいは変化した）論点が三つあるように思います。一つ目が、都市と農村の地域的編成を理解するための具体的論点として、近世城下町の規定性です。二つ目が、国家的な地方行政機構、教育、軍事の整備などの整備と商工業の発展との関連、及びそのようにして形成される都市と農村の地域的編成の編成替えの内容についてです。この二つの論点は、言い換えれば、「近世都市から近代都市への転換」と「近代都市から現代都市への転換」の理解の仕方に関わる論点と言えましょう。三つ目に、類型化された地方都市の「市民的公共関係」の成立、「地域的公共関係」とその担い手の解明を明らかにする必要性を説いています。第三の点は、八〇年代後半にはみられなかった点です。『近代日本の行政村』の総括の上でのキーワードとなった「地域的公共関係」という捉え方を、都市史研究の課題として提起した点に、この段階での議論の特徴があるように思います（一〇四〜一〇六頁）。

さて、それでは、このような大石先生の都市史の議論はその後どのように深化していったのでしょうか。都市史研究会の成果である『近代日本都市史研究』を刊行する前段階から、大石先生は体調を崩されており、この本から大石先生ご自身の一九九〇年代後半の研究の深化を読み取ることはできませんので、ここでは、一九九九年一〇月一六日の都市史研究会での大石先生の報告レジュメを紹介いたします。題目は「日本における近代地方都市の成立――近世城下町から近代地方都市へ」でした。

レジュメは、B5判の原稿用紙六枚にまとめられ、「1近世城下町の特徴」「2維新変革と城下町の変貌」「3市制施行後の地方都市の発展」「4地方都市の下級組織の定着」「5第一次大戦後の地方都市の『現代化』」の五章構成になっています。報告の中心は副題にある近世都市から近代都市への転換をどう理解するかという点でしたが、同時に近代都市から現代都市への転換の論理をも探ろうとする壮大な報告でした。報告の最後には、五つの論点（論点一「歴史的前提としての城下町の理解」、論点二「維新・廃藩置県から市制施行までの時期の理解」、論点三「地方都市の類型化」、論点四「近代都市の成立及び確立の時期」、論点五「近代都市の現代都市化の時期の内容」がまとめられ、その他の論点として「都市と農村の関係（対立と関連）の中での地方都市の位置」と「地方都市の階層性・階級関係と階級対抗」が記されています。

この報告は、大石先生のこれまでの議論を踏襲するものでした。報告の重点は、以下の二点です。一点目は、近世城下町をどのように理解するかという点です。大石先生は、近世大名による城下町の形成と、その城下町が武家地、町人地などの身分的編成をおさえたうえで、町人地の「町」の組織と運営に注目されました。「町」の組織運営は、基本的に町奉行以下の領主的支配に対応しているのですが、町年寄—町名主による「町自治」がどこまで自治の担い手になったのか？「町自治」とは農村部の「村寄合」に匹敵するものなのか？「町」は地縁的「生活共同体」といわれるが、どこまでそのことがいえるのか？という疑問を研究会のメンバーに投げかけ、近世都市史研究の再検討が必要だといわれていました。

二点目は、経済的編成過程の問題をどのように関連づけるかという点です。大石先生は、この報告で、地方都市の類型化において、政治的・軍事的・文化的などの拠点性の付与の問題を取り上げ、類型化の指標がそれだけでよいのか、経済的編成過程をどう組み込むのかという疑問を投げかけられました。

この二つの論点は、前述した「近代都市財政史研究の課題と方法」で提示された論点と連続する内容であり、地方自治研究と資本主義発達史研究という大石先生の二つの研究の柱と直接関わりのあるものです。にもかかわらず、それぞれの論点に対して、大石先生の具体的な回答は、残念ながらうかがえなかったように思います。それはなぜでしょうか。私はその直接の理由は、大石先生がフィールドにされた水戸の明治期における史料の残存状況にあったと思います。この点は『水戸市史』の「あとがき」で大石先生御自身が指摘されていますが、明治期の水戸に関する資料の残存状況は、行政資料や商工業に関してはほとんど残されておらず、新聞資料も十分とはいえない状況でした。研究会で取り上げた標準的地方都市においても、金沢は市制施行以前の区会史料が残されていたものの、近世城下町との関連がわかる史料は残されておらず、静岡市もこの点では同様でした。私を含め、研究会メンバーが近世城下町の検討まで手がまわらなかったこともあり、その結果大石先生は実証的に都市史を詰めるというよりも、理論的、方法論的に都市史を詰める作業を深めていったのではないかと思うのです。

最後に、近代日本都市史研究にとって、大石先生の研究成果は、今後どのように継承し、乗り越えていく必要があるのでしょうか。この点について、二点申し上げます。

一点は、都市史研究を深めるための実証上の問題に関してです。私が研究会で常々感じていたことは、大石先生が研究会の場では徹底して歴史具体的に、事実に即した議論をされた点です。維新期における水戸市の財政についての報告をうかがったときもそのことを痛感しました。一つひとつの行財政に関する制度や、市長、市の職員、市会議員などについて、具体的に議論されます。研究会の中では誰よりもこの点の追究が厳しかったように思います。とすれば、われわれに必要なことは、都市史に関する大石先生の理論的・方法論的問題提起を、研究史的・理論的検討にとどめるのではなく（もちろん、そのこと自体の意義があることを認めた上での話ですが）、大石先生の問題提起の意味を、実証的に検証していくことにあろうと思います。大石先生にとっても答えがだせなかった、近世城下町都市が近代都市に与える規定的意味も、まさにこの実証にかかっているわけです。

ところが現実には、都市の史料は残存状況に大きな偏りがあります。明治前期の水戸市のように、行政史料がほとんど残存していない場合や、残存していても未整理であったり、歴史的文書として扱われず現行史料として扱われ、その基準に照らして非公開になる場合もあります。逆に残存している場合には、量が膨大で、その整理や考察に多大な労力と時間を要するため、史料全体を包括的に検討するのではなく、研究者の関心に即して「つまみ食い」的に考察する場合が多いように思います。大石先生が到達された都市史研究に関する理論的・方法論的問題提起を実証的に検証する場合、都市の史料に正面から向き合い、史料論的検討を踏まえつつ研究を進めることが今後必要となるように思われます。このような作業を通じて、都市史に関する着実な実証を深めることで、初めて大石先生の問題提起の意義が明らかになるように思われるのです。

もう一点は、「地域的公共関係」という概念をどのように今後の研究に活かすかという点です。「横にらみの都市史」としてスタートを切った大石先生の都市史研究の最終的な課題は、「地域的公共関係」であったと思います。現状への見通しをもった歴史研究という意味でも、社会の様々な紐帯が希薄化している現在において、この論点は切実に重要な問題だと思います。私自身は、行財政史的にみて「地域的公共関係」が形成されたか否かを問うだけでなく、公共性の内容自体を、土地所有や労働、救貧などの問題に即して、市場的関係に対して有する意味にも注目しながら考察していく必要があるように考えている点を最後に申し述べたいと思います。

以上、大石先生の御冥福を心からお祈り申し上げまして、私の報告を終わらせていただきます。御静聴ありがとうございました。

日本地方自治史・地方財政史研究における大石史学の意義

金澤史男
（横浜国立大学経済学部教授）

横浜国立大学の金澤史男です。財政学・地方財政を専攻しています。

皆さんのお手許にある、大石先生の絶筆である『近代日本地方自治の歩み』（大月書店、二〇〇七年）の編集と解説の執筆を担当させていただきました。ここでは、この『近代日本地方自治の歩み』を素材とし、その内容に即しながら、大石先生が地方自治、地方財政の分野において、どのような貢献をされたのか改めて考えてみたいと思います。報告テーマの「大石史学」というのは、大石先生の歴史・経済史研究の分析視角や方法が、地方自治・地方財政研究のなかにどのように貫かれているかを考えてみたいという趣旨を、端的に示す用語がすぐに思い当たらなかったため暫定的に使用したものですのでご了解下さい。

1　『近代日本地方自治の歩み』の内容

本書は、近代日本の地方自治についての通史として執筆されています。それは、自らの研究を総括するものとして選ばれた形式であると同時に、その成果をできるだけ読みやすいかたちで提供し研究成果を後学の徒に伝え継承していこうとする、鉄のように強い意志の表れだったと思われます。それだけに、その内容は、たんに地方自治制度の変遷や政策形成の歴史を叙述したり、一地方の地方自治問題を長期にわたって追跡しただけのものではありませんでした。本書を構成する章、節などのパーツは、すべて、それぞれに日本資本主義ないし近代天皇制支配の構造と段階との関連で明確な課題が設定されています。一九六一年に御茶の水書房から刊行された大石先生の出世作『日本地方財行政史序説』の序章には、「地方自治制成立過程の展開は、あくまで問題史的になされたもの」とあります。この場合の「展開」とは分析・叙述の意味ですが、その意味で本書の叙述も、この「問題史的叙述」のスタイルを引き継いでいると言えると思います。

そこで、以下、本書の各章がいかなる視角から分析され、どのような結論が導き出されているか順次、概略を確認していきたいと思います。

序章では、近代日本の地方自治史を研究することの意義が、近代天皇制国家の支配＝統合体制を支える機能と構造という視角から明らかにされています。丸山真男氏、石田雄氏、藤田省三氏らの先行研究の批判的検討を通じて、第一に、近代天皇制国家の支配＝統合体制の一環を担う地方自治制の段階的変化を明らかにすること、第二に、伝統的村落共同体を固定的にとらえるのではなく、その公共的機能にも着目しながら村落共同体秩序の弛緩、崩壊、再編の過程を明らかにすること、第三に、行政村の公共性をもっぱら国家的公共としてのみ設定するのではなく、それ自体のなかに市民的公共性や自治的公共関係が生成していることを明らかにすることが重要と述べられています。

第一章、第二章では、地方自治制の生成、成立の過程を「経済構造の特定の歴史的発展に規定された諸階級・諸階層の政治的対抗と連携の所産として把握する」という視角であります。まず第一章では、廃藩置県によって集中的支配機構の一部分として創設された府県は、それゆえに地方自治を要求する人民と官僚との闘争が展開する中心的舞台となっていったこと、府県を支える町村制度の新たな支持基盤が求められるなかで、村落共同体が小農民の自治組織に転化しつつあり、こうした状況を背景として大区小区制が設定されてくることが明らかにされています。

その後の大区小区制の変遷は、区戸長会・地方民会の開設による人民の政治・行政への参画が認められていく過程であったことに注目し、地租改正反対一揆の続発、総代人制度の発展、民権運動の「士族民権」から「豪農民権」への変化を背景として、豪農層あるいは区戸長層の政治的指導力が一定の度合いにまで成長したとき、地方民会の性格は官僚主導から公選議員主導へと変貌していったことが明らかにされていきます。

さらに、三新法は、一面では、公選議会の設置と町村の自治性を容認し、新たな行政体系のなかに豪農層を包摂しようとするものであり、他面では、地方長官、郡長の権限を強化し戸長を新たな行政体系に事実上従属させようとした点で、著者の言葉を引けば、「基本的に民主主義運動に対する対応体系」と結論づけられています。

第二章では、三新法体制下で自由民権運動が発展し、その指導者として、より下層の、県会議員、町村戸長などを務める在村豪農層が立ち現れ、府県会を舞台として地方自治確立要求の闘争を拡大、激化させていくことが追跡されていきます。この自由民権運動の激化による三新法体制の麻痺状態への対応として打ち出されたのが、明治一七年の改正でありましたが、それは同時に「公法的規定をうける公共的費用たる区町村費」と「それ以外の私的経営=生活の共同的費用たる協議費」との分離、したがって行政村を自然村から分離させる方向性をもっていた点で、のちの市制・町村制へとつながる「内在的契機」を有していたとされています。

こうした経緯をへて市制・町村制、府県制・郡制の制定を指標として成立した明治地方自治制の歴史的性格は、それを著者の言葉で示せば、「基本的には自由民権の初期ブルジョア民主主義運動に対する絶対主義的対応体系として成立した」ものであり、「国会開設の意義を形骸化するために国会開設にさきだって、政党勢力に左右されない官治的支配体系として早急に創設された」と総括されることになります。

以上を踏まえて、「明治地方自治制の構造的特質」が「法制上の特質」、「基礎構造」の二局面に分けて総括されていきます。

ここで注目されるのは、明治地方自治制の成立過程の骨格をなす考察だけでなく、豊富な具体的事例が叙述されていることであります。二つだけ紹介しますと、一つめは、第一章第一節の四において、大区小区制の実態が水戸市史編さん事業への参画による実証研究の成果に基づいて茨城県の場合に即して述べられている部分です。大区小区制の捉え方については、東京大学出版会から刊行された『近代日本の地方自治』（一九九〇年）第一章［補注］にあるように、旧藩の「郡―組―村」組織との連続性、あるいは、区の整備・拡充による郡制との連続性という視点から田島昇氏、奥村弘氏らによって、大区小区制が町村の存在を否定したという大石説への批判が提起されています。これに対して、水戸県の大区小区制に関して新たに発見された史料に基づく検討が加えられ、旧来の制度を否定して集権的・画一的に再編しようとする制度改正が積み重ねされながらも、実際の行財政の執行に際しては旧来の町村組織に依存しなければならないという「意図と実際との矛盾」があらためて確認されるかたちとなっています。

二つ目は、第二章第一節の一において、自由民権運動と地方自治の関係が福島県の場合に即して述べられているところです。「明治政府の尖兵」として送りこまれた三島県令と自由民権運動の対立について、会津地方三方道路開設の提起、県議会の反発から福島＝喜多方事件に至る経緯が詳細に跡付けられており、読み物としても大変興味深いのですが、やや詳細すぎるのではないかという感じさえ受けます。しかし、これは、地方新三法体制下における官治的支配、殖産興業政策と自由民権運動の地方自治要求がどのように対立し、どのように前者が後者を圧伏させていったか、当時の状況を容易に想像できない学生などを想定し、あくまでも具体的事実で明治政府の卑劣な手段を駆使した強権的態度を示そうとしたものであり、その意味でも重要な部分ではないかと思われます。

さて、次に第三章、第四章では、明治地方自治制の確立過程とその構造的定着のあり方が考察されています。まず、第三章第一節では、明治地方自治制の成立後、初期帝国議会下の民党運動の実態について、福島県の衆議院議員選挙、地方議会議員選挙、町村レベルの民会組織の動きを検討することによって、民党と吏党との対立と言っても、大同団結運動を推進した民党の分化をへて吏党に流れ込んだ勢力もあり、議員の階級に有意な差異も認められず、維新政府と対決した自由民権派の流れを汲む民党派もしだいに地方有力者の集合した選挙政党に変質していくことが明らかにされています。

結論では、民党運動の支持基盤は、「小農民を中心とする雑多な職業の小ブルジョア」であり、民党運動のもつ「変革的＝民主主義的側面も妥協的側面も」そうした支持基盤の「階級的性格の限界によって究極的には規定されていた」とされていますが、これは『近代日本の地方自治』第二章［補注］において、消極的な立論であったと反省され、むしろ、自由民権運動を担った豪農層の吏党化、自由民権の精神を継承した民党運動の議会政党化、民党運動の地方的展開を担った在村の豪農・小農民の地方自治制への対応などの視点から総括すべきだったとされています。この点については、本書においても十分明示的に叙述されていませんが、内容的には、初期議会期における消極主義から積極主義への転換を支えた地方的基盤が具体的に提示されているということができると思います。

第三章第二節は、日本資本主義の確立、帝国主義への早熟的転化を軌道づけ、日本の進路を決定づけた契機となる日清戦後経営およびその時期に着目し、戦後経営の政策展開を地方行財政がどのように担ったか、天皇制国家機構がその基底をなす地方自治制をどのように包摂しつつ確立したかが検討されています。その結果、日清戦後経営構想における地方財政は、国家財政、金融と役割を連携・分担しつつ、一般的な農工殖産と産業基盤の育成を担当したこと、一八九九（明治三二）年の府県制・郡制改正は、著者の言葉を引けば、「自治権拡張の要求を拒否し、複選制と大地主議員制だけを廃止して、むしろ地方自治制の本来の意図を貫徹しようとしたもの」であり、「日清戦後経営の展開に対応した改正」であること、政策構想は相互に矛盾する側面をもち、また十分な財源付与のないまま地方への国政委任事務が増加し、とりわけ戸数割賦課をめぐる対立を激化させたことが明らかにされています。

第四章に移ります。第四章では、明治地方自治制の構造的定着、すなわち確立のあり方が検討されます。創設直後の地方自治制は、制度自体が輸入模倣的、官製的であっただけでなく、町村合併により必然化した旧町村（＝大字・部落）間の対立、政府・吏党と民党との勢力争い、新町村の機構・能力の未整備という問題を抱えていました。これを克服しつつ、新町村が官僚的支配と地方人民統合の基礎単位としての公共的機構と機能を持つに至ること、これが行政村が定着することの意味とされ、この過程を通じて「近代天皇制国家の基礎をなす地方支配・統合体制」が「地方自治制を媒介として、官僚的統治に連繫した地方名望家支配の体制として確立」すると総括されています。

ここでは、教育行政、衛生行政、消防行政が具体的に考察され、町村有力者層がいかに官僚的統治に連繫されていくかが検討されたのち、行政村定着の画期は、日露戦後の地方改良事業＝運動を通じてであったとされています。そして、この地方改良事業で意識的に追求された部落・組の再編強化は、旧来の共同体的秩序の単なる再編強化ではなく、公共的行政の推進補助、すなわち部落・組の「行政村化」であり、同時にそれは、著者の言葉を引用すれば、「決して部落の私的共同体的性格を解体したものではなく、部落・組が共同体的性格を維持しつつ『行政村化』していった」ものと捉えられています。

次に第五章ですが、ここでは、大正デモクラシー期における地方自治の拡充の方向が昭和恐慌を契機にファッショ化への道に反転し、「『行政国家』の完成」に帰結する過程が比較的簡潔に追跡されています。本章で注目されるのは、地方自治の「近代化」と「現代化」が定式化されていることです。すなわち、地方自治の「近代化」は、「公共化・民主化」として、地方自治の「現代化」は「平等化・組織化」として定式化されています。大正デモクラシー期の地方自治制改正は、明治地方自治制の「近代化」を進展させたが、知事公選や両税委譲による自主財源強化は実現せず、その官治性を払拭するに至らなかったこと、しかし、都市よりも農村で先行的に実現した「普選状況」は、地方自治に広範な住民を参加させ地方公共団体の積極的活用を図るという、その「現代化」の前提となったことが述べられています。また、「現代化」の出発点として田中政友会内閣の地方分権構想が取り上げられ、その「現代化」が筆者の言葉で言えば、「支配層の対外的・対内的危機感と結びついて『上から』のファッショ化として開始」されたこと、それが昭和恐慌後の農村経済更生運動をへて、一九四〇年地方行財政改革を画期とする戦時中央集権化、さらには一九四三年地方制度改正による「地方自治の圧殺と地方団体の国家機関化」に帰結していくとされています。

さらに、第五章で系統的に考察されているのは、行政村の再編を主導する担い手層の変遷であり、のちにふれるように、主として五加村の事例に即して検討されています。農村経済更生運動の進展に伴い自小作農の行政村への参加が進んでいくわけですが、従来の村落支配者層＝耕作地主層主導の体制は、この段階ではいぜん維持されていたとされます。しかし、国民精神総動員運動と大政翼賛体制のもとで形成された「戦時行政村」は、著者の言葉で言えば、『自治的公共性』を喪失しつつ、戦時行政国家＝『国家的公共性』の機能を分担する末端機関として肥大化」する一方、小作・自小作下層農民の「部落常会」への積極的参画など女性を含む村内全階層の行政参画が強権的に実現されていくと述べられています。それは、歴史の「不可逆的変化」と言われ、「戦後の民主改革と経済復興の前提」であったと小括されています。

最後に終章では、戦後地方自治制改革によって明治地方自治制の「民主化」と「現代化」が一応達成されるものの、戦後地方自治制は、「中央志向型」地方ボス支配体制として確立していくとされ、その過程が簡潔にまとめられています。

以上が本書の内容の概略であります。

2　地方自治・財政史研究の意義

さて、次に本書に凝縮された研究成果が、地方自治、地方財政の分野において、いかなる意義を有しているのか、あらためて整理しておきたいと思います。

第一は、明治地方自治制の創出過程について、日本資本主義社会の「全機構的な成立—確立」過程の一環として解明していく視点を提示し、それを農民層分解と自由民権運動の関連についての詳細な実証研究で裏付けたことであります。維新前後の農民層分解のなかで成長してきた豪農層に着目し、国会開設、地方自治要求を掲げる自由民権運動の指導者に成長しつつも、ブルジョア的発展の未熟性、農民層分解の寄生地主制への展開、対外的危機に促迫された明治政府の強権的制度整備などを条件として、豪農層の主要部分は地主=商人資本家層として上昇転化し、有資産者による制限選挙制に貫かれた市制・町村制、府県制・郡制を媒介とする地方支配の担い手として定置されることが鮮やかに示されました。『日本地方財行政史序説』が刊行された時点では、明治地方自治制の成立過程については、国会開設への対応政策として位置づける研究、あるいは藤田武夫氏や亀掛川浩氏らの制度史・制度形成史的研究が中心となっていましたが、それを世直し一揆や地租改正反対一揆から自由民権運動に至る諸闘争への対応体系とする立論は、当時、新鮮かつ説得力あるものと受け止められ、以後の通説を形成してきたと言えます。

さらに、経済史分野において産業革命期の研究が進展してくると、日本資本主義の確立と天皇制国家支配体制の同時確立という視座を鮮明にしつつ、その一環として「官僚的統治に連携した地方名望家支配の体制」を媒介する明治地方自治制が確立するという認識が形成されてくることになります。そして、市制・町村制施行後の町村おける支配層に関する筒井正夫氏、中村政則氏らの研究成果と批判を踏まえながら、地方名望家支配体制は、府県—郡—市町村の各段階に対応した重層的構成をもつ、と発展的に総括されています。

こうした立論に対しては、このほか寄生地主制成立の進展度と地方自治制の対応関係、名誉職制の位置づけ、行政村の定着の概念などをめぐってごく最近に至るまで批判や問題提起が投げかけられてきました。しかし、それらの多くは、地方自治の問題を階級関係で総括しようとする視点を貫きながら、全機構的に、かつ動態的に把握しようとする大石先生の議論に触発されて、さらに探求すべき論点を明確にしえたと言っても過言ではなく、その意味で、いぜん学問的生命力を保っていると言ってよいと思われます。

さて、研究の意義の第二は、地方自治の問題を天皇制国家支配の末端機関であり、かつ自治の基礎単位である市町村（行政村）レベルにまで下りて実証的に考察し、自然村との関係をも分析対象に設定しながら、地域的公共、あるいは市民的公共のあり方を問い続けたことであります。本書序章に要約的に示されているように、行政村（町村制）と自然村（村落共同体）の分析視角について、前者を「官＝公」、後者を「民＝私」とする二元論的把握を批判し、次のような分析視角が提示されています。すなわち、自然村の行政村化は、「隣保共助ノ旧慣」をそのままにしての利用ではなく、自然村が従来からもつ公共的機能にも着目しなければならず、その両面から再編のあり方が問われねばならないこと、共同性に支えられた自然村の公共的機能をみずからのなかに取り込んでいった行政村の持つ公共性は、天皇制国家支配に由来する国家的公共としての側面だけでなく、そこに「近代的市民的公共性の理念と自治的公共関係が芽ばえつつあった」ことに注目する必要性がのべられています。

そうした視角からの分析によって、自然村が小農民の自治組織に転化しつつあり、それを基盤に民会組織が形成され自由民権運動が発展し、維新政府による地方制度の近代化と対峙していく過程、自然村の共同的機能（入会地や水利）が分離され、所有主体という寄生地主制を支持する公法的規定が整備されるなかで、それと適合的な明治地方自治制が成立していく過程などが、『日本地方財行政史序説』の段階で明らかにされています。

さらに、地方自治制の成立以降における行政村と自然村との関係について、実証的な研究が継続されていきます。特に行政村と自然村との関係の段階的変化に着目し、行政村の側に視座をすえて戦後改革期まで追跡したのが、大石先生を責任者とする五加村研究会の共同研究であります。これは、一九九一年、日本経済評論社から大石嘉一郎・西田美昭編著『近代日本の行政村』として刊行されました。

そこでは、国家支配との連繋と対立の過程で、自然村と密着した部落＝区と行政村の相互関係が段階的変化を遂げながら、地方自治の担い手層が常に下層、女性などの層へと裾野を広げていく不可逆的変化のなかで、国家的公共に還元しえない自治的公共関係が常に形成されていることが、戦後改革期を含めて実証されています。本書第五章での要約的な叙述も、以上のような実証研究に裏付けられたものであることにご留意いただきたいと思います。

研究の意義の第三は、地方自治を支える物質的基盤である地方財政についても、全機構的、構造的に把握する視点を提示し、『日本地方財行政史序説』や『近代日本の地方自治』の財政を中心に叙述された部分に代表される具体的な研究成果を挙げたことであります。ここでご紹介したいのは、実は『日本地方財行政史序説』には、二人の財政学者の言葉が引用されていることです。すなわち、一つは藤田武夫氏の文章で、「地方財政問題は、結局、資本主義の問題である」であり、一九五一年に三笠書房から刊行された『地方財政論』から引用されています。もう一つは、大内兵衛氏の「経済問題の政治化は直ちに且つ半面においてその財政化でもある」という言葉であり、一九三〇年に岩波書店から刊行された『財政学大綱』上巻から引用されています。前者は、地方財政問題を制度的、行政的視野に限定するのではなく、わが国の地方財政の特質は、日本資本主義の構造的特質から把握されねばならないことを示すために引用されています。後者は、かと言ってそれを経済構造の単なる反映としてとらえるのではなく、地方財政を国家財政との関連において、したがってまた、諸階級の政治的諸関係との関連において究明されるべきことを強調するために引用されています。

これらの視点は、『近代日本の行政村』において発展させられ、行政村あるいは地方自治体の分析方法として定式化されることになりました。すなわち、行政村の構造をつぎの三つの問題領域に分けた上で、それを総合していく方法です。第一は、行政・政治の場の基礎をなす地域経済の編成と村民諸階層の構成＝社会経済構造であり、第二は、行政村と自然村とを通じて遂行される行政・財政の構成と機能＝行財政過程であり、第三は、行政村を場として展開される村民諸階層・諸部落の対抗、その支配と統合＝政治過程であり、これら三つの総体として、その構造を把握する方法であります。言い換えれば、行政村や都市の構造分析の一環として地方財政を位置づける方法が、ここに提示されていると考えられるわけです。

大石先生は、『日本地方財行政史序説』を上梓した一九六一年と同じ年に日本財政学会に入会し終生同学会員であったことにも象徴されるように、日本経済史研究者であると同時に財政学者たらんとしていたことも付け加えさせていただきたいと思います。

3　研究の方法から学ぶもの

ここで、大石先生から直接薫陶を受けた者として触れさせていただきたいことがあります。それは、質量とも卓越した研究の原動力となった研究スタイルないし研究の作法と言うべきものについてであります。これは、地方自治・地方財政の研究に限定されるものではありませんが、われわれが是非とも受け継ぎ、さらに後進の学徒に引き継いでいくべきものと考えるからであります。第一は、理論と実証の双方から総合的な接近を図る研究方法であります。すなわち、経済理論、資本主義論の最新の成果を踏まえ、国際比較の視点に留意しながら、理論的フレームワークの構築を模索し、他方で一次史料に基づく精緻な実証分析を進め、両者を総合しようとする研究態度であります。個別領域に閉じこもりがちな昨今の風潮を側聞するにつけ、あらためて反省させられる思いであります。

第二は、個人研究と共同研究の両立であります。個人研究として、『日本地方財行政史序説』および『近代日本の地方自治』を含め東京大学出版会から刊行された著作集全五巻があり、他方、共同研究として、『近代日本の行政村』、大石先生と金澤の共編著の『近代日本都市史研究』（日本経済評論社、二〇〇三年）があり、また、産業革命や帝国主義史の研究、さらには多くの地方史編纂への参画などがあることはよく知られているところであります。かつて、五加村研究会のメンバーの間では、すでに他界された能地清氏や林宥一氏を含めて個人研究と共同研究とどちらを優先すべきかを熱く語り合ったことを思い出します。しかし、両者は、それぞれに長所があり、この二つは互いに代替しえないものというのが結論とされるべきでしょう。この両者を多数まとめ上げた大石先生の研究成果に接するとき、あらためて畏敬の念を禁じ得ないのは私ばかりではないと思います。

第三は、すべての論稿において、批判と反省の精神が貫かれていることであります。どのように短い論文においても先行研究の批判的検討が行われ、それとの関係で課題の設定が明確化される一方、研究の進展によって自らの見解を修正する必要が生じた場合は、『近代日本の地方自治』の各章に付された補注を読めば一目瞭然ですが、必ずそれが明示的に記述されています。今回、本書の編集と解説の執筆を担当して、こうした研究の作法ともいうべき態度にあらためて接する機会を得ることになりましたが、研究者として身が引き締まる思いでありました。

第四は、学派・学閥に固執せず、むしろそれらを超えた学問交流をめざされたことであります。学派、大学を超えた研究の組織化に積極的に取り組み、多くの研究会を主宰したことは万人が知るところであると思います。実際、私が参加した五加村研究会や都市構造史研究会もインターカレッジで若手・中堅の研究者が集まり、今時の言葉で言えば、他に代え難いシナジーが次々と生み出されていったわけです。

むろん、大石先生が地方自治・地方財政の分野で残された課題も少なくありません。そのなかで最大のテーマは、都市における地方自治の問題あるいは都市と農村の関係であると思われます。すでに沼尻晃伸氏の報告にあるように、われわれも加わった都市構造史研究会がこの課題に挑戦したわけですが、明治地方自治制の成立―確立―変容―再編―解体の総過程のなかで都市の問題をどう位置づけるのか、また、都市のなかで芽ばえつつあった市民的公共性の動きを、その歴史過程のなかに、どう組み込んで全体像を構成することができるのか、いぜん課題として残されているように思われます。これらの点については、今後われわれが、大石先生の研究成果と分析方法に学びながら、それを踏まえて解明していかねばならないものと考えられます。

4　おわりに

本書の原文は、二〇〇六年五月初旬に柳沢遊氏に届けられました。舌ガンにおかされ手術で音としての言葉を失った大石先生は、二〇〇四年九月頃から約一年をかけて病床で前著『日本資本主義百年の歩み』（東京大学出版会、二〇〇五年）を書き上げ刊行されました。これだけでも驚嘆に値するわけですが、その後、病魔がさらに体力を奪うなかで、休むことなく渾身の力をふり絞って本書の執筆に取りかかり本文の脱稿に至りました。刊行の具体化を託された柳沢氏と金澤は、編集方針の協議、出版社の決定と打ち合わせ、編集作業などを順次進めていきましたが、二〇〇六年一一月二一日、刊行への道半ばで大石先生ご逝去の悲報に接することになってしまいました。痛恨の極みでありました。今ここに大石先生のご霊前に本書を捧げ、ご冥福をお祈りする次第であります。

本書の出版を大月書店にお願いしたのは、著者の強い希望によるものであります。大月書店から刊行された『日本における地方自治の探究』は、本書第五章の記述のもととなっています。同書の帯には「『地方の時代』の幕開け二一世紀の地方自治を展望する」とあります。二一世紀の地方自治を展望し、切り開いていくうえで内心期するものがあったと想像します。昨今の出版事情のもとで快くお引受いただいた大月書店の方々、とくに直接ご担当いただいた中川進氏にこの場をお借りして心より感謝申し上げます。また、本書の刊行をご了承いただきご協力いただいた大石美代子夫人に改めて御礼を申し上げて、私の報告を閉じさせていただきます。

あいさつ

大石美代子

本日はお忙しいところ、「偲ぶ会」のためにこんなに大勢の方においでいただきまして、ありがとうございました。主人もさぞ喜んでいることでしょう。また、過日、通夜・告別式の際はいろいろお世話くださった先生方に心からお礼申し上げます。おかげさまで無事済ませることできました。先日、お彼岸の日に郷里に帰り、新しく建てた主人の墓に納骨を済ませ、ほっとしています。

『近代日本地方自治の歩み』の原稿は、『日本資本主義百年の歩み』のあと、少しずつ書いていたらしく、一昨年の一〇月末に、「本格的に再開」と手帳に書いてありました。毎日午前一〇時から一時間ぐらい書斎にこもっていましたが、そのうちあごや歯茎からの出血、体の不調などでベッドに入ることが多くなりました。一二月二九日には「久しぶりに『地方自治史』の執筆を再開したが、その校正や執筆の過程について思い出すのに苦労する」と記しており、それでも無理して一時間ぐらいは書いていました。五月に金澤史男先生や柳沢遊先生に原稿を送って、お願いするまで頑張っていました。

そのあとは、全精力を出し切ったらしく、何も書けなくなり、入院してからはほとんど字を書くことがなくなりました。この本ができあがったのは、お二人のおかげと感謝いたしております。本当にありがとうございました。厚くお礼申し上げて、ごあいさつに代えさせていただきます。

II　大石嘉一郎先生の人と学問

若き日（福島大学時代）
中央が大石先生、左から梅宮博氏、右から山田舜氏、星埜惇氏

1　ご家族から

祖父の思い出

大石　桃
（日本女子大学文学部史学科二年）

「ももとおじいちゃんはうさぎ年生まれだね！　いっしょだね！」

「そうだよ。本当におんなじ卯年なんだよ」

「本当におんなじ？　ちがううさぎ年があるの？」

「干支には十干十二支といってね、六〇の組み合わせがあるんだ。ほらね、桃とおじいちゃんはちょうど六〇歳違うから一周したんだよ」

「それってすごいね！　おじいちゃんは六〇年待っててくれたんだね！」

「そうだね。桃とおじいちゃんはいつでもつながってるんだよ」

　この会話は私が大変印象に残っているもので最も古い記憶である。小学校に上がる前くらいだろうか。

　私が祖父に、どれだけ愛され大切にしてもらってきたかを今ここで語り尽くすことは大変難しい。私にとっての祖父は、〃いつも優しくてあたたかい大好きなおじいちゃん〃であって、実のところ、私は祖父が亡くなるまで、祖父の歩んできた人生や研究していたテーマを学んだり、歴史学者としての祖父にふれたりしたことはなかった。いつも私たちの会話は、好きな食べ物や学校であったこと、楽しかったことなど本当に他愛もない会話だった。しかし振り返れば、その何気ないやりとりはいつも歴史への溢れる思いに満ちていた。

たとえば、小学校の移動教室先から出した絵はがきにさえ「下田はどうでしたか。印象が薄れないうちに作文に書いたり、歴史と地理をしらべたりしておくとよいですね。また近いうちに遊びに来てください。クイズを作って待ってますから」と、さりげなく必ず返事をくれた。中学生になって、会話の中に税金の作文を出す話が出たときもこんな資料があるとか、こんなふうに調べればいいとアドバイスをしてくれ、いつの間にか世界経済の話にまで発展し、膨大な量の論文（?）になってしまい、結局、祖父も一緒になって添削してくれたことなど、いくらでもエピソードには事欠かない。祖父にとっては、生活はいつでも何でも歴史や経済と結びついていたに違いない。そのことを身近に接しながら、私に教えてくれていたのではないだろうか。

私は史学科に進学し、ようやく歴史がどれだけ面白いものであるかを実感する毎日である。未だに、小石川の自宅や保原の田舎、はたまた東大病院に行けば祖父に会えるような錯覚に陥ることがある。しかし、もう、心の中でしか祖父と語り合い、向き合うことはできなくなってしまったのだ。添削してほしい祖父はもう、写真の中で微笑んでいるだけである。まるで、そろそろひとりで立って歩いていきなさいとでも言っているかのように。酒豪であった祖父は酔うほどに「ガンバレ、ガンバレ」と言っていたと聞いている。二十歳になり酒を酌み交わせるようになった今、ここに祖父がいないことは本当に残念である。

今回、この様な機会を与えて下さった西田先生をはじめとする諸先生方に心からお礼を申し上げます。ありがとうございました。

2 学生時代から福島大学へ

大内力ゼミ同級生の大石君

暉峻　衆三
（農業問題研究者）

大石嘉一郎君とぼくは、大内力ゼミの第一回生だ（一九四八年四月〜五〇年三月）。法経両学部生のために開かれたゼミで、彼は経済学部学生として正規に、農学部農業経済学科の大学院生になりたてのぼくは特別に、参加を認められた。

当時は日本の敗戦直後。占領下に推進されたもろもろの戦後改革のもとで、それらをどう評価すべきか、そもそも旧体制はいかなる性格をもち、日本はどう変革され、再生されるべきなのかが、社会運動論の次元のみならず、社会科学の次元でも重要な課題だった。そういった問題意識は、ゼミに参加した学生たちにも色合いの差はあれ共通していた。

占領政策としての農地改革や財閥解体は旧体制の経済構造の根幹に触れる重要なものだったが、それは「講座派」と共通した旧体制の構造的把握から導きだされたといえる。その点では、「日本資本主義論争」は「講座派」に軍配があがり、農地改革も歴史の前進的一局面をなすものとして肯定的に捉えられた。

こういった時期に、若い俊英・大内先生が、「講座派」理論の総帥・山田盛太郎先生の『日本資本主義分析』を根底的に批判する処女作『日本資本主義の農業問題』をひっさげて登場し、出版早々のこの本をテキストにゼミを開講した。この本は、日本農業を基本的に特徴づける過小農制と高地代は、山田理論のように「半封建的、半農奴制的関係」ではなく、まさに逆に、資本主義の関係に由来するものとして把握すべきであり、したがって農地改革もこの過小農制と高地代それ自体を解決しえないものとして批判的に捉えるべきだ、とした。

大石君をふくめ、当時は、われわれゼミ生のあいだでは「講座派」への「畏敬」と「共感」の気持ちが強かった。いったい、この真っ向から対立する山田、大内理論のどちらが正しいのか。大内理論をどう乗り越えることができるのか。こういった問題を巡って、緊迫した空気のもとでの真剣な討議と探究がゼミで行われた。厳寒時、暖房もない部屋でゼミは午後三時から夜七時に及ぶこともしばしばだった。大内先生にぶつける疑問がいつも先生から打棄《うっちゃ》りを食わされる悔しさをゼミ生は何度味わったことか。だが、大石君もぼくも、のちに「大内理論」とはやや色合いを異にする研究者に育っていったにもせよ、大内ゼミで鍛えられたことが本当に自分の研究に有益だった、という思いは共有した。大内先生もこう述懐されている。「社研のゼミであった当初の数年間がもっとも大学のゼミらしい性質をもっていたし、鋭い学生の批判を受けて教師自体が鍛えられることになる、という効果をもっとも強くもっていたといえそうである」(『大内力ゼミナール　たにし会の半世紀』六〜七頁、二〇〇五年)。

勉強熱心だった大石君は、酒もめっぽう強く、酒の点では当時すでに大内先生と互角に渡り合えた。ゼミのコンパの席で彼は、母校である二高仕込みの俗謡「たにし殿」を高唱、乱舞して、座を大いに盛りあげた。このことが決定打となって、大内ゼミの同窓会は、「たにし会」と命名されてこんにちに至っている。大内ゼミ一回生は一六人。大石君がまた去って、いま生き残っているのは四人だけになった。寂しいかぎりだ。

(二〇〇七年七月一三日記)

ロンドンでの想い出

庄司　昊明《こうめい》
（リンテック株式会社名誉会長）

大石嘉一郎兄とは昭和一九年入学（一九四四）二高文科で一緒だった。現在は意外と忘れられているが、戦争末期の理科系重視の政府の方針のため文科は極端に縮小され二高文科も三〇人一組という異例のものになった。此の三〇人は旧制高校の類い稀なる文化と相俟って親・兄弟より親しい特別な仲間意識で結ばれる。彼は学問、小生はビジネスの世界と別々な育ちとなったが共通は大酒を飲んだことだ。書き出したら数々の想い出で溢れ、紙面が限られているので、一つだけ書こう。

時は一九七七年、ところはロンドン、ピカデリーサーカスのパブ。昼のこととて、英国自慢のビールで飲み始めたが、少し経った頃彼はもっと強い酒を飲みたいと言い出す。お互いそうしよう、ということになったが俺はうまく注文できない、と彼は言う。東大教授のくせにと言うと、君はビジネスマンのくせにとお互い英語を使うことを躊躇《ためら》った。兎に角ビールより強い酒と言えば、ウヰスキー、ジン、ウォッカくらいしか知らない。多分ウヰスキーにしたと思う。会話と酒を相当な時間エンジョイしていたが、突然ガタンと大きな音と共に大石の巨体が椅子より転げ落ちる。周囲の人は皆驚き、我々はまた元のように椅子に座らせたが一〇分と持たないでまた転げ落ちる。これは駄目だ、お開きだということになってタクシーを呼ぶ訳だが何と幸運なことに双方とも女房がいたのである。特に大石の酔っぱらった時は誰にも難しい。奥様だけはそれを調整できるし奥様の言うことなら聞く。奥様と私と女房と三人でタクシーにねじ込みロンドンの駅まで帰ってもらった。その後汽車に乗りオックスフォードの宿舎まで帰ったようだ。翌日二日酔いで頭痛がひどい私のホテルに大石夫人から電話があった。主人は未だ寝ていますけど無事でおりますから……と。奥さんがおられたのは本当に幸運であったと泌々感じた。

これで一件落着。その後彼はドイツに行ったが、彼の地のアクアビッツ酒は彼の言う強い酒のカテゴリーで最も素晴らしいスピリッツ。大いに堪能されたのでないかと思う。

真摯な学者として一生を了えた大石兄に似つかわしくない話となったが、親しく身近に接した方は皆これに似た経験をお持ちのはずであり、彼への敬愛のあかしと御容赦いただきたい。

福島大学での大石君

星埜　惇
（福島大学名誉教授）

大石君を襲った舌癌、さらに中咽頭癌は、患者に格別の苦痛を与える病気のように思う。彼はおそらく早く自らの死期を覚り、己が課した課題をやりぬくことで、残された短い時間を、骨身を削って使い果たしたのではないか。送られてくる業績を見ながら、私は彼の傷ましい姿を想った。彼より少し遅く私は直腸癌に罹り、その後手術の後遺症と抗癌剤の副作用のため、長時間の行動に支障が生じて、彼の葬儀にも偲ぶ会にも出席できず、まことに心残りであった。

この文集では多くの方々が彼の研究業績について述べられるであろう。だから私は、あまり知られていないこと、彼が福島大学に職を求め、その一年後に私たち（山田舜氏と私）が福島に赴いてから、彼が福島を去って東大に移るまでの、十年余の私たちの交流のうち、とりわけその初期について語ってみたい。

私たちが助手として福島大学経済学部に赴任したのは一九五一年五月だった。与えられた研究室で荷物を整理していたら、突然白皙の青年が現れ、「昨年赴任した大石です」と自己紹介して、彼が当時の中村常次郎学部長に直談判して福島大学に来たこと、大内力先生のゼミ出身で、福島では農業経済を担当することになっていたが、君が来るというので財政の方に変わるという話を始めた。

それが彼と出会った最初である。その後、農村調査で庄司吉之助氏とともに出かけるときは、多く彼と一緒であった。また、私たちを福島大学に紹介していただいた故藤田五郎先生とともに、自由民権の活動家の家に史料調査に出かけ、宿泊した喜多方市の旅館で藤田先生が突然発病された折にも、大石君と私は先生と同室だった。

五一年当時、助手として経済学部にいたのは大石・山田・私を含めて五人、講師四人、助教授五人、教授八人という全部で二二人の小所帯であった。助手は紀要の仕事などのほかは全く自由で、教授会に出ることも無く、それぞれ午前中は研究室にこもり、午後の一刻はテニスや囲碁などに興じ、夕刻になると連れ立って市内の飲み屋に出かけて歓談するのが日常だった。大石君は早くから酒豪で名を轟かせていたようで、私たちが赴任する前にも、飲んだ挙句、旧日銀支店の前庭で寝ていたという話も伝わっていた。ある日、あまり私たちが足を踏み入れたことの無い駅前路地の飲み屋で、店に入った直後に、大石君が珍しく酔っていたせいかよろめいて、先客の若いサラリーマンの卓上のビール瓶を倒してしまった。彼はすぐ「ごめん、ごめん」と言って謝ったのだが、それが気に入らなかったか若い客は彼に殴りかかり、何発もの拳骨を彼の頬に放った。彼は「やめろ、やめろ」というだけで何も抵抗せず殴られていた。見かねて私は、後ろからその客を羽交い絞めにして止めようとしたが、乱暴に振り払われて眼鏡が飛んで壊れたため、結局何もできなかった。大石君は旧制二高で剣道部の猛者だったと聞いていたが、そういう片鱗も見せたことは無かったのである。

そんなこともあってか彼の結婚式の、旧家とあって三晩続いた披露宴の第一夜に、小林昇先生、庄司吉之助氏とともに招待された。

後に、私たちも講師になって教授会に出ていたので五四年以後のことだが、皆で一緒に飲んだ後、彼は保原町の自宅に帰ろうとして通りがかりのバイクの後に乗せてもらった。そこまでは良かったのだが、途中でなぜか手を離してしまい、走行しているバイクから砂利道に転落して顔面をすりむく大怪我をした（この傷跡は後々まで長く消えなかった)。教授会でこの事故を聞き、早速二、三人で語らって学部長の許可を貰い、なんと牧歌的であったことか学長の公用車を、運転手付きで出してもらって、保原町の自宅まで見舞いに行った。しかし、枕頭に端然と座っておられたお母さんに、「いいお友達に恵まれてこういうことになりました」と言われ、早々に退散したのである。

またある日、彼が私の研究室にやって来て、まことにさりげないふりで、「君、俺の妹を貰ってくれる気はないか」と言ったことがある。そういえば、少し前に彼の家を訪れたとき、珍しく妹さんがお茶を持って出てきたことがあったなと思い出した。ところがその数日後また彼が現れて、彼にしてはなんとなくもじもじしながら、しかしやはりさりげない風で「君、この前の話だが、申し訳ないが無かったことにしてくれないか、実はお袋がうんと言わず、そんなどこの馬の骨とも分からない人間に娘はやれないというんだ」と言った。私は思わず吹き出してしまった。そんな内輪話までしゃべってほんとに嘘が吐けない奴なんだ、あれでお袋さんにはまるで頭が上がらないんだ、しかし伊達郡有数の醸造業の夫を若くして亡くし、何より大石君の大成に無上の期待をかけていたお袋さんに、彼が抵抗できないのも当たり前か、そういった思いが私の頭を同時によぎったのである。まことに素直というべきか、このような彼との付き合いはその後も何のわだかまりも無く続いた。

農村調査の予備調査で、会津に二人で行ったとき、朝起きて井戸端で顔を洗っていたら丁度彼も起きてきた。彼は洗面器になみなみと水を汲んで、そこにタオルを浸し、それを手のひらに乗せたまま顔を洗い始めた。「君はいつもそういう顔の洗い方をするのか」と聞くと、「うん、うちではお袋が枕もとへ湯を持ってくるんだ」と答えた。再興を期する旧家の人たちの「当主」に対する気構えみたいなものを、私は何とはなしに感じていた。

大石君は、お母さんの付託には十二分に応えた。しかし、まだまだやりたいことが多々あっただろうに。今はただ、彼がやすらかに眠るよう願うのみである。

大石さんとの一年余

吉原　泰助
（福島大学名誉教授）

わずか一年と少々であったが、私は、大石さんと福島大学でご一緒させていただいた。あれからはや、四五年の歳月が流れた。

一九六二年春、就職先が決まっていなかった私は、当時、立教の経済学部長をしておられた小林昇先生の許へ相談に伺い、帰宅される先生の学部長車に同乗、実状をお話しした。先生は「福島で富塚良三君が出るよ。福島に応募したら」と勧めて下さった。否応はない。東北に福島ありとの学問的環境は無論のこと、前身の福島高商が、たまたま私の父の母校という〈えにし〉もあった。早速、その日のうちに、山田盛太郎先生はじめ恩師の諸先生のお宅を廻り推薦状を頂戴して、翌日、福島に行く手配をした。

とは言うものの、私は、それまで宇都宮から北に足を踏み入れたことがない。まして、福島大学経済学部への道筋にも暗い。そこで、土地制度の事務局で兄事していた、福島とも親交のある安良城盛昭さんに電話をした。安良城さんは丁寧に道順を教えて下さっただけでなく、親切にも「福島に電話を入れておいてあげるよ」とのことであった。その電話の先が大石さんであった。

福島の経済学部の木造校舎を珍しみながら、山田・横山正彦両ゼミの先輩である山田舜さんの研究室の扉を叩いた。

山田舜さんは、私の顔を見て驚きを隠さなかった。安良城さんの言葉が足りなかったのか、それとも前の夕大石さんが酔っていたのか、「山田・横山ゼミ出身の吉原が行く」という伝言が、いつの間にか、私の件で「山田・横山両先生が行く」ということになってしまったらしい。大石さんをはじめお歴々が富塚家に集まって、山田・横山両先生をどこに泊めるかなどと相談している最中であるという。庄司吉之助さん、渡辺源次郎さん、羽鳥卓也さん、松井秀親さん、田添京二さん、諸田實さんなど、どなたがその場におられたかは、記憶が定かではない。そこへ山田舜さんに連れられて顔を出したわけである。大石さんとの私的初対面は、かくも悲惨なものであった。それもそうである。山田・横山大先生と小物の院生という落差は、富塚家に集まった面々にとっては信じがたいものであったろう。〈俺を採れと言って直接乗り込んで来たのは、大石嘉一郎と吉原だ〉という福島大学経済学部の「伝説」、その真相の一端はかくのごときものであった。

赴任すると講義は後期からでよいと言われ、旧富塚ゼミを預かっていた大石さんの補佐という役回りで、大石さんが指導する旧富塚ゼミに陪席するだけの気楽な身分だった。大石さんや奥様・お子さんがた共々、ゼミ生たちと連れ立って、福島・山形県境、秘湯滑川温泉の谷懐に遊んだりもした。あけびなど山の木々や木の実の説明を受けながら峠路を登り、滑川の大滝＝仰ぎ見んばかりの飛瀑真下の河原で〈いも煮会〉を楽しんだのも、その折のことである。

そうこうしているうちに、私の初講義の日が近づいた。その前日の宵、保原の秋祭りということで、悪童（?）何人かがいわば餓鬼大将の大石さん宅に招かれた。当時はまだ舗装されていなかった保原街道をバスに揺られて保原に向かった。大石さんをはじめ、明日が初講義だと言っても容赦する先輩諸氏ではない。談論風発、酒量も飽和点に達したころ神明神社の境内に繰り出した。ろくろ首の小屋掛けの前で、「安芸の国は双三ごおり、親の因果が子に報い」との呼び込み口上に、広島県双三郡ゆかりの星埜惇さんに矛先を向けると、「向こうでは〈岩代の国は信夫ごおり、云々〉とやっているよ」と一蹴された。夜更けに大石宅を辞したが、若かったのであろう、その宵の酒が翌日の初講義に影響を及ぼすことはなかった。

こう書くと酒に纏《まつ》わる話が多いが、また、確かに大石さんに引率されて福島の夜を徘徊もし、大石さんの立て替えた飲代の集金袋が教授会のあちこちを一巡することもままあったが、ともかく、小林先生が『山までの街』（八朔社）のなかで「新樹の新彩」として描いておられる若き研究者集団の一隅に、その当時身を置けたことは幸いであった。酒の席でも、学問上の争点をめぐって絶えず熱っぽい議論がたたかわされたし、また、そんな合間に、福島を去った諸先学の福島での学問的営みを耳にする機会にも恵まれた。そうした場を主導し取り仕切るのは、いつも決まって大石さんであった。

だが、季節は巡り丁度一年目を迎えたころ、大石さんの東大社研移籍の話が持ち上がり、やがて福島での日常的交わりは断たれることになる。もっとも、税金の申告期などに、よく旧家である大石家が遺る保原に帰省され、その折には、福島の街や経済学部界隈では、福島在籍中と同じ光景が繰り返された。帰るのが億劫になると、信夫山ふもとのわが家（経済学部官舎）に転がり込むこともしばしばであった。ようやく送り出しても、保原への帰路にある阿武隈河畔の官舎群に寄り道をし、大石さんの後任＝岡本友孝君の家に沈没したりもした。だから、出自が地元信達盆地であった大石さんとわれわれとの交わりは、その後も、さほど変わることなく続いた。

移籍が決まった直後のことである。仲間うちで餞別を集めた。大石さんに相談すると、ダイニング・テーブル・セットがご所望だという、その頃としてはすこぶるハイカラな答えが帰ってきた。なにせ、貧乏若手教官の懐である。結局、椅子までは手が廻らず、滑稽にも、贈るのは食卓だけということになった。引っ越し後、それを新宿伊勢丹で選ぶというので、私が上京し立ち会う役目を仰せつかった。蕭々と秋雨の降る日であった。大石さんは、福島の頃と変わらず、威風堂々とゴム長を履いて現れた。昭和三〇年代の末とはいえ、東京では余り見かけぬ出で立ちであったが、偉丈夫の大石さんにかかると、威容辺りを払い、様になるから不思議であった。

もはや、大石さんがゴム長を履いて私の前に現れることもない。今はただ、畏敬する先輩を偲び、哀惜と感謝の思いを込めて瞑目合掌するのみ。

酒席での方が多かった大石先生とのお付き合い

真木　實彦
（福島大学名誉教授）

私の大石先生との出会いは一九六四年のことであった。それまでお名前は存じ上げていたものの直接お会いしたことはなかった。その年の四月先生は福島大学を去られ東大社会科学研究所に転出された。たまたま、私が東京から福島大学に赴任したのと出る・入るの関係となった。四月福島大学に赴任してみると、四年に進級したばかりの一〇人あまりの旧大石ゼミの学生を最後の一年間そっくり引き受けることがすでに決まっていた。私にとって財政史のテーマをそのまま引き継ぐことはまったく無理な話ではあったが、一年を何とかこなした。その学生たちが福島大学で受け持った私の最初のゼミ生となった。年齢が一〇歳ほどしか違わない学生たちであったが、そのうちの何人かとは今でも付き合いを続けている。ともあれ、四月の段階ではまだ先生とは直接お会いしてはいなかったが、ゼミ生の引継ぎは私にとって大石先生を印象づけるとりわけ大きな事件ではあった。

当時、先生は『福島県史』編纂の仕事に携わり東大に去られた後も継続しておられたため、度々福島に帰ってこられた。私自身は傍から見聞きしていただけであったが、当時『県史』の刊行は一〇年余りの間に三〇冊以上も仕上げるという傍目から見ていてもかなりの大事業と思われた。先生が来福され仕事が一段落したあたりで、必ず夜の酒席に呼び出しがかかった。ご慰労申し上げるつもりもあったのか、それとも私自身飲むチャンスを狙っていたためか、そのような席にはほとんど同席させていただいた。さらに、その用事以外でも定期便のように毎年一度決まった時期に福島に帰ってこられた。先生は福島の隣町の保原（現在伊達市）の出身であられたが、実家の確定申告のための書類作成が毎年一度の帰省の目的であった。したがって、そのための帰省は決まって二月頃の寒い時期であった。その際にも、一度は先生を囲んだ飲み会が催されるのが常だった。

このようなわけで、わたしの大石先生との付き合いは酒を飲みながらの時間の方が多かったのではないかと思われるのだ。もちろん、研究会でご一緒したこともあったのだが、酒席の場で色々お教えをいただいたことが多かった。先生の態度はいつも変わらず穏やかに微笑をたたえられ、突っ込みの鋭さを秘めておられた。酒席では白皙のお顔に多少赤みが差す程度で、いつまでも端然と杯を口に運ばれて、乱れがなかった。

今はすでに廃線となって跡形もないが、その昔福島駅前から近郊の保原・掛田方面に通じる郊外電車が走っていた。その電車は福島市街では路面を走ったが、若さのゆえか日銀支店前の通りで線路を枕に寝ていたという先生にかかわる伝説的な話は有名であった。真偽を確かめるすべはないが、私がご一緒した頃の先生には片鱗はうかがえたにしても、すでにその域を遠く超えて穏やかに酒を嗜んでおられた。

地方史研究に生きて

清水　吉二
（福島大学経済学部一九五七年卒）

二〇〇六年一一月二一日、恩師大石嘉一郎先生が逝去された。失礼ながら、私より六歳年上の兄貴のような存在であり、同時に私の地方史研究の導きの糸でもあった。また卒業後にも何度か、山田舜先生も加わって酒杯を酌み交わし、先生の酒の強さには何時も脱帽させられていた。

すでに、古文書解読のイロハから日本経済史のゼミ、会津地方の農村調査などでご指導いただいた庄司吉之助先生は、一九八五年四月、八一歳で亡くなられた。まだ藤田の病院に入院治療中の先生をお見舞いに訪ねた際、「清水君もそろそろ著書を出しても良い頃だろう」と励まされて、上梓したのが八四年刊の『群馬自由民権運動の研究』であった。庄司先生亡き後は、大石、山田両先生が私の地方史研究上の欠かせない指導者となった。

福島大学東北経済研究所発行の『東北経済』第七九号に大石、山田両先生も参加されて「追悼座談会――庄司吉之助先生を偲ぶ」が掲載された。その中に、庄司先生と学生との関係についてふれられている箇所がある。山田先生が私のことを紹介されると、大石先生は、それを受けて「清水君というのは、群馬事件の経済構造の研究を一人でやっている人なんです。今は、自由民権百年で中心的役目を果しております」、「宇田家のある関柴村下柴への調査です。清水君のことはあの時非常に記憶に残っているんです。あの当時の学生は、教師連中がやっていること、例えば学会で問題となっていることに答えるような調査をしているんです」、「経済史なら経済史、その講座に庄司さんのような親しみやすい先生がいらっしゃって、実際に地元の調査などをやってゆく。また他の県から来た人でも卒業後、自分の地元に戻って研究を続けてゆくような人が出てくる。……」と私にとっては少々面はゆい話をされていた。今は亡き大石先生との著書の交換も私の『群馬の新聞』、先生の『日本資本主義百年の歩み』（共に二〇〇五年刊）が最後となった。

埼玉県の高校教員を定年退職した後も、生まれ育った群馬県高崎市の市史編さん委員会に参加させていただいて『新編高崎市史』の調査員となり、近代・現代資料編三巻、通史編一巻の刊行を終えたのは二〇〇四年、七一歳の時であった。

ともかく、群馬・埼玉を主なフィールドとする私の地方史研究も、はや五〇年を超え、相変わらず古文書との格闘に明け暮れる毎日を送っている。これも、私の在学中福島大学経済学部に庄司先生を初め大石先生、山田先生、吉岡昭彦先生などの新進気鋭の経済史研究者が集まり、同学部が日本経済史や西洋経済史研究のメッカだったという幸運に巡り合わせたことによるものと感謝している。

（卒業五〇周年記念『福島大学経済学部第五回卒同期会記念文集』より転載）

福島大学ゼミナールの思い出

髙橋　士郎
（福島大学経済学部一九五七年卒）

福島大学経済学部で大石助教授の演習が始まったのは、五五年の四月でした。私達三年生主体の十名足らずの少人数で始まりました。テキストは、鈴木武雄著『現代日本財政史』上巻（東京大学出版会）で、演習の主題は、第二次大戦後の日本経済の復興と財政の果す役割を観るものでした。演習初日に各章節毎の分担を命ぜられ、夫々予習下準備をして、発表し、それをベースに討議、問題整理をするという形で進められました。活発な議論がとび交いましたが、先生は適宜コメントを加えられ、問題点の指摘、認識の可否を確認して下さいました。曖昧さを許さない、厳密な論旨が求められ、時には厳しいご指摘もあり緊張に満ちた時間でした。いつも定刻をオーバーし終りの見えない時もありましたが、先生の適切なご指導と、それまでの厳しさから一転した先生の終了を告げる優しい言葉に、ホッとし、疲れも忘れ、次週への意欲を感じつつ教室を辞したものでした。二年目には、五六年三月に刊行されたばかりの中巻をテキストにして進められました。今、手許にある二冊のテキストを見ると各頁の随所に細々とした注記や朱線があり熱心に読み込んだことや真摯に学んだことの痕跡が残っています。上巻での終戦処理費、中巻でのドレーパー他の対日政策のための報告など、担当部分の手許メモなど当時を思い起こすものもあります。気鋭の少壮助教授の若さ溢れる充実した内容のある素晴しい演習でありましたし、先生が福島を去る時まで人気の高い演習であったと首肯できるものでした。この演習の第一期生であったことに秘かな誇りを禁じ得ません。

先生に初めてお目にかかったのは、五三年の春、経済学部に入学し、高校同窓の先輩達による新入生歓迎の会合でした。福島県立保原高校（旧制保原中学校）の先輩の先生が、学生の私達の会合に出て下さり、後輩の私達新入生を激励して下さいました。その後、卒業までの四年間、この会合で先生と親しくご一緒し歓談と共にお酒の飲み方も充分に教示していただきました。数多くの想い出もあります。先生と同じ保原町に生まれ育ち、自宅から通学の私は大学四年間も含め一六年間、通学時には先生のお宅の前を往還しました。七歳年長の先生ゆえ、直接ご一緒することはありませんでしたが、小さい町でしたので、先生のご令名はきき及んでいたものの、経済学部の教官としてご在職とは、それまで知りませんでした。二年生の時、先生からお声をかけていただきマルクスの『資本論』を講読するサークルに誘われ、参加しました。富塚・大石両先生を囲んでの数名の学生による自主的な勉強の会でした。この会で、資本主義の本質を掴むための基本的理論について理解を深めることができたことと、学問を進めていく態度の厳しさを自覚したように思えます。先生が演習を担当されることになった折、何の躊躇《ためら》いもなく参加することにしたのも、斯かる機縁があったためだと想い返しています。

五七年三月、福島を出て、私は神戸で会社生活に入りました。神戸、東京での四十年間の鉄鋼業界での生活中はなかなか先生にお目にかかる暇がありませんでした。漸く、九〇年頃に明治学院大学の先生の研究室を訪問することができました。これが、先生との最後の機会でした。時の距たりを感じさせない先生の変わらぬお元気なご様子と学問に対する真剣な姿勢に接して改めて襟を正すと共にその情熱に頭が下がる思いをしました。このように、先生には、ゆっくりお話をさせていただく機会がないままに過ぎましたが、卒業以来、欠かすことなく交信した年賀状で先生のその後の様子を伺いました。先生からいただく賀状は、表書きを一見して、先生からのものとすぐ判かる、手書きの楷書・端正な文字の宛名のものでした。不精の私にとっては年一回の貴重なもので、先生のご様子を知る大事なものでした。いま、改めて近年の賀状を読み返してみますと、晩年の先生が偲ばれます。最後の年賀状となった二〇〇六年には、一進一退の病魔と闘い乍ら、お互いに助け合って余命を有意義に送りたいとあり、その前年には、お孫さん達の成長へ希望を託しつつ余命を悔いのないようとあり、この年から、ご令室美代子様と先生の連名になりました。数年前の二〇〇〇年には、研究生活五十年、心を新たに研究を進めたいと、教職を了えての自由の身を喜んでおられ、翌二〇〇一年には、混迷をきわめる世紀の転換期に少しでも光明を見出すよう、新しい研究生活を樹立したいと力強く述べられてます。しかし、二〇〇二年には、前年九月に病を得たこと、病床での夢を少しでも現実へと病に負けぬ意欲を示され、二〇〇三年は、病が舌癌であったと記され、通院治療の様子を、そして二〇〇四年には、体力の回復とご自身の喜寿とを喜び、生活に楽しみが出てきたことを、そして余命を悔いのないようにと結ばれていました。この年、余命という言葉が初めて出て参りました。ご令室様との連名、そして余命をという文言に、先生のご心情が偲ばれ粛然たる思いをするものでした。先生は、時には、末尾に態々《わざわざ》手書きで添え書きを下さいました。二〇〇二年には、珍しく大病に悩まされていますとありました。その前、二〇〇〇年には、放送大学で修学中とのこと、ご研鑽を祈ります、私も心身の衰えは感じますがあとしばらく研究を続けようと思っていますと、不肖の教え子を激励して下さいました。幾つになっても子弟に思いを馳せる先生のお言葉、師の高恩に、唯、有難いと感じました。先生がお好きであった福島の銘酒をゆっくりと酌み交し親しくお話もできぬままになってしまったこと、本当に淋しく思います。いま、窓辺の机には、五月の青空と、新緑の庭木をそよがせる風の音が静かにきかれます。その中に、先生のあのお声がきけぬかとふと耳をすましています。　合掌。

二〇〇七年五月

大石さんのこと

宗田《そうだ》　實《みのる》
（福島大学経済学部一九五九年卒、日本語ボランティア）

昨年（二〇〇六年）一一月、新聞で、元本学経済学部助教授、東大名誉教授、前明治学院大教授大石嘉一郎（七九歳）氏の訃報に接した。大石さん（当時、学生は先生をさん付けて呼んでいたので、そう呼ばせていただく）は、私の指導教官ではなかったので、直接お話しを交したのは、せいぜい数回だったと思う。一九五七年ごろ、東北地区大学経済学部学生のゼミナール協議会の討論会が本学であり、その講評者が大石さんだった。協議会の役員だった私は、開始時間に大石さんを研究室へお迎えにいった。先生は、『資本論』（戦後間もなく出た長谷部文雄訳、日本評論社刊、紙もあまり良くない）に赤エンピツで線を入れながら、熱心に読んでいらっしゃるところだった。そこには、若い研究者の厳しい雰囲気がただよっていた。講評の内容についてはまったく覚えていない。しかし、討論中、われわれが相手チームにヤジを飛ばしたこともあって、「論争は声の大きさで争うものではない。論理で勝負せよ」といさめられた部分だけは印象に残っている。当時大石さんは、福島県の自由民権運動を研究しており、担当講義は「地方財政論」だった。私はぜひその講義を聴きたいと思ったが、他の科目と重なってしまい、とうとう受けることができなかった。やむをえず、あらたに低学年を対象にした「経済学」（テキスト『経済学』上・下　宇野弘蔵著、角川全書）が大石さんの講義で開講されたので、すでに私は三年か四年であったが、それをとることにした。授業中「君たちは、卒業したら商品として送りだされるのだから」が大石さんの口癖だった。授業が終わると、調査室の南側にあった学生洗面所で、何回かぐうぜんお目にかかる機会があった。そのとき、すでに読み終えた二、三の古典から、銀行の企業支配、資本の集中とその海外進出などについて、短い時間ながらおたずねした思い出がある。

しかしなんといっても、私にとって大石さんをどうしても忘れることのできないできごとがあった。それは、大石さんが私の指導教官星埜惇さん（農業経済論）や日本経済史の山田舜さんの論敵であった事情による。当時、日本の経済史の分野では、封建社会から近代社会への移行をめぐって、激しい論争がくりひろげられた。一言でいえば、幕末に芽ばえ、明治に広がり、終戦まで続いた地主―小作を生みだすような農民経営は本質的に封建性をもった古い段階のものか、それとも農民経営は近代的経営の基点となるべきものかについての議論である。きっかけは、西洋経済史の吉岡さん（故吉岡昭彦先生、後東北大学教授。ちなみに、四人ともほぼ三〇歳前後で、新進の助教授であった）が、イギリス封建社会末期にも地主―小作を検証し、それをイギリス王制の基礎と理解して、地主―小作を移行期における世界史の発展段階と位置づける見解を発表したからである。これが、「福島学派」が日本の経済史学会に火をつけた論争の発端といわれる（吉岡さんは、私の在学中、東北大学へ移られたため、残念ながら、私は吉岡さんの講義も受けられなかった）。山田さん、星埜さんの考えは吉岡さんと同じベースに立っていたが、大石さんは、やや別の見解をもち、一九五七年の『商学論集』に「農民層分解の論理と形態」という論文を発表されたのである。

学校の試験問題などは、すべて忘れてしまうものだ。しかし、三年次のとき、山田舜さんの「日本経済史」の期末試験問題が「農民層の分解について大石君と小生の見解を比較検討せよ」であったことだけは今でも頭の片隅から離れない。忘れがたいのは、この問題の水準がきわめて高く、難しいだけでなく、ろくに勉強もせず、山田さんの見解を是とした私の論拠が未熟で貧しいものだったため、たいへん恥ずかしい思いをしたからである。両者の違いを簡単にいうと、山田さんは、移行期の小農民経営を自給性の濃さから、その本質を封建的とされたのに対して、大石さんは自給面と商品生産面の二つの側面が同等にからみ合う過渡的な性質をもつものとされた。試験終了後、山田さんから私にたまわった「君の答案には、お情けで優をつけておいたよ」のコメントには、じくじたる思いだった。いま考えると、二つの側面について、支配的なものと従属的なもの、本質的なものと現象的なもの、古いものと新しいものなどの観点からもっと小経営の質について論ずべきだったろう。あるいは、世界史的視点も必要だったかもしれない。

こういうわけで、私はその後大石さんの発表される著書に対して、なかば懐かしさも手伝い、つよい関心をもち続けてきた。一九六三年に東京大学社会科学研究所に移られてからは、日本近代経済史の大御所として、明治以降の日本の経済構造についての通説の実証・深化を進められ、『岩波講座日本歴史』の「近代史序説」をはじめ、日本の産業革命、現代資本主義の研究についての、編者をつとめ、多くの若手研究者を育てられた。現在、若いときからの論文も収められた著作が東京大学出版会から、編著を含め八冊出版されている。アマチュアの私が述べるのはおこがましく、面映いが、経済史家、石井寛治氏も指摘するように、大石さんは常に「議論が党派的でなく、きわめて冷静な姿勢で、従来の対立する諸学説を統合し、新しい理論的枠組みを作り出そうとしていた」（石井寛治「近代日本経済史再考」『UP』二〇〇六年一〇月号、東京大学出版会）と思われる。大石さんの著書に、私がしばしば見出した明治以降日本経済史の把握に関するキーワードは、「全機構的」「世界資本主義の背景」「（上からの）再編」であった。大石さんの存在とその切磋琢磨が、その後の山田、星埜、故吉岡さんらの理論の発展に大いに影響しているものと私はひそかに勝手な憶測をしている。合掌。

（山形県長井市中道一－九－二六）

故大石嘉一郎先生を偲ぶ

原　伸一
（福島大学経済学部第八回卒・一九五六〜五九年）

二〇〇七年三月、偲ぶ会の発起により先生の訃報を知り、深層のなにかが崩れるのを覚えました。四月、同会懇親の席で、先生の福島時代の一端を元ゼミ生の思い出として紹介するご厚意を賜りましたが冷や汗しきりでした。偲ぶ会の経過の中で改めて先生の学業の広がりや深さに強い感銘を受け、研究者としてまた教育者としての志の高さや生き様に触れ感慨も一入でした。また、五〇年ぶりに奥様にお目にかかりその昔を彷彿させるご様子に先生と共に歩まれた年月を想いそぞろ懐旧と惻隠の念を抑えることができませんでした。

膨大な業績の系譜を辿らせていただきますと先生の初志を形成した「福島大学時代」の貴重さに思い至ります。まさに、その時代に、先生に出会うことができた幸せを自らの越し方を省みながら、今、しみじみと噛みしめております。

出会いの授業一九五七年は教養科目「経済学」、基礎的マルクス経済理論でしたが、密度の濃い講義に魅了されゼミ選択の契機になりました。経済史研究会一九五七〜五九年では、庄司吉之助先生や、山田舜先生共々ご指導をいただきましたが、なぜか現地調査中に差し入れていただいたお酒の美味しさだけが想起されます。ゼミ在籍一九五八〜五九年では、夕刻の研究室で石炭ストーブを囲んでの恐慌論輪読が脳裏に残っております。ゼミ後半は、先生は内地留学で在京時間が増え、ご多忙の中、往復手紙で我々の拙ないレポートやインターゼミ発表案に対し懇切な添削と厳しい論評をいただいたことも忘れられません。

卒業後、私は、地銀で主に企画・調査畑を歩みましたが、先生にいただいた教えやフィールドワークの経験を無意識のうちに折々の支えとして過ごしました。お陰により、県や市町村等地方自治体や、様々な機関・大学・企業との交流で多くの関係者や研究者との出会いを糧とすることができました。茨城信陵会（一九九三年）は比較的新しい思い出です。先生が『水戸市史』（近現代史）執筆・監修のお仕事で八〇年代後半から九〇年代前半にかけ断続的に来水された時期があり、在水の同窓生も交え親しく教えをいただく機会が生まれました。この時の信陵会は、先生はじめ母校の新旧学長を迎え小規模ながら実り多いものとなりましたので同会の経過次第を小誌『茨城信陵同窓会』に保存させていただきました。先生と酒席の話題は豊富です。肩書きや垣根を払って率直に風発する談論の中で、専門領域を追求する過程では域際・域外に亙る幅広い素養や経験が有効であることや、多くの先学、同学の方々との出会いや交流逸話等について語られましたが悉く示唆に富むものでありました。

先生が志したことは、教えを受けた多くの関係者により確実に引き継がれ、広く各界識者の啓発に貢献していくことに疑いを持ちません。

感謝と哀悼の念をこめて。

福島時代の大石先生を偲んで

市川　捷治
（福島大学経済学部一九六一年卒、大石ゼミＯＢ）

経済学部では、二年次から専門科目を重点的に履修するシステムになっていた。開講科目の中で、大石助教授の地方財政論は特に受講生が多かった。先生は、近代日本の地方行財政制度の原型としての、地方自治制の存立基盤の解明をテーマにされた。地方自治制の成立過程における自由民権運動に着目し、地方自治制に関する諸説を検証され、新しい理論を構築された。とりわけ、地方自治制の存立基盤を日本資本主義の特殊な構造との関連で分析された。初期の研究の集大成として、一九六一年に、庄司吉之助先生のご支援を得て、『日本地方財行政史序説』を刊行された。大石先生の講義に刺激を受けた私は、三年生で大石ゼミに参加した。ゼミでは、地方行財政に固執せず、富塚良三先生の『恐慌論研究』、鈴木武雄先生の『近代財政金融』を教材に幅広いテーマに取り組んだ。四年生の時、北大で北海道・東北経済ゼミの財政学部門に参加した。大石先生の助言で、私は日本の軍需産業の再生産構造と租税について報告した。レジュメ作成に際し、富塚先生のご指導も受け、ユニークな発表ができたかと思ったが、他ゼミから反論と質問が意外に少なかった。財政学分野では、再生産表式など、なじみがなかったのかも知れない。

当時の大石ゼミでの幅広いテーマの設定からも、のちに近代史から戦後改革まで百年のスパンで日本資本主義の通史を書かれる、先生の視座が垣間見られたと思われる。

ここで、大石先生のお人柄を物語るお酒についてのエピソードをご紹介しよう。

ゼミが終った夕刻、おでん屋の二階に場所をかえ、さらに議論を深めたこともあった。新学期になって、急に三年生が一二名もゼミに参入した。大石ゼミでは、飲み会の面倒をみてもらえるとの風評があった。安易な選択で、その後、ゼミで苦戦した者もあったそうだ。先生には、卒業の時にゼミの追い出しコンパまでお世話になり、人生哲学を学んだ。

海運会社に就職した私は、入社八年目で東京勤務になり、先生との交流が復活した。ゼミの先輩と、先生を日本料理店にお誘いしたことを思い出す。お酒をかなり召し上られた先生をご自宅までお送りすることにした。タクシーが小石川に着くと、先生から「君たちも降りろ、家に一升《しょう》用意してある」と言われた。困ったことになったと思ったが、先生の勢いに押され、ご指示に従った。結局、ご自宅での二次会になってしまった。奥様に大変ご迷惑をおかけしたことを、反省している。学問同様、お酒の飲み方について、先生は一家言をもっておられた。色々と思い出は尽きないが、大石ゼミOBの一員として、大石先生が福島時代から最後まで一貫して学問的情熱を持ち続けられた姿勢を忘れず、少しでも見習って生きていきたい。

3　東京大学時代

大石校長先生

利谷　信義
（東京大学名誉教授）

一九六九年四月、私は東京都立大学から、東京大学社会科学研究所に転任した。大学紛争のさなかであったが、それだけに、所内は共同研究への意欲に燃えていたと思う。私も早速、高橋幸八郎先生を代表者とする「日本近代化の研究」に参加した。

私が所属したのは、日本における産業資本確立期における国家と経済について、法律、政治、経済の分野からアプローチし、総合的に考察しようとする班であった。三分野の報告は、利谷信義「明治三十年代の法体制の基本構造」、石田雄「世紀の転換と政治体制の構造変化」、安良城盛昭「産業資本確立期における国家と経済における特殊日本的関連」からなり、大石嘉一郎さんが総括された（髙橋幸八郎編『日本近代化の研究』上、東京大学出版会、一九七二年所収）。

「一九〇〇年代（あるいはほぼ明治三〇年代）は、日本の近代史において、その全過程を眺望するのに適当な、『展望台』ともいうべき特別の歴史的位置をしめている。（それは）日本資本主義の産業資本確立期であると同時に、その世界史的に規定された帝国主義への転化期であり、……日本資本主義の主要な構成諸要因（……）が、構造的に定置される時期である。（この）構造は、一九一〇年代以降その基盤をほりくずされ変容を遂げながらも、第二次大戦の敗戦にいたるまで基本的に維持された」と大石さんは総括された。これは今では常識かも知れないが、学際的な考察に基づくもので、当時としては斬新だった。この研究会は、本当に楽しかった。もちろん、意見の対立がなかったわけではないが、大きな見通しにおいては一致した。そこには、大石さんの緻密で、しかも大らかな調整力が働いていたことは確かである。

その後私は、『大系日本国家史4・5　近代』（東京大学出版会、一九七五、七六年）の研究会に参加し、本間重紀さんとともに、「天皇制機構と法体制の再編――一九一〇～二〇年代における一断面」を執筆した。中村政則、芝原拓自、海野福寿など錚々たる歴史学者との共同研究は楽しく実りのあるものであった。その頃中村さんたちとよく言ったのは、「ここに大石さんがいてくれたら、もっと議論がまとまっただろう」ということだった。「校長先生みたいな人だから、その前だったら思い切ったことも安心して言える」というのが、皆の一致した意見である。大石さんは、広範かつ綿密な資料分析に基礎づけられた理論構成力と、バランスよく全体を見通す力を持っておられた。そのことに対する信頼感が、このような言葉を皆に言わせたのだと思う。

第二次大戦後すでに六〇年以上を経過し、近現代を通した見通しを必要とする現在、大石さんがご健在だったらと思わずにはいられない。

大石さんの偉さの発見

馬場　宏二
（大内ゼミ、東大社研の後輩）

近頃になって、大石さんはこういう風に偉かったのか、と実感したことが二つある。いずれも大石さんが声を失ってからのことである。

無論、同じ大内ゼミの先輩であり、同じ東京大学社会科学研究所の先任教授だから、一般的な意味では偉さを知っていたつもりだった。真面目で勤勉な学者で、理解力が並外れて高く、学派に囚われぬ公平さを持っていた。行政的にも緻密で極めて有能だった。しかしその評価は、専門が異なるせいもあって、あまり立ち入ったものではなかった。たまに酒のお付き合いをすると、あるところから突然気分が高揚して、立ち上がるや否や「ヨッシャアー」などと叫び出す。この人は学者である前に旧制高等学校で育った人間なんだなアと、引き揚げでヒネくれた経験を持つ新制出の私なんぞは、一つ距離を置いて、羨ましく思っていたものだ。

その偉さをもっと直接に実感したのは、私が神長倉真民探索を始めてからである。偶然のことから、この人物がダイヤモンド誌にいて、著書は一〇冊余りあり、中でも幕末維新史について相当なレヴェルのものを三冊書いていたことを知った。ところが人物については全くわからない。いろいろ探してみたら、神長倉という珍しい苗字は、福島県浜通りの浪江町にはすこし纏まってあるらしい。そこで、病気中ご迷惑だろうとしばらく躊躇した後、ほかに方法が見当たらないので、書面で大石さんに、何か手がかりをご存知ないかとお尋ねした。さほど間も無く、葉書でお返事をいただいた。心当たりは全くない。自分が元気なら、関連各方面に問い合わせたり調査依頼をしたりもできるが、この通りの身体だからそれもできず、申し訳ないという趣旨が、達筆で記されていた。

その後福島県立図書館に赴いた。予めお願いしてあったので、遠藤豊司書が、浪江町方面の地誌、福島県の自由民権運動史、それに隠れキリシタン史関係の文献を取り揃えておいてくれた。結論的には、それらは直接神長倉探索の資料にはならなかったのだが、ともかくその文献の束を見て驚いた。地元の歴史家が書いた自由民権史は、尽くと言って良いほど大抵、大石嘉一郎の著作への言及から始まるのである。「へー　大石さんは福島ではこんなに偉いのか」と、迂闊にも大声を出してしまった。考えて見ると、保原の名家出の歴史家だし、福島大学で弟子を育てた経験もある人のことだから、ちっとも不思議ではないのだが、住んでいる学問世界が少し違うと、もう想像力が働かなくなるのである。

その後葉書をもう一枚いただいた。例のごとく達筆で、折角の神長倉探索にお役に立てず申し訳ない、と書いてあった。あの身体で、私程度の探索にもここまで気配りしてくれていたのである。偉い人だと言うほかはない。

神長倉真民探索記は、亡くなられる寸前に出来上がっていた。印刷校正の手間が必要だったから、とうとうお目にかけられなかった。

兄貴のような存在

柴垣　和夫
（東京大学・武蔵大学名誉教授）

大石さんは私にとって、東大経済学部・大内（力）演習の先輩であり、東大社会科学研究所（社研）では先輩同僚で、兄貴のよう存在であった。

私が社研の助手になったのが一九六一年、大石さんが社研に助教授として赴任されたのが一九六三年、以来半世紀にわたってご厚誼をいただいた。昨年（二〇〇六年）の夏、当時私が編集中だった『大内力ゼミナール・たにし会の半世紀』に寄稿していただいた際の「原稿は一字一句修正してはならぬ」との添え書きが、最後のメッセージだった。病床で書かれたにもかかわらず、張りのあるペン使いであった。

大石さんとの思い出は、酒にまつわることが圧倒的に多い。舞台は赤門前から本郷三丁目にかけての本郷通りの、道順に万里、松好、大松、トップ……。多くの場合、高橋幸八郎、加藤俊彦、遠藤湘吉などの諸先生や岡田与好、加藤栄一、西田美昭の諸氏等の中の何人かがご一緒だったと思う。若い連中だけで飲んでいるときは、酔うほどに大石さんの口から「ヨッシャ」という声が漏れはじめると、それがお開きのシグナルであった。それを過ぎると、（知る人ぞ知る）、ご帰宅までが大変だったからである。

学問の面では、宇野・大内理論を継承した私と、講座派と大内理論の折衷と（私には）思われた大石さんとの立場の違いは、始めからわかっていたから、あまりシリアスな議論をしなかったように思う。私たちの社研時代は、「基本的人権」「戦後改革」「ファシズム期の国家と社会」と続く全所的な共同研究の推進時代であったが、それらは、創立時の社研がイデオロギーや方法上の対立から機能不全に陥った経験を繰り返さないために、方法の違いは前提であり、それ自体を検討すべき対象としなかったためであった。

兄貴のような親近感を覚えたのは、私が大石さんに似たところがあったせいかもしれない。研究所にいながら教育好きで、東大紛争のあと経済学部の演習を担当する機会が与えられた際、一時的にはともかく、廃止になるまで五、六年続けたのは大石さんと私だけだった。ほかにも大石さんがなさった仕事のあとを継いだ形になったものが二つある。大石さんは科研費・特定研究「日本近代化」プロジェクトの全国組織の幹事長役を務められたが、私はその後の「産業構造の変革」プロジェクトの幹事役の一人を務めた。東大紛争のあと、大石さんは小宮隆太郎さんなどとともに、加藤執行部が設置した改革準備調査会の一員として貴重な『報告書』を書かれたが、私はその後に発足した改革委員会（教官）の幹事の一人を務めた。いずれにおいても、役回りは大石さんの方が断然大きかったが。

今となっては、大内ゼミ同窓会の名前の由来となった「たにし踊り」の振り付けを継承しなかったことが、悔やまれてならない。

大石さんと日本政治史

坂野　潤治
（元東大社研教授）

私が歴史学者としてまがりなりにも自立したのは、一九七一年に『明治憲法体制の確立――富国強兵と民力休養』（東京大学出版会）を発表してからである。大学院に入ってからこの著書を発表するまでの八年間は、自分がどのような日本近代史を描きたいのかわからないまま、文字通り右往左往していた。

そのような時に、私を励まし、時には助けの手を延べてくれた方が、お三方いる。最初のお助けマンは、現東大名誉教授の伊藤隆さんである。大学院入学以来ずっと、一次史料を通じて日本近代史像に迫るという方法を、伴走しながら私に教えてくれた。また、伊藤さんは、生活に困っていた私に、今では想像もつかないような割りのいいアルバイトの口を与えてくれた。林茂の名前で出る『太平洋戦争』（中央公論社）の伊藤さんの分担分に、共同執筆という形で私を加えて下さったのである。この本自体が林茂教授は一字も書かない、お弟子さんなどによる全巻共同執筆だったから、私の仕事は一次下請の伊藤工場の二次下請のようなものだったが、大学院時代の生活は心配しなくてもいいだけの収入があった。

もうお一人は千葉大学名誉教授の前田康博先生である。故福田歓一教授の門下の俊才であり、政治哲学・政治学原論の専門家の前田先生が、大学院や助手時代の私の明治政治史研究に関心を持たれ、懇切なコメントを下さったのである。そればかりではなく、前田先生は就職に困っていた私に、千葉大学の非常勤講師や助手の口を世話して下さった。

しかし、私にはもう一方、研究上でも、その発表場所でも、さらには東京大学社会科学研究所に就職する際にも、大変お世話になった方がある。故大石嘉一郎教授である。大石さんにはご生前一度も「先生」と呼んだことがないので、この一文でも「大石さん」で通させてもらいたい。

日本経済史の研究者で大石さんのお世話になった人は、数え切れないであろうが、日本政治史の専門家の中ではそういないであろう。私の場合は、前田先生の場合と同様に、大学院生時代から停年で私が東大社研を辞めるまで、実に三七年間にわたって、学恩と学利を受けてきた。

今の日本政治史研究者には想像しにくいだろうが、私の大学院生当時は、「講座派」と呼ばれるマルクス経済学の一分派が、日本近代史を独占していた。東大法学部には日本政治外交史という講座があり、そこでは岡義武教授から三谷太一郎さんへのバトン・タッチが行われた直後だったが、それは東大法学部という小ピラミットの中のことにすぎなかった。

この「講座派」グループは、戦前から寄生地主制の確立と展開にテーマを集中してきた。私が明治政治史を研究しはじめた頃は、故安良城盛昭さんと中村政則さんが、寄生地主制の確立が一八九〇年なのか（安良城説）一九〇〇年なのか（中村説）をめぐって、内輪だけでの大論争をしていた。「内輪」といっても日本近代史全体を支配していた「講座派」の「内輪」である。例は悪いが自民党全盛時代の田中派と福田派の対立のようなもので、いわば「内輪」がすべてであった。

そのような中で、「講座派」の中心的人物であった大石さんと安良城さんが、『史学雑誌』に載った私の最初の二つの論文に注目してくれた。福島大学時代に自由民権運動研究に経済史の側から参加されたためか、大石さんには他の

「講座派」の学者とは違う政治史的センスがあったのだと思う。

大石さんは、一八九〇年代末の地租増徴問題の政治史的考察から一九〇〇年の立憲政友会の成立を説明する私の論文を高く評価して下さり、それを発展させて東大出版会の『講座日本史』の第六巻に書くように強くすすめてくれた。噂話のレベルだが、大石さん以外の「講座派」の編集委員は、右か左かもわからない私の政治史論文などを、栄誉ある『講座日本史』に収録するのに反対が多かったと、私の耳にも聞こえてきた。

今から考えると奇妙な話で、安良城盛昭説が一八九〇年確立、中村政則氏が一九〇〇年確立説ならば、安良城説は日本で最初に議会が開かれた前後の時代を重視し、中村説は自由民権運動が最終的に敗北する立憲政友会成立前後と重なる。日本政治史上でも重要なこの二つの時期を経済史研究者だけで分析しきるというのは、全盛期の「講座派」マルキストの傲慢さの表われであった。

大石さんの他にも、安良城さんも私の第二論文「第四議会前後における民党連合の崩壊」（一九六八年）を高く評価して下さった。

今日ではある程度の評価を受けている私の『明治憲法体制の確立』は、二人のすぐれた「講座派」経済史研究者の励ましと発表機会の提供がなかったならば、日の目を見なかったかもしれない。

大石さんに負うているのは「学恩」と「学利」だけではない。東京大学社会科学研究所に助教授として採用された時に、当時在職していたお茶の水女子大学に「割愛」願いに来てくれたのも大石さんだった。私が採用されたのは政治学系の部門だから、そこの最長老の石田雄教授が来ると思っていたのに、大石さんが現われたのには驚いた。しかし、お茶大の史学科では大石さんはよく知られており、おかげでお茶大が怒ってもしかたないような社研の人事も、少なくとも表向きには円満に解決した。

ご自身の専門分野ではすでに十二分に高名だった大石さんが、隣接しているとはいえ他分野の、しかも一介の大学院生の仕事にも眼を配り、その大学院生のその後の成長にも手を貸して下さったご恩は忘れられない。

大石さん、有難うございました。心からご冥福をお祈りしております。

仕事・酒、そして孫

西田　美昭
（東京大学名誉教授）

大石さんの研究室は、きちっと整理がされているので、人目にも気持ちよい。昼間、部屋中に資料を拡げて仕事をしていても、帰るときには必ず元通りに片付けて机の上はきれいになっている。だから、大石研究室にある本や資料であれば、探すことなくたちどころに出てくるのである。翌日に仕事をすぐ始められるという名目で片付けずに帰ったり、本を探すのに小一時間費やしたりする私とは全く異なっていたので、このことは今でも印象深い。大石さんは、膨大な研究史を見事に整理していくことで定評があるが、これは研究史に即して、すでに書棚が整理されていたことと密接な関係があったと思う。

大石さんは、夕方七時か八時頃、私の研究室にやってきて、「まだ頑張っているの。ちょっと一杯やらない」と誘ってくれることがあった。そして、「いやー、今日は抜刷の礼状書きで終っちゃったよ。仕事にならなくてね」と時たま愚痴をこぼした。私の方は、礼状も書けずに失礼している本や抜刷がいくつもあるので、大石さんのこの愚痴を聴くたびに、自分のだらしなさを思い知らされるのである。若い研究者から送られてくる抜刷などにも必ず目を通した上で礼状を書くという大石さんの律義さが、若い人々の研究を励まし、大石さんの周りに若い研究者が集まってくるというサイクルを生み出した一つの要因だったのではないかと思う。そして、そのことは同時に、大石さんの目配りが利いた研究史整理の源泉ともなったのではないか。大石さんの抜刷の礼状書きは、「仕事になっていた」のである。

私は、大石さんと農村史料調査・共同研究に出かける機会が多かったが、その中でもっとも印象に残ったことの一つは、大石さんが無類の〝史料好き〟だということである。一般的に大石さんは、〝理論家〟だと思われていて、私もそのことを否定しないが、大石史学の大きな特徴の一つは、徹底した実証研究を基礎にしていることにもある。岡山の西服部家・東服部家の調査でも、長野の五加村の調査でも、大石さんは時間ぎりぎりまで史料をめくっているのが常であった。また、埼玉県の東松山市史の編集では、近世史家の山口啓二さんと大石さんの強い意向で、「市内にある全史料に目を通した上で市史を書く」という方針が決められ、実行された。このため、週末の土日には東松山に通い、史料目録を作りつつ読むという作業が一〇年近く続いた。中世以前は、そもそも史料が少ないから、こうした〝方針〟には、何の無理はない。しかし、江戸時代以降は話が違う。史料は相当散逸しつつあるとはいえ、史料の取捨選択が歴史叙述の質を決めるという側面が大きいのである。そして、山口さんも大石さんも、史料全部をみなければ取捨選択はできないという確信をもっていたから、大作業になったのである。しかし私たちは、この方針のおかげで多くの良質の史料に出会えたし、ローラー作戦の効用も実感することができた。〝史料好き〟のお二人に感謝しなければならないと思う。

ところで大石さんは、酒席での話題にも事欠かないことは大方の人が認めるところであろう。酩酊する直前までの大石さんは冴えていて、研究の話から政府批判まで自在に議論を展開したので、大石さんから酒席で学んだことは大きい。しかし酩酊し、「よし、若いの頑張れ!」というのが出ると、大石さんは客観的には〝意識不明物体〟に転化する。大石さんを家まで送っていくことも多々あったが、時に奥様から、「こんなになるまで飲ませないでください」とお叱りをいただくこともあった。こういうときは一応、「申し訳ありません」と頭を下げてくるが、心の中では、

「大石さんが勝手に次々と飲んだので、飲ましたわけではない」と言い聞かせることにしていた。

ブレーキの利かない飲み方が急になくなり、「今日はこれで帰る」と酩酊前に帰ることが多くなったのは一五年ぐらい前からであったと思う。私たちが、「もう少しいいでしょう」と誘っても、大石さんは、「今日は孫が来ているんでね」といって嬉しそうに帰ってしまうのである。そして一〇年位前からは愛孫の「桃」ちゃんに、「歴史をやらせたら面白いかも」などというようになった。大石さんも、すっかり〝爺バカ〟になったなと思ったものである。しかし偶然ではあるが、今や私も、「桃」「桜」という三歳の双子の爺になっている。外で飲んでいても、孫が来るという連絡が携帯に入れば、すぐ帰りたくなる。大石さんの変わりようが、やっと理解できるようになったのである。

東大・大石ゼミ一期生の思い出

奥本　佳伸
（東京大学経済学部一九七四年卒、千葉大学法経学部教授）

私は一九七〇年四月に東京大学教養学部文科II類に入学し、一九七二年に本郷の経済学部に進学した。一九七二年の二月一〇日に、教養学部学生自治会が授業料値上げ反対のために無期限ストライキを決議し、そのストライキが解除されたのが四月二六日だった。そのため、ストライキ解除後、残りの授業と期末の試験を経て、六月にようやく本郷に進学した。

これは後で大石先生から聞いた話であるが、本郷の経済学部では、その年からゼミを開講するに当たって、社会科学研究所の教員にも協力を求めたが、同研究所から大石先生と氏原正治郎先生のお二人がそれに応じられて、経済学部の三年のゼミを初めて担当されることになった。ゼミの第一回は、担当の先生からのそれぞれのゼミの紹介の話があったが、大石先生のゼミ紹介の話では、日本資本主義を歴史的に勉強するということや、テキストとして長幸男・住谷一彦編『近代日本経済思想史』I、II（有斐閣、一九六九年）を読むということであった。私は経済学のほかに歴史にも興味があり、日本の経済思想史を勉強するのも面白そうだと思って、大石先生のゼミに入ることにした。このゼミが、大石先生が東大で担当された最初の学年のゼミである。このゼミに所属した学生としては、私のほかに長谷川信君（現・青山学院大学経営学部教授）、松元宗敏君（第一勧業銀行）、山崎光正君（日本鋼管）、藤本司君（大阪市役所)、原田力君(三井銀行)、潮田道夫君(毎日新聞社)、安藤久彦君(学習塾経営)[松元君以下の氏名の後の企業名等は卒業後に就職した会社]がいた。そのほかに我々よりも二年先輩である武田晴人さん(現・東京大学大学院経済学研究科教授)と、鈴木邦夫さん(現・埼玉大学経済学部教授)も勉強のために参加しておられた。ゼミの三年生のときには先程述べた『近代日本経済思想史』を読み、四年生では同書の残りの部分や、『野呂栄太郎全集』上巻(新日本出版社)の「日本資本主義発達史」などを読んだ。また、四年生の後期は学生各自の研究発表をした。大石先生は学生のどのような報告についても、いつも経済史についての先生の博識を感じるような適切なコメントをされていた。学生の研究発表で、山崎君は『魏志倭人伝』に書かれている古代の日本について報告したが、そうした報告も許容される懐の深い先生であった。

三年生の時のゼミ旅行では、伊豆の戸田にある東大の寮に出かけた。私は関西の奈良県の出身であるため、伊豆に行くのは初めてだったが、沼津まで電車で行き、沼津港から船に乗って行くというのが珍しかった。大石先生もいっしょに来てくださって、楽しいゼミ旅行であった。学生は二泊したが、先生は一泊で帰られたので、皆で戸田港まで歩いて大石先生を見送りに行ったことを覚えている。

自分たちの若かった学生の時期に、経済史を学ぶことの面白さを教えてくださった大石先生に深く感謝したい。大石先生の御冥福を心からお祈り申し上げる。

東大経済学部大石ゼミの思い出

阿部　武司
（大阪大学大学院経済学研究科教授）

私は、東京大学経済学部に学生として在籍した一九七四年春から卒業後一年間の大学院浪人の時期も含めて三年間、大石嘉一郎先生の演習で近代日本経済史のご指導を受けた。大学院入学後も先生から様々な教えを賜ったが、今回は学部ゼミの思い出を記したい。

手元には当時とったノートが三冊残っている。それらを三十数年ぶりにざっと読み直してみた。意外にも結構真面目に勉強していた。事前の予習の形跡がたいてい残っていたが、テキストの理解はおおむね浅薄であった。テキストは、一年目の前期がマルクス『資本論』第一巻中の歴史的諸章、後期が、思想史に関心を持つゼミ生が多かった点が考慮されて色川大吉『明治の文化』と松尾尊兊『大正デモクラシー』、二年目の前期が柴垣和夫『日本金融資本分析』、三年目の前期が大石先生編『日本産業革命の研究』上下二巻であった。二年目の後期と三年目の後期には各自の個人研究発表が行なわれた。報告レジュメも大体保存しているが、ゼロックスがまだ高価な時代であったため、変色した青焼きのリコピーがほとんどである。今回はそれらをとくに再読しなかった。ただ十人程度在籍していたゼミ生の毎回の報告は、割当箇所の要約以外に、拙いながら疑問点をいくつか指摘していた。その後たいていの場合、大石先生がそれらに直ちに回答されていた。ノートにはその後のゼミ生の発言も記録されていたが、それらのレベルはあまり高くなく、時々「眠い」とか「退屈だ」とかいう私の落書きが記されている。
ノート中に残されている大石先生のご説明は明快なので、すぐに判別できる。ゼミ生の持っていた知識が何分皆無に近かったため、私などはしばしばわかっているような顔をして生意気な意見を述べはしていたものの、結局は先生の膨大な知識と粘り強い思考力に圧倒されていた。先生はとくに研究史をわかりやすく整理して下さり、マニュ論争の含意などはその際に初めて把握できたように思う。ゼミでの先生のご教示を契機にして、例えばマニュ論争に関する基本文献を読む機会もできたが、そこでも先生が一言二言述べられていたことが、理解を大きく深めてくれた。授業の効用は案外そんなところにあるものなのだろう。

最近の若い学部学生を見ていると、個人主義が一般的で、ゼミでの付き合いが授業以外の場にも続くことは少ないようだが、大石ゼミでは柳沢遊、谷口豊の両兄が参加者の親睦をはかるためによく働いてくれたこともあって、サブゼミ、五月祭での研究発表、夏のゼミ合宿にもゼミ生の多くは積極的に取組んでいた。サブゼミのテーマは日本資本主義論争だったと思う。五月祭では、一年目には昭和恐慌に関する展示を出した。二年目の五月祭に関しては、一部有志が知り合いの女子学生たちに手伝ってもらって喫茶店を開いたことを記憶しているが、研究発表もそれとは別に行なっていたのかもしれない。二泊三日程度の夏合宿では、一年目に尾瀬の民宿で東大出版会の『講座日本史』の一部を、二年目には東大野尻寮で長幸男『昭和恐慌』をそれぞれ読んだ。

大石ゼミ生は勉強家が割に多く、のちにもふれるように、ゼミが短い期間しか開かれなかったにもかかわらず、奥本佳伸（千葉大学）、長谷川信（青山学院大学）、矢作正（浦和大学）、柳沢遊（慶應義塾大学）、木内剛（成蹊大学）、谷口豊（久留米大学）、阿部と結構な数の研究者を輩出した。とはいえ、先ほどの五月祭での喫茶店の例からも推測できるように、遊びにも皆熱心だった。従順な今の学生には想像を絶することらしいが、当時は講義をサボることはごく普通だった。大石ゼミ生もしばしば退屈な講義に飽きると教室を抜け出して、（勝負事が不得手であった私は加わらなかったが）雀荘に行ったり、喫茶店で何時間も雑談にふけったりしていた。

夏のゼミ合宿や、頻繁に開催されていたゼミコンパには先生も喜んで来て下さった。大石先生のお酒好きについては有名であるので、ここでそれについて書く必要はなかろうが、学生相手の酒席での先生は日頃の激務から解放されてか、実に楽しそうにお見受けした。ゼミ生も先生に負けず劣らずよく飲んだ。今でも本郷に残っている「白糸」や、これは閉店して久しいが、向丘の寿司屋「若竹」などに皆でしょっちゅう行っていたことを懐かしく思い出す。今では顰蹙物であろうが、かなりのメンバーがこれも先生と同じく、煙草をゼミの授業中にもよく吸っていた。

詳しい経緯は知らないのだが、大学紛争直後の五、六年間だけ、経済学部の先生方のほかに社会科学研究所の先生数名（大石先生のほか確か柴垣和夫、氏原正治郎の両先生）が、経済学部の学生に対してゼミを開いてくれた。おかげさまで大変楽しい大石ゼミが実現したものの、同窓生は二十数名にとどまる。卒業後なかなか集まる機会もなかったが、二〇〇〇年にここでも柳沢兄のお骨折りによって本郷三丁目交差点の交番裏にある大石先生ご贔屓の居酒屋「羅針盤」で本格的な同窓会が実現した。私は残念ながらその折には参加できず、当日電話で先生とお話しただけだったが、盛会と知って大変うれしかった。翌年には私も出席し、久々に先生や友人たちとの再会を楽しんだ。その折に大石先生は頗るご壮健で、当時体調不良であった私を励まして下さり、今後の著作の構想を語ってやまれなかったが、不幸にしてほどなく病魔に襲われ、以後の同窓会の再開もできず、今日に至ってしまった。

肝心の大石先生のご出席がもはや叶わず、まことに残念ではあるが、大石ゼミ同窓会を近々是非再開したく思っている。今さらながら先生から賜った学恩に感謝し、改めてご冥福を心よりお祈り申し上げる。

私にとっての大石先生

谷口　豊
（久留米大学）

私が大石先生に初めてお目にかかったのは、一九七四年四月初旬のことです。その三月に東京大学一・二年の教養課程（駒場）の文科II類を終え、経済学部（本郷）に進学して、演習（ゼミ）を選択するため、ゼミ回りをしてのことでした。

三、四年生一緒のゼミで、一年上に長谷川信、柳沢遊さんがおられました。実は、駒場の一年生の時に、西川正雄先生の入門的な「歴史学」の授業や、「ファシズム」に関する教養的な演習、また二年生の時には、本郷で原朗先生が教養課程の学生のためにもたれていた演習を採って、多少なりとも歴史的なことに関心を寄せていた私は、やはり二年生の時に、その当時あった（今もあるのでしょうか?）専門学部の先輩がテューターとなって、教養の学生と開くサブゼミ（のようなもの）で、なんと柳沢さんのテューターによる「日本ファシズム」期をテーマとしたもの（だった気がします）に参加していたのです。そこに、阿部武司、秋山孝臣（農林中央金庫）の諸氏も出ておられて、三人とも誘導されるように、学部のゼミとして大石ゼミを選ぶことになったのだと思います。

初お目見えの際に、大石先生は、「このゼミを採りたい人は、歴史についてこれまで勉強してきたことについて、感想文を書いて提出してください」というようなことを言われました。そこで、私は、M・ウェーバーの『プロテスタンティズムの倫理と資本主義の精神』と服部之總の『明治維新のはなし』について、印象に残った点を書いて提出したと記憶しています。

私たちの〝世代〟は、いわゆる「大学紛争」（「団塊の世代」）の後の世代で、高校時代の一九六八年に「東大紛争」や「日大紛争」が起こり、翌年一月の学生たちによる神田・道路バリケード封鎖とか東大安田講堂の攻防を、〝テレビ〟を通じて見たり聞いたりしていたのです。

国内では、この紛争のほかにも、「公害問題」や「沖縄返還」問題などがくすぶり、世界的には、「ベトナム戦争」でアメリカが泥沼的な状況から抜け出そうともがき始め、七一年八月には「ドルショック」でアメリカの疲弊ぶりがあからさまになりました。他方、ベトナム反戦運動の高まりを背景にして、ちょうど六八年の「五月革命」（パリ大学での学生紛争を契機にした社会運動）が新しい思想と運動の機運をもたらすとともに、同年八月のソ連などのチェコ侵攻による「プラハの春」（社会主義体制の自由化）圧殺は、〝社会主義〟の将来像に何がしかの再検討や疑問を投げかけるものだったでしょう。また、幸い「ベトナム戦争」が終結に向かった七三年の一〇月には、「第四次中東戦争」が勃発して「オイルショック」に見舞われるなど、もう一つの国際紛争の存在と、新たな経済段階への移行にも気づかされることになりました。

しかし、再び目を国内に向けると、七一年には東京・大阪・京都で旧社会党と共産党が推す「革新知事」が、七三年には六大都市すべてで「革新市長」が存在するといった潮流もありました。また、経済的には、六八年にGNPがアメリカに次いで世界第二位となり、そのような〝国力〟を基礎にして、七〇年に〈万国博覧会〉が開催されるなど、〝上り坂〟の高揚感もあったような気がします。私が大学に入学し本郷に移る一九七二年から七四年という時期には、このような時代背景と時代の雰囲気があったのです。

事前に配布されていたゼミの紹介文では、大石ゼミのテーマとして、「思想史」的な分野が含まれていたと思います。そのこともあったのでしょう、〈社会科学研究所〉に所属し、ゼミの開設を希望する先生のみがゼミをもつ（と聞いていました）という制度にあって、一応「経済史」という学問領域に分類され、本来さほどゼミ生が集まらないハズ（?）のわが大石ゼミには、その年、いろいろの志向をもった一〇人を超える新人が集まっていたのです。つまり、私たち学生にとって、とても間口が広いゼミだというような印象があったのです。実際、文学志向の学生から「経済史」のかなり専門性の強い分野に関心がある学生まで、大石先生の方から特に制約を受けることもなく、のびのび自由に勉強し、発言もさせていただいたように思います。

最初の一年間が、私にとって極めて濃密な一年間だったような気がします。先ほど述べたような時代状況にあって、駒場の時から、〝未来〟社会への模索と、それがゆえに、〝歴史〟的探究に向かいつつあった私は、精いっぱい背伸びして、新しい知識を吸収しようとしていました。正直言うと大石先生についての予備知識はほとんどなかったのですが、最初に読ませていただいた先生の著作が、質量とも、かなりハードルの高かった『日本地方財行政史序説』、次いで「日本資本主義確立期に関する若干の理論的問題――実証研究の発展のために」という論文だったと記憶しています。前者については、生意気にも、勢い余って先生に感想を述べ、なぜか、同時期に読んだ金原左門氏の『大正デモクラシーの社会的形成』との類似性について口走ったことを、恥ずかしくも懐かしく思い出します。おそらく、「自由民権」期と「大正デモクラシー」期の違いはあれ、経済的要因―過程と政治的要因―過程との連関に留意される先生方の〝方法〟に感じるところがあったからでしょう。

ゼミは、最初の一年目がテキストの輪読方式で、二年目から、各人が選んだ個人研究のテーマについて報告するというものだったと思います。一年目のテーマ・テキストについては、先生の方からいくつか候補を挙げられ、その中から、私たち学生が選択するというものでした。色川大吉氏の『明治の文化』、松尾尊兊氏の『大正デモクラシー』

や「経済思想史」関係の論文集などを使用した記憶があります。ゼミだけではついて行けないので、サブゼミや合宿（尾瀬）をしたこともありました。ゼミのあとは、皆で先生と飲みに行くことが多く、ゼミに出席していなかったゼミ生と飲み屋で鉢合わせしたときは大笑いしました。

個人研究のテーマを選ぶ段になって、私は、日本「（国家）独占資本主義段階」における「生産様式」の変容というようなことを考え始めておりました。私は、駒場時代から、いわゆる「唯物史観」的な方法で、「社会構成体」（こんにち、「社会システム」とでも言ったほうが通りやすいでしょう）の未来像を描きたいと思っており、日本において、それをある歴史的段階―起点から辿って考えるとすれば、一九二〇～三〇年代に生じたかもしれない「生産様式」（「下部構造」）の変容に遡るべきだろうなどと思っていたのでした。そして、駒場時代に、多少なりとも「日本資本主義論争」について聞きかじっていた私は、大石先生が、『日本資本主義発達史講座』の中心人物、野呂栄太郎や山田盛太郎の諸説や方法を批判的に継承されていると感じて、その時代のいわば「現段階」の「生産様式」―「社会構成体」的変容をこそ具体的、実証的に分析すべきだと考えるようになってゆきました。そのことは、戦前と戦後の「連続」／「断絶」問題をも射程に入れることになるハズだからです。そこで、選んだテーマが、日本資本主義の一中心産業たる「紡績業における合理化」でした。これは、最終的に私の「卒業論文」＝大学院入試論文になりました。論文作成に当たっては、先生から細かくサジェスチョンをいただきました。こうして、私も研究者への道を歩むことになったのです。

いま、先生の『日本資本主義の構造と展開』や『日本資本主義史論』を改めて手にとって拝見しますと、（特に後者の）かなりの部分が、『講座』や「論争」に関連し、先生もそれらに触発されて書かれておられることがわかります。先生も、「日本資本主義」と果敢に格闘されてこられたのでしょう。そのこと自体、歴史の大きな流れを感じますし、今日の日本資本主義の「現段階」についても、先生から、いろいろお話を伺いたかったと思います。先生は、戦前の「日本資本主義論争」は、「戦後日本資本主義の現状分析にとって直接の基礎とはなりえない」（後者、四九頁）と仰っていますが。そして、今はもうこの世に居られませんが……。

最後に。生来の間抜けさと不義理から、先生のご葬儀や「偲ぶ会」にも出席できず、ご哀悼の言葉を申す機会も逸してしまいました。ここに、多年にわたるご学思に感謝の意を表し、慎んで、大石先生のご冥福をお祈り申し上げます。合掌。

論争の手法

鈴木　邦夫
（埼玉大学経済学部教授）

一九七三年四月から、社会科学研究所の二人の教員（大石先生と柴垣和夫氏）が経済学部のゼミを担当することになった。これまで経済学部のゼミは経済学部の教員がもっぱら担当しており、社会科学研究所の教員が臨時ではあれ担当するのは異例の措置であった。なぜこのような措置が講じられたのか、正確には思い出せない。おぼろげであるが、社会科学研究所側から経済学部に対して、経済学研究科の大学院生だけでなく、学部学生に対しても教育を担当したい旨を申し入れ、それが時限的措置として実現したのではと記憶している。

経済学部の石井寛治ゼミに所属していた私は大学院の入試に二度失敗していた。入試でてこずっていた私と武田晴人氏に対して、石井先生は社会科学研究所の教員が担当するゼミのどちらかに参加するよう指導された。そこで私たち二人は相談して、石井先生の口添えで大石ゼミに特別に入れていただくことになった。一九七三年四月から始まった大石ゼミの一期生は、学士入学二年目（事実上、六年生）の私たち二人を除くと、長谷川信君、奥本佳伸君などの三年生であった。何とか三度目の挑戦で大学院入試に合格できたため、私たち二人が学部の大石ゼミに所属したのは一年だけである。

当時、私の印象として強く残っているのは次の点である。それは、私が発する拙い疑問に対して、「君が言いたいのは、これこれこういう意味ですね」と、あたかも私が核心をつく鋭い質問をしたかのように（事実はまったくそうではないが）、敷衍され、そしてわたしがまさか否定するわけにはいかないので「はい！」と答えた後に、先生がご自分の見解をとうとうと述べられたことである。疑問とはこういうふうに考えて発するものなのか、何度も教えていただいた。また、かなりのちに私が教職についてからは、大石先生の真似をして、ゼミの学生が発する疑問を敷衍してから答えるという方法を時々使っている。

一九七四年四月に大学院へ進学したとき、ちょうど西田美昭先生が社会科学研究所に着任されたため、農民運動史の研究をしていた私は主に西田ゼミで学ぶことになったが、大石ゼミにも参加した。大学院時代の思い出を三つあげよう。

土地制度史学会の事務局長を務められていた大石先生は、学会誌『土地制度史学』を本郷郵便局へ運ぶ作業を手伝ってくれないかと、しばしば大学院生に依頼された。大石研究室にわれわれがいくと、経済学部の研究室よりもかなり広い空間に、大量の書籍や資料が整然と並んでおり、しかも先生の机の上が散らかっていることはほとんどなかったと思う。女性の事務局員の加来さんがいたので彼女と会話をして何とか場を取り繕ったものの、このような整然とした部屋のなかで先生が威厳のある態度で接せられるので、大学院一、二年生頃のわたしは非常に緊張したものである。

大石先生は、人と論争をする場合（あるいは学説を批判する場合）、どのようにすべきかをわれわれに教えられた。いいかえれば一人前の研究者になるにはどう論争・批判すればよいかを示された。ポイントの第一は、その研究分野における第一人者・権威に対して論争を起こすということであった。ポイントの第二は、論争をする場合、はじめから自分の手の内をすべて明かすのではなく、自分にとって極めて有利な証拠や論理は手の内にしまっておき、相手が反論してきたら、手のうちから、少しずつこれらを出していくということであった。

これらの指摘は、ご自分が大内力氏に論争を挑まれた経験を踏まえたものであろう。わたし自身は先生が指摘されたポイントを十分に活かしきれていないが、私が指導をしている大学院生にしばしば大石先生にこういわれたと助言している。

大学院のとき、わたしはほとんど西田ゼミで農村調査に行っていたために、わたしより学年の下の大学院生のように農村調査で直接、大石先生の指導を受けることはなかったが、埼玉県東松山市の市史編纂事業の手伝いをしたときに大石先生とご一緒させていただいた。大学院の四年生、五年生の頃だったと思う。編纂の責任者は中世史の山口啓二氏で、大石先生と西田先生が近代の部分を担当されていた。わたしの仕事は月一回泊りがけで、土、日に東松山市役所の市史編纂室へ行き、資料整理をするという割のよいアルバイトであった。土曜日の午後五時に作業を終えると、わたしたちは山口氏に引き連れられて大松屋へ行き、そこで絶品の「やきとり」（素材は豚肉）を食べ、その後、旅館に行って夕食、お酒というのが定例のコースであった。時々、大石先生もこのコースに参加されたので、わたしは様々な研究上のお話を深夜まで長時間にわたって伺うことができた。そのときには意識がなくなるほど酩酊されることはほとんどなく、わたしにとっては貴重な耳学問の機会となった。

大学院を終えてからかなりたって、わたしが土地制度史学会の委員に任命されたため、再び大石先生（このときは学会の代表理事）と接する機会ができた。大石先生は、福島で家業の経営にあたっていたとき使っていた簡易複式簿記を、事務局長時代に土地制度史学会でも採用された。わたしが委員となったとき、土地制度史学会のように決算の際に貸借対照表を作成している学会は珍しく、ほとんどが単式簿記であった（例外は正式の複式簿記法を採用していた歴史学研究会）。簡易複式簿記について大石先生は、記帳方法が簡便で、しかも資産・負債や毎年の損益がはっきりわかる優れたものと自慢されていた。

大石先生が導入した簡易複式簿記は、日々の取引を単式簿記で記録し、最後に決算をおこなう際に、複式簿記の貸借対照表と損益計算書（ただし、土地制度史学会では「収支計算書」という名称で公表）を強引に作成するというやり方である。はじめから複式簿記で記録していけば、貸借対照表に現れる当期利益金と損益計算書に現れる当期利益金が一致しやすいのであるが、簡易複式簿記では、単式簿記で記録された数字を操作して当期利益金が一致するように作り上げるために、貸借対照表と損益計算書との間、あるいは前期の決算書との間に齟齬が生じる。わたしを含め歴代の会計担当者は、なんとか辻褄をあわせようと悪戦苦闘したのである。日々の取引の記録方法は簡便であるが、しかし最終的な締めをおこなう会計担当者泣かせの簿記法であった。かといって正式の複式簿記に移行するには障害があるため、現在の政治経済学・経済史学会（旧土地制度史学会）でも大石式の簡易複式簿記がおこなわれているはずである。

経済システムの変容を捉える視座——柔軟な大石史観から継承するもの

（元東京大学大学院経済学研究科大石嘉一郎ゼミナール・ゼミナリスト、一橋大学大学院商学研究科教授）
橘川　武郎

東京大学大学院経済学研究科第II種博士課程の学生であった一九七八年度から一九八二年度にかけて、五年間にわたって、大石嘉一郎先生が主宰するゼミナールに参加させていただいた。もちろん、ゼミ終了後の酒の席での楽しい思い出もつきないが、やはり、大学院生一人ひとりの長所を伸ばそうとする大石先生の温かい教育的配慮がいちばん印象に残っている。私自身も、M1のときに先生から、「君、なかなか理論家だねえ」という言葉をいただいた。今、考えると、実証性の欠如に対するいやみが多少込められていたような気もするが、その言葉が大きな励みになったことは間違いない。歴史研究者の方たちには異論があるかもしれないが、私は、今日、実証研究のなかから可能な限り抽象度が高い議論を展開しようとする研究スタイルをとっている。このような研究スタイルの形成に、大石先生の一言が強い影響を及ぼした。心から感謝している。

大石先生が大学院生に向ける視線に温かみが込められていたのは、先生が柔軟な発想の持ち主だったからであろう。当時、東大経済学部でも、新古典派経済学の台頭がすでに顕在化しつつあったが、経済史専攻では、あいかわらずマルクス経済学が主流を占めていた。そして、マルクス経済学が支配的な経済史専攻の内部では、講座派と宇野理論とが拮抗していた。大石先生は、もちろん講座派の論客であったが、先生のゼミナールには宇野理論に傾倒する大学院生も多数、参加していた（私自身も、その一人である）。大石先生の柔軟性は、若い研究者たちにとって、大きな魅力だったのである。

「柔軟な講座派」としての大石先生の面目躍如たる論文がある。一九七四年刊行の東京大学社会科学研究所編『戦後改革1　課題と視角』に掲載された「戦後改革と日本資本主義の構造変化——その連続説と断絶説」が、それである。この論文でも大石先生は、「明治維新を起点とし第二次大戦に至る社会構成体の展開を、半封建的構成をもつ資本制的社会構成体の展開として理解し、敗戦—戦後改革によって、その社会構成体が崩壊し新たな資本制的社会構成体として再編された、と理解しうるのではないか」（九七頁）と述べていることからわかるように、講座派としての基本線を踏み外していない。しかし、講座派の重鎮＝山田盛太郎氏の断絶説を、宇野理論の旗手＝大内力氏の連続説と同列に並べて、両者の異同を比較検討するという、この大石論文の手法は、たとえ大内氏が大石先生の先生であったという事情があるにしても、きわめて斬新なものであった。そのころの土地制度史学会には、「固い講座派」の影響力が根強く残っており、大石先生が「柔らかい講座派」として、このような論文を発表することには、それなりの覚悟が必要であっただろう。

論文「戦後改革と日本資本主義の構造変化」のなかで大石先生は、山田断絶説に対して、「一九三一年以降の国家独占資本主義への移行（一定の構造的再編）という段階的な進展のなかで、戦前日本資本主義の構造的体質がどのような変容をこうむらざるをえなかったかが、積極的に明らかにされねばならない」（九二頁）と、批判の矢を向ける。一方、大内連続説に関しても、「いわれるところの『障碍物』が君臨していたところの戦前・戦中の国家独占資本主義と、その『障碍物』が一挙にドラスティックにとりのぞかれた戦後の国家独占資本主義と、その両者の差異が明らかにされなければならない」（九二頁）と、舌鋒鋭くコメントを加える。つまり、大石先生は、一九三一年の変化（管理通貨制度の導入による国家独占資本主義への移行）と戦後改革による変化の双方を重視したうえで、断絶説に対しては前者の歴史的意味を、連続説に対しては後者の歴史的意味をそれぞれ明確にすることを求めているのである。

筆者（橘川）は、経済システム全体が一つの出来事で一挙に変容をとげるという歴史観は、非現実的だと考えている。全体的なシステムを構成するサブシステム間に「制度的補完性」が作用し、それぞれのサブシステムが相互に補強しあうことは事実であろうが、その作用には限界がある。実際には、個々のサブシステムが別々のタイミングで変化することによって、全体的なシステムは断続的・部分的に変容をとげてゆく。例えば、日本の生産システムは、民間大企業における協調的労使関係の成立によって、一九六〇年代前半に大きく変化したが、この時に経済システム全体が変容をとげたわけではなかった（厳密に言えば、経済システム全体の変容は部分的なものにとどまった）。経済システムの変容を捉える視座を確立するには、システム全体の一挙変容という虚像に翻弄されることなく、サブシステムの変化の積み重ねという実像に目を向けることが必要なのである。

ここまで議論を進めれば、経済システム全体の一九三一年における一挙変容を強調する大内連続説（大内国家独占資本主義論）と一九四五年（敗戦）における一挙変容を力説する山田断絶説の双方を批判した大石先生の立場が、サブシステムレベルの変化に注目するという点で、先見性を有していたことは明らかだろう。システム全体の一挙変容という虚像に翻弄される動きは、その後も続いている。一九九〇年代半ばに一時的に台頭した「一九四〇年体制」論（「戦時期源流」説）は、そのような動きの代表的なものである。したがって、サブシステムレベルの変化を重視する大石先生の歴史観は、今日でも大きな役割を担いうる。先生の主観的意図は別のところにあったのかもしれないが、大石先生が論文「戦後改革と日本資本主義の構造変化」のなかで示した歴史観は、経済システムの変容を捉える視座を確立するうえで本質的な有用性をもつものとして、光を放ち続けているのである。

大石先生の思い出

沢井　実
（大阪大学教授）

大学院に進学して大石先生に初めてお会いしてから三〇年近くになる。初回のゼミナールで、ああこの方が『日本地方財行政史序説』を書かれた大石先生なんだと密かに緊張したことを今でもよく記憶している。研究史を徹底的に尊重される先生の姿勢を反映して、ゼミナールではどのような方法によって何がどこまで明らかになり、課題として何が残されているのか、さらにその課題に対してどうアプローチするのかが、いつも問われていたような気がする。

先生の発言内容は厳しかった。とくに先行研究に対する内在的理解が浅く、報告者の基準で安易に整理するような報告をした場合の先生の質問は鋭く、「自説」を展開する前に先行する研究をどこまで理解できているのかが問われているようで怖かった。しかし今思い出すのは怖い先生ではなく、ゼミナール参加者の発言に静かに耳をかたむけ、議論の展開を心から楽しんでおられるようにみえた先生の温顔である。あの存在感の大きさ、地に根をはった揺るぎない安定感、細部にこだわらず、しかしどこまでも細部を尊重する絶妙のバランス感覚、あの時の大石先生が五〇歳代の初頭であったことを知り、自らを振り返ってうつむかざるをえない。

早くして亡くなられた能地清さんが独特の形の文字で埋め尽くされた報告レジュメをもとに粘着力のある議論を展開し、橘川武郎さんがＢ４判用紙二〇枚近くを使って数十本の先行論文を見事に整理した上で、戦間期日本経済史研究の現状と課題を提示されるのを、先生はほんとうに楽しんでおられた。こうした優れた報告はとてもできず、当方は工作機械工業史に関する拙い報告でお茶を濁していたが、それでも先生は研究の重要性を繰り返し強調され、研究を続けるよう励ましてくださった。

助手終了後、最初は札幌で勤務し、その後は関西に移ったため、先生と直接お会いしてお話しできる機会は少なくなった。しかし学会でお会いした際には、今何をやっているのか、研究は順調かといつも尋ねてくださった。手元に三年前に先生からいただいた葉書がある。拙稿に対する感想のあと、通院療養生活の毎日であるが、気力をふるい起こして、「『日本資本主義の歩み——安政の開国から戦後改革まで』（仮称）」を書き上げることを目標にしていると、ボールペンで書かれた美しい文字で記されている。先生の願いは、一年半後に実現された。

先人の学問的成果から最良のものを受け継ぎ、それに自らの労働の成果をつけ加え、次の世代に手渡していくことを、先生は一番に考えておられた。最後まで、先生はその方針を貫かれた。

4 明治学院大学時代

大石先生と明治学院

久世　了
（明治学院学院長）

大石嘉一郎先生が晩年の一二年間を明治学院大学で過ごされることになった経緯には、私自身が深く関わっており、それだけに先生にまつわる思い出は尽きません。その一端を述べさせていただきます。

一九八七年春、明治学院大学経済学部の日本経済史担当の工藤英一教授が病気のため急逝されました。当時、同学部では大学院博士後期課程新設の申請の準備を進めており、工藤教授は経済史部門の柱になっていただく予定でしたので、大変困ったことになったわけです。ところが、しばらくして、大石先生が翌年三月を以って東大を定年退職されることになっているが、もしかすると明治学院大学にお迎えできる可能性も、との情報がもたらされました。早速私が先生にお願いする役目を与えられ、研究室にお邪魔しました。私は松田智雄先生のゼミで一九五八年に卒業していますので先生とは初対面でしたが、大内ゼミ出身の親しい友人からいろいろと話を聞いていましたし、もちろんいくつかのお仕事には接しておりましたから、あまり遠慮することなしに率直に事情をお話して、ぜひ明治学院大学にお迎えいたしたく、学部長からの正式なお願いを聴いていただきたい旨を申し上げました。それに対して先生は、明治学院大学は歴史と伝統のある立派な大学と承知しているので有難く思うが、今別の大学から一つ話が来ていて、そちらをそのままにして明治学院大学のお話をうかがうのは信義にもとるので、前の話はいったんお断りをするのでしばらく待ってほしい、とおっしゃいました。私はそのお言葉で先生のお人柄に感銘を受け、こういう方にこそぜひおいでいただきたいとの思いを持ってお待ちしていましたところ、しばらくして先生の方からご連絡をいただきましたので、大宮学部長と同行してお願いに上がり、ご快諾をいただくことができました。

八八年四月に、大石先生は明治学院大学経済学部教授に就任されましたが、同じ時に私は経済学部長に就任しました。新任学部長にとって一つの問題は学部教授会書記の件でした。学部では新任の教員に必ず半年単位で教授会書記を務めてもらうことにしていましたが、大石先生は新任とはいえ大物教授ですから例外としても差し支えなかったかもしれません。しかしこのような場合に生え抜きの教員の側に微妙な感情が生ずることもありえますし、また教授会のメンバーについてよく知っていただくためにも、とあえて私は先生に書記をお願いしました。先生はこだわり無くお引き受けくださり、半年の間、几帳面な手書きで克明な記録をとってくださいました。その年度の終わりの学部懇親会で先生と他の教員が打ち解けあい、先生ご自身は酔いつぶれるまで痛飲しておられるのを見て、私は先生がすっかり明治学院の人になってくださったと何より嬉しく思いました。もっとも、大石書記の件では後に他大学の有力教授から、明治学院大学はひどいことをする、とお叱りを受けましたので、先生には幾重にもお詫び申し上げましたが、先生は笑って許してくださいました。

懸案だった大学院博士後期課程の新設も、他大学の人から「明治学院はどんな手を使ったんですか」と尋ねられるほど順調に進みましたが、それには大石先生が陰に陽に力になってくださったことが決定的に大きな要因でした。そのほかのことでも、私の学部長としての三年間にどれだけ先生にお助けいただいたか、数え上げればきりがありません。また、入学試験の出題、採点や、学内のさまざまな委員会への参加といった、先生のご研究には結びつかないような面倒なことにも、少しもいやな顔をされず、誠実に務めてくださいました。私は何年も、入試の日本史の出題、採点を共にさせていただきましたが、ある年に私が教科書の記述に基づいて作った問題に異を唱えられ、議論になった中で先生が「この教科書は間違っている」と大声で断を下されたときのことが鮮明に記憶に残っています。

一九九四年度、七年目の先生は一年間のサバティカルの休暇に入られました。実は先生は工藤教授の後任として就任されたので、通常ですと六八歳で定年退職となるはずでした。しかし、大学院新設のために特別枠で招かれた教授は七二歳までお勤めいただける制度があり、先生のご貢献はその制度に十二分に値する、と先生ご不在の教授会で決議し、大学評議会の承認を求めることになりました。その根回しのため脇田経済学部長とともに他学部の学部長、評議員に当たったところ、すでに先生は学内で広く信頼を得ていましたので、さしたる困難も無く承認が得られ、先生も快くお引き受けくださったので、結局二〇〇〇年三月に七二歳で退職されるまで一二年間お働きいただくことになったのでした。

一九八八年から、私は学院長として明治学院全体の経営に責任を負うことになり、大学で大石先生とお会いする機会は乏しくなりましたが、それでもたまにお話しする時がありますと先生は決まって、「明治学院が年寄りに払っている給料は高すぎる。こんなことでは経営が成り立たなくなるぞ」と忠告してくださり、それは私にとって大きな励ましに聞こえました。ご退職後も、お噂は耳に入っていましたが、多忙にかまけてお見舞いにもうかがえなかったことが心残りです。

先生は在職中、心から明治学院大学を愛し、誰もが及ばないほど尽くしてくださいました。今でも明治学院大学の多くの者が敬愛の念を持って先生を懐かしんでおります。大石先生、本当に有難うございました。

大石先生との思い出、大石先生への想い

大塩　武
（明治学院大学学長）

私が学んだ頃の早稲田大学大学院商学研究科の経済史の理論的な支柱は旧講座派理論にありましたが、一九七〇年に博士課程に進学した頃、その理論から比較的自由であった市川孝正先生は、営業報告書（考課状）を用いて、戦前日本企業の財務分析をおこなうという、それまでにない企業経営分析の新しい道を切り開きつつありました。

一九七一年九月に早稲田大学で土地制度史学会の全国大会が開催されたとき、市川孝正先生の指導の下で私が研究成果を発表することになりました。報告のタイトルは、「明治末・大正前期における資本の蓄積過程」であり、芝浦製作所、日本鋼管、大日本人造肥料等の企業をケースとして取り上げました。ところが、私の準備不足もさることながら、そもそもそのような個別企業の経営分析は、土地制度から資本主義経済を見ようとしていた多くの会員には馴染めなかったのでしょうか、必ずしも好意的に受け止めてもらえませんでした。そのような事情もあって、忘れられない学会発表になりましたが、実は、そのときの司会者は大石嘉一郎先生だったのです。大石先生との最初の出会いでした。

その後、私は営業報告書を用いて企業経営を歴史的に分析する手法を精緻化し、成果を『日窒コンツェルンの研究』として一九八九年に上梓しました。あのときの志を形にするのに一八年を要しました。ところで、その前年の一

九八八年に、大石先生が東京大学を退官されて、明治学院大学経済学部に着任されました。最初の出会いのときには想像もできない巡り合わせでしたが、研究室が隣同士ということもあって、一二年間にわたって親しくご指導いただきました。しかし、あの学会発表の一件は、二人の間の茶飲み話としては恰好の材料であったはずなのに、話題に上ることはその間ありませんでした。私には多少の気まずさ、大石先生には多少の遠慮が、それぞれあったのかもしれません。

ところで、久世了学院長が回想されているように、大石先生が経済学部の教授会の議事を記録する書記としての役割を誠実に果されただけでなく、見識とバランス感覚が際立ったこともあって、経済学部の教員は、東大定年退官の再就職教員としてではなく、自分たちの同僚として意識するようになりました。経済学部の市民権を獲得なさったのです。

経済学部の市民権獲得の話には画竜点睛とも言うべき話が続きます。一九九五年秋の学長選挙において、大石先生は決選投票で第一位の候補者の得票数の九〇%の票を集めて第二位につけたのです。経済学部の市民権だけでなく、明治学院大学の市民権をも獲得されたのです。いまや全学的な信頼を集めた大石先生は、例えば、学内の利害関係を調整しながら白金キャンパスの再開発を進めなければならなかった大学開発計画委員会の委員長として、卓越した識見と指導力で大学を導いて下さいました。

私たちは、数多くの言い尽くせぬご貢献に感謝しながら、明治学院大学名誉教授大石嘉一郎先生を心から誇りにしていることを皆様に申し上げます。

大石先生——教授会後の有意義な交わり

大西　晴樹
（明治学院大学教授）

大石嘉一郎先生が明治学院大学経済学部で教鞭をとられたのは、一九八八年度から一九九九年度までの一二年間である。その間、研究所勤めが長かった先生と、先生は日本経済史、私は西洋経済史担当教員として学部教育をともに担う幸いに恵まれた。

大石先生の着任後まもなく大学は、設置基準の大綱化により否応なしに改革の嵐に巻き込まれた。改革論議の中で、先生ご本人の意思もあり、学部長や大学長の重責に就かれる事は決してなかった。第二部廃止を展望した教学改革や、教授会における教員同士の対立に対して、大所高所から老練な大学人、秀でた専門家として知見を披瀝され、学部の意思統一のための重石となってくださった。さて、われわれ若手は先生が役職にないことをいいことに、また先生も若手と話すのが大好きで、教授会終了後、すなわち、月に一度きまって大学近くの高輪台のお鮨屋さんに行くようになった。

大石先生は、キリスト教主義大学に勤められたことを積極的に捉えておられ、「クリスチャン教員までもがどうして出来ない学生を放置しておくのか。もっと学生が分かるように教えなければ駄目だ」。「自分の専門領域だけではなく、長期の経済史を教えるべきだ。といっても自分も明治期に入ると急にペースが落ちて、最後まで終わらないね」。

「東大では教育熱心だと研究をしているのかと怪しまれるのだが、明治学院の場合、教育の熱意と研究業績は比例する」などと酒を酌み交わしながら大胆豪放にわれわれを叱咤激励してくださった。

酒席では、最初ビールで乾杯。そして冷酒をお代わり。酔いがまわると「ソーダガンバレ！」を連発するのが常であった。加齢とともに「ソーダガンバレ！」に行き着くまでの時間が短くなり、地下鉄の階段から足を滑らせて転倒するようになった。そのため必ず誰かが先生のご自宅までタクシーに同乗した。いま思えば、大石先生が明治学院で役職に就かなかったのは、学者人生の締めくくりとして、ご自身の仕事をまとめ、それらを東京大学出版会から刊行するとの堅い決意が秘められていたのだった。そして、退職後は病魔と格闘しながら明治学院での講義『日本資本主義百年の歩み』を上梓された。偉大な研究者にして教育者である故大石嘉一郎先生に感謝!!

もうひとつのゼミ

遠藤　興一
（明治学院大学教授）

日本経済史が専門の大石先生と、社会思想史を専攻する私との出会いは、入学試験の「日本史」出題者会議においてであった。この関係は数年に亙って続いた。先生が責任者で、私が副責任者となり、細かい打ち合わせや問題の検討を続けるうちに、いつしか先生とは冗談も交わせる関係になった。先生のフランクな話振りや人柄、さらに若造の私を一人前に扱ってくださる包容力が、心地よい関係を深めた。多分、同学の同僚、後輩、あるいは教え子としての関係であれば、こうした「心地よさ」に加えて、学問の「厳しさ」もついて回るのではないかと思う。叱られるというようなことも一再ならずあったことだろう。しかし、門外漢の私にはことさら厳しく接する必要はなかった。したがって、先生とのお付き合いはいつも春風駘蕩のなかである。経済学部の友人によれば、学部内では厳しい先生であったという。妥協を潔しとしない「古武士」の風格があったともいう。多分、そうなのだろう。しかし私の場合は、終始春風駘蕩である。

いつしか私の研究テーマについて、話を聞いてくださる機会がやってきた。「田川大吉郎」という、政治家にして行政家、教育者にして宗教家という、どうも所属のはっきりしない人物を調べていることから、その経過を報告した。先生はすぐに反応を示され、〝ああそれね、亡くなった酒田（正敏）君がね、ぜひやろうとしていた人物なんだよ〟

と言われ、故人は対外硬論者としての田川に関心を持っていたという。ところが、この人物について近代日本史は今日もいまだ正当な評価を与えていない。何よりもその存在が知られていないことを縷々説明すると、次第に興味を示され、いろいろ教えてくれという。とんでもないとは思ったものの、では先生、月に一度ずつ調べたところを聞いてくれますか、疑問点を指摘してくれますかと話を持っていくと、先生は即座に〝うん、やろう〟という。大抵は私の研究室で、二人だけのゼミが始まったのである。一年ともうちょっとぐらい続いただろうか、明治学院を先生が退職された時点で終わった。

このときの成果を文章にしたものから、田川の「政治活動」について触れてみたい。政治家としての活動を伝える文献、立憲的自由主義者として衆議院議員・田川を取り上げた記事は少なくない。しかし、その大半は断片的な叙述に終始し、考察も充分になされているとは言い難く、見るべきものは成田龍一等少数に限られる。さて、丸山真男によると、「明治の思想を一般的に特徴づける思惟傾向は、第一にその相対的な開明性であり、第二にはその強い実践的、政治的性格であった」といわれる。こうした時代思潮を背景としながら、田川は青年期を明治という時代の国家的問題に正面から取り組んだ。日清戦争に際会したとき、「日清之将来」(明治二七年八月)を著し、西欧列強が東アジアに進出し、植民地帝国主義を拡大し続けるなか、日本も富国強兵策を是とし、朝鮮進出を肯定し、台湾から中国大陸にかけて、国益を拡大する外交政策を説いている。典型的な帝国膨張論者、国権論者であった。その彼が、朝鮮における三・一運動や中国における五・四運動など、民族自決主義、独立運動が勃興する過程で、それまでの立場、見解を変え、立憲主義的自由主義論者に生まれ変わった。

何が彼を変えたのか。伊東昭雄によると、「日本が弱小国として、清国を含めた強国と対抗しつつ、自国の独立主義を維持しようとしていた段階から、日本が強国への途を歩み、むしろ列強に先駆けて中国侵略を実行していた段階へと、状況が大きく変化したことに対応して、田川が次第に立場を変えていった」というのは、理論や思想の変化が先行したというより、台湾問題と具体的に関わるなかで、徐々にその認識を変えたことによる。一方、国内政治については、政治家として少数野党を渡り歩くか、新設政党の結成に携わるかしている。そして、「彼は、立憲政治とは討論の政治であるべきだとする観点から、院の内外をふくめて議会政治の改善策を具体的に提示する」と今井清一が解説したのは、「立憲思想開発策」（中央公論、大正三年五月）をとり上げてであった。

最大の政敵は政友会の原敬である。つぎに、政治活動で忘れてならないことは、東京市の自治行政と関わり、助役として実務的な経験を積んだことで、石橋湛山は早くからその業績を評価した。やがて、戦時体制下においては果敢な軍部批判を行い、治安当局のリストに載り、家族を含めて周囲から非国民のそしりを受けるが、それでも抵抗し続けたため、治安維持法に触れ、上海に亡命することになる。

軍縮・平和問題に、あるいは普通選挙制度の確立に活躍したが、近代史において、これらはほとんど評価されていない。例えば松尾尊兊氏の、世上評価の高い研究書でも田川のことは一言も触れていないのである。都市行政家として関一、池田宏とならぶ〝三傑〟の一人といわれながら、行政学ではほとんど取り上げられない。政党政治家としても、大抵は尾崎行雄の番頭、腰巾着といった風評が定着している。

ジャーナリストとしても報知新聞、都新聞をはじめ、さまざまなメディアに登場するが概して評価は低い。なぜだろうかという疑問に対し、先生は基礎文献が発掘されていないことを理由の一つに挙げ、ついで多彩な活動が却って専門的な評価を低くしているのかもしれないとおっしゃる。それでは、まずは著作目録を編むことが必要だということに意見が一致した。

先生の関心は、果たして私の言うような評価に値する人物なのかどうか、値するとしたらそれは、どのような点においてであるのかというあたりにあった。私はもっぱら細かい文献の検討と資料の読み込みについて意見を伺うことにあり、毎回コピー資料を用意する私に、こと細かい指摘を重ねてくださった。頭のなかで自己回転して、前に進めないときには、資料の読み方の基本に立ち返る。やがて、年譜と著作目録をできるだけ詳しく作ることが必要だという宿題が与えられた。そのころには、先生の頭のなかで、田川の歴史的評価はきちんとしなければいけない、そして、ジャーナリストとしては石橋湛山、政治家としては尾崎行雄、評論家としては清沢洌、キリスト者としては賀川豊彦等と比べて、その業績を検討する必要があるとおっしゃった。田川の著書は一般に出廻らないものが多く、非売品も含めて、集めたものは大抵先生に提出した。段々読み進むうちに〝是非、自分も論文を書いてみたい〟とおっしゃる。多分、束ねたら片手では持ち切れないくらいになっていた資料を前に、議論の中身も細かいところに入りかけたところでゼミは終了した。拙著『書誌・田川大吉郎』(ジェイ・ピー出版、二〇〇五年)は、なによりも先生への答案である。果して、及第点をつけていただけたか、どうか……。

5　産業革命研究会から日本帝国主義史研究会へ

加藤　幸三郎
（専修大学名誉教授・河南大学日本研究所兼職教授）

苦い思い出

私が運良く専修大学の小林良正先生に拾われて「専任講師」になったのが、一九六三年四月であった。大石さんが東大社研に移られたのが、同年一〇月だから、その年末前後に大石さんか、「肝煎役の水沼知一君（とは西武沿線で一緒だった）」からか誘われて「日本産業革命研究会」（もっとも当初は研究会の名称はなく、「偲ぶ会」で献杯の挨拶をした中村政則君のいうとおり、山田盛太郎先生の長時間にわたる『聴取』を試みたこともある）に入ったことになる。安良城盛昭さん・水沼知一さん・福島大学出身の佐藤昌一郎さんや西村はつさんはじめ、石井寛治・高村直助・中村政則・村上勝彦各氏も相前後して加わっている（後掲『日本産業革命の研究』上、はしがき、「わたくしにとっての同時代史」『評論』第一四〇号参照）。全く任意の研究グループでありながらも、大石さんのお陰で東大社研や各研究機関のお世話で、実態調査や資料採訪を試みることができたのである。特に倉敷の大原家調査は思い出深い。

かくて「本郷も〝かねやす〟までは江戸のうち」ではないが、隔週東大社研に通うこととなったが、始めは安良城盛昭さんや水沼知一君も一緒だったし、「喧々諤々」の議論の記憶は薄れてしまったが、夕食を東大前・落第横丁の

「中華そば屋」から出前して貰ったり、研究会の後で「大松」へ立寄った記憶もある。加えて、高橋幸八郎先生のご尽力による「特定研究　日本近代化の研究」のグループに我々の大学も加えさせていただくことができた。小林良正先生の盟友山田盛太郎先生が「研究代表者」であったことから、全国的な「共同研究」に参加できたのである。たしか山田盛太郎先生のご退職のあと、「日本資本主義論」の講義を大石さんが担当され、後に、その「重い槍」を私が受持たされ、散々苦しんだ記憶を今でも思い出す。

十年以上も、この「研究会」は続き、『日本産業革命の研究』（上・下）も刊行できたが、ある日「定年」間際になった大石さんから叱られたことがある。私に研究を纏めるべく、「東大出版会」に推薦して下さったことへの一刻も早い実行を求められたのである。私の怠慢で、最近やっと〈新しい論点（日本紡績業の展開と「倫敦銀塊相場」と「上海為替相場」の関連性）〉を附け加えることができ、腹を括って大石さんの「ご推薦」に報いたいと念願している。思い出しても慙愧に堪えない。

図らずも、一九九四年九月から六年間、「土地制度史学会」推薦で大石さんの後塵を拝して「日本学術会議第三部会員（第一六期・第一七期）」に選ばれたことがある。組織や慣習（土地制度史学会・社会経済史学会・経営史学会との交替基準）なども丁寧に教えて下さった。

その関係からか、日本歴史学協会との「国立公文書館特別委員会」の会合に大石さんと出席したあと、今度もお世話になる日本経済評論社に電話して教えて貰った、神田神保町裏の「阿久根」に立寄ったことがある。その折、私の不注意から大石さんをひとり残して、私が先に帰宅したため、大石さんに自動車事故を起こさせてしまい、なんとお詫びしてよいか本当に困ってしまったことがある。

さらに、もう一つ。たしか大石さんが残念ながら発病され、「舌癌手術」のため声が出なくなるのを覚悟された前後であろうか、毎回東大武田晴人さんからの連絡で、「聴取」研究会の通知をいただきながら出席できなかったことも悔やまれてならない。その「聴取記録」が残っているかどうかは知らないが、大変大石さんに申し訳ないことをしてしまったと後悔している。

今、一九九〇年代末葉以降の『日本資本主義の構造と展開』・『日本資本主義史論』・『日本近代史への視座』を改めて読み返してみると、日本近代史研究における通史的というよりも、「問題史的」な発掘あるいは「剔抉《てっけつ》」といった指摘が多いと思う。去る二〇〇四年七月に逝かれた中世史家永原慶二氏の『二〇世紀日本の歴史学』（吉川弘文館、二〇〇三年刊）がまさに「通史的・史学史的」な優れた問題整理を試みた労作と言えるならば、大石氏の著作は日本近現代史における優れた「問題整理＝問題指針」を示したものともいえよう。

山田『分析』と産業革命研究会

中村　政則
（一橋大学名誉教授）

産業革命研究会

大石嘉一郎氏と最初に出会ったのは、一九六三年のことであった。福島大学から東大社研に赴任されて間もなく産業革命研究会が始まった。最初のメンバーは安良城盛昭、水沼知一、加藤幸三郎、西村はつ、高村直助、石井寛治、中村政則、やや遅れて佐藤昌一郎と村上勝彦氏が加わった。大石さんは当時三六歳で、颯爽としていた。私は大石さんの「農民層分解の論理と形態」という論文を読み、すごい論文を書く人だなと強烈な印象を抱いていたので、当初から研究会に大きな期待を寄せていた。

研究会では山田盛太郎『日本資本主義分析』を輪読することになった。『分析』は三編構成なので、第一回は大石さんが第一編「旋回基軸」、水沼さんが第二編「生産旋回」、私が第三編「基柢」を報告した。大石さんの報告を聞きながら、『分析』というのは、東京タワーのような堅固な構築物で、その文体とあいまって、不思議な魅力に溢れた書物であることを知った。私は第三編を報告したとき「地代の資本転化」という言葉に出会った。実をいうとこれが後に「地租及び地代の資本転化」を方法的機軸とする、地主制史研究に発展するのだが、そのことを明確に意識したのは二年後のことであった（中村政則「明治・大正期における『地代の資本転化』と租税政策」『一橋論叢』一九六五年五月、のち武田晴人／中林真幸編『近代の経済構造』東京堂出版、二〇〇〇年に収録）。

箱根合宿

研究会が発足した年の夏、箱根で研究合宿することになった。あらかじめ大石さんが参加者に宿題を出し、そのうちの一題を選んで準備し、合宿にそなえた。宿題のテーマは、一、明治維新、とくに地租改正と殖産興業、二、産業資本の確立、とくにそれと地主制との関連、三、帝国主義への転化、金融資本の成立と確立、四、階級構造と国家権力、天皇制国家の問題、五、戦後変革への展望の五つであった。私は二番目の資本主義と地主制の関連の段階的変化を地租改正から農地改革までの七期に分けて報告したが、安良城さんが、「これで行けそうだな」と感想を述べられたのを記憶している。ちなみにこのときの時期区分が、永原・中村・松元・西田共著『日本地主制の構成と段階』（東京大学出版会、一九七七年）における終章（中村執筆）の時期区分の原型となった。

大石さんから厳しい批判があったようにおもうが、今は覚えていない。ただ東大社研を退職するにあたって、大石さんは合宿のときの我々のレポートを大切に保管されていて、石井・高村、私にそれを返してくださったのには、感激した。「私たちを気に留めていて下さったのだなぁ」とおもうと同時に、その几帳面さに驚いた。

山田盛太郎氏を迎えて

一九六四年六月、山田盛太郎氏を迎えて、『分析』について色々伺うことになった。大石さんが聞き役で、事前に質問事項を用意した。このとき東北大学の吉岡昭彦氏（西洋経済史）から大石さん宛てに葉書が来て、「総じて、産業資本の確立は、一般的には……特殊的には……」という規定はどういう意味なのか、聞いといてほしいと連絡があった。また日本型ブルジョアジーという言葉があるが、日本型プロレタリアートという表現がないのは何故かという質問を行なった。前者については明確な答えはなく期待はずれだったが、後者については「日本型プロレタリアートでは変革の担い手になれないでしょう」という言葉が返ってきた。

二、三時間で終わるとおもっていた質疑応答は六時間近く続いた。夕食後の議論の途中で、山田先生は「ちょっとテープを止めてください」といわれた。大石さんが「これはよくある疑問の一つですが、『分析』では、プロレタリアートが陶冶され、鍛冶されていくとあるが、現実の日本の労働運動では、そういう重化学工業の中核的なプロレタリアートは、変革の中心的な担い手にならなかったのではないですか」と言ったときだったようにおもう。何事かとおもっていると、先生が刑務所に入っていたとき、壁に「日本共産党万歳！」「革命万歳！」という〝落書き〟があったという。そして「あなた方の時代は、学問するのに大変ですね。つまり矛盾の所在がどこか分からないでしょう。私たちの時代はすぐ特高（警察）がきました。だからすぐ分かった」といわれた。そうしたやり取りの延長線上で、山田先生は「把握は全機構的でなければならない。現実そのものがそのことを押しつける」ともいわれた。私にとってこの研究会で、最も印象的な言葉であった。

大石さんも若かったし、我々も若かった。大石嘉一郎編著『日本産業革命の研究』上下巻を上回る研究書は、いまだに現われていない。今にしておもうと、大石さんがいい意味でのリーダーシップを発揮されたのは本書であり、それに応えた共同執筆者も真剣であった。いい機会に恵まれたと、感謝している。

お別れ

東大病院に入院している大石さんを見舞ったのは、わずか二回である。一回目、二〇〇二年夏、病室に行くと大石さんは、想像以上に痩せていた。筆談でやりとりしたが、きちんとした端正な字だった。二回目は二〇〇六年八月末、金澤史男氏に「中村さん、大石先生のところへ行ったほうがいいですよ」といわれて、駆けつけた。消毒済みのエプロンを着て、ベッドに近づくと、二度目の顎の手術後であって、痛々しく私はショックを受けた。奥様が「中村さんがいらしたのよ、中村さんよ」と声をかけた。それまで寝ていた大石さんがうっすらと片目をあけ、頷くように頭を動かし、口元がかすかに動いた。私には「ありがとう」といわれたように見えた。奥様は「分かったみたいです」とほほえんだ。そして「大月書店から出す、地方自治の歴史のゲラが一〇月一日に出る予定なので、それを目標に生きているのです」といわれた。私は「大石先生は、ほんとうの学者です、その学問への情熱と精神力の強さには頭が下がります」といった。奥様は連日の看護でお疲れのようなので、五分ほどで辞した。帰路、私は涙がとまらないので、バスにもタクシーにも乗らず、御茶ノ水駅まで歩いた。産業革命研究会のこと、箱根合宿のこと、岡山県牛窓の大地主服部家調査のことなど、私は大石嘉一郎氏との出会いを、人生における宝物のように感じていた。

終始お世話になりました

高村　直助
（東京大学名誉教授）

大石さんに初めてお目にかかったのは、一九六三年春であった。当時大学院生であった私は、一年間だけ歴史学研究会の委員をしていたが、同年の大会の近代部会では「産業革命期」が予定されていた。近代移行期とは離れた、当時としては斬新なこのテーマは、米川伸一委員の発案であったと記憶している。大会が迫ってきた頃、遠山茂樹委員長から、日本の報告担当の大石さんに直接会って打ち合わせるように指示され、夜行列車で早朝に福島に到着し、電車で保原のご自宅を訪れた。古い手帳によれば五月五日のことであった。

多分、前触れなしに押しかけたのだと思うが、ご不在であった。もとの醸造場は貸店舗になっており、待たせていただいた座敷の床の間の掛け軸はご先祖の肖像画であり、なるほど豪農の末裔なのだと納得した。間もなく帰ってこられた大石さんは、「颯爽とした人」という第一印象であった。やおら歴研の最新号を取り出され、最近の論文はレベルが低いのではないかと指摘されて、冷や汗をかいたことを覚えている。

大会については省略するが、その年の夏、たまたま本郷郵便局で大石さんと出会い、秋から社研に赴任するご予定とうかがった。当時、同世代の中村政則・石井寛治さんたちとは、切磋琢磨の場が少ないことを嘆きあい、少し上の水沼知一・有泉貞夫氏らと明治史研究会を開いていたが、大石さんが来られたのだからと、水沼さんの発案で始まったのが日本産業革命研究会であった。以来、研究会でお付き合いさせていただいたのは、日本産業革命、日本帝国主義史、晩年の勉強会と、実に長い年月にわたることになった。

大石さんは、多くの人が認めるように、論理と実証に厳しい人であった。ただし同時に、論理と実証がそれなりに整っていれば、理論的立脚点がいささか違っていても、むげには排除されない寛大さを持ち合わせておられた。この両面を備えておられるということが、私にとっては大変魅力であり、また有難いことであった。不協和音を発しがちな私の議論に対してもじっくりと耳を傾け、論理と実証において不充分な点を指摘されながら、異論に対してもいわば市民権を認めて下さったのである。それだけに、共同研究に対する書評で、理論的に統一されていない部分があるなどと指摘されると、編者に対して申し訳ない思いをしたことであった。

お酒の付き合いは数限りないが、多くの人が知るように本当に酒席がお好きであった。さすがに年を取られたので、ほどほどにということでタクシーに無理矢理乗ってもらったら、逆のドアから降りてこられるということもあった。酒席好きをよいことに、お目にかかるたびに、ほぼ例外なくご一緒させていただいた。それどころか、酔っぱらって深夜に近所の畑から失敬したキャベツを手みやげにご自宅に押しかけ、奥様にご迷惑をおかけしたこともあった。

もし大石さんとの出会いがなければ、私の研究者としての人生は全く違っていたのではないかと思う。大石さんは、一度ならず私に職場を斡旋して下さったのである。当時、文学部の学生が経済史に首をつっこんでいることに違和感を持たれがちであったにもかかわらず、社会科学の分野で「飯が食える」身分になれたのは、大石さんの直接間接のお力添えによるものであった。また、紛争の余韻の残る東大文学部に異動する時には、「大丈夫か」と親身になって心配して下さり、その後も私が公務のため講義を担当できない際には代講を務めて下さったこともあった。

大石さんは明治学院を引かれたのち、幅広い世代を含めて新たな勉強会を組織された。しかししばらく継続したものの、ご病気のため中断したままになってしまった。

手術をされたことは知っていたが、その後のお手紙には、どうも再発したようだと記されてあり、また入院されているとも聞いていた。しかし私はお見舞いに行かなかった。大石さんは大変ダンディーな方だということがわかっていただけに、ご病気の姿に接することを躊躇する気持ちがあったのである。

しかし、かなり状態がよくないという話も伝わってきて、一度はお目にかかっておかなければ後悔するという思いで病室を見舞ったのが、昨年の七月一五日のことであった。頭も顔の相当部分も包帯で覆われ、左の眼もふさがれており、私をわかって下さっていると思えたのは、右の眼の視線と握り返して下さる手の握力だけであった。

しばらく一方的に話しかけたあと、失礼しようとした時であった。大石さんが右手を少し上げて、奥様に合図された。それは足元に置かれた五〇音の文字盤をという指示であった。文字を指さされる先を奥様とともに読みとって行ったところ、それは「カイコウシリヨウカンガンバレ」であった。

私はその年の四月から横浜開港資料館館長をしており、その予定は年賀状に添え書きしていた。大石さんは、横浜開港資料館とはあまりお付き合いはなかったと思うが、敬愛される遠山茂樹先生が初代館長を務められたことはよく記憶されていたのであろう。

現在、横浜に限らず地方自治体関連の歴史関係施設は、指定管理者制の導入によって、厳しい条件を課されつつある。挫けそうになる時もなしとしない私にとって、それは全く望外の励ましの言葉であった。

大石さん、最後までありがとうございました。

「恩師」大石嘉一郎氏のこと

石井　寛治
（東京大学名誉教授）

私が大石嘉一郎氏の研究の方法論と全体像を知ったのは、大学院修士課程のころ、大石氏の処女作『日本地方財行政史序説』を読んだときのことであった。当時の東京大学の経済系大学院では、講座派の影響を強く受けた大塚史学の立場に立つか、それとも労農派を継承する宇野理論の立場に立つかで、院生は真っ二つに割れており、私もやがて自分の立場を明らかにしなければならないと覚悟していたが、いずれの立場にも充分納得できないものを感じていただけにどうすべきか悩んでいる最中であった。それだけに、双方の立場を踏まえつつ新しい理論的立場を築こうとされる大石氏の見解を知って、文字通り目からうろこの落ちる思いがしたのであった。

その大石氏が、福島大学から東京大学社会科学研究所に移り、中村政則氏や高村直助氏だけでなく私にも呼びかけて、産業革命研究会を作ろうとされたとき、喜んで参加したことは言うまでもない。当時の私はまだ大学院生であったが、「応用経済学」担当の大石氏の授業には出ていなかったこともあって、研究会では「さん」付けで構わないとされ、大石さんはわれわれを「君」付けで呼んでおられた。研究会ではみんな対等なのだというのがお互いの了解であった。しかし、一〇歳年上の大石さんと私との学問的力量の差はどうしようもないくらい大きかった。一九六五年夏に伊豆で行われた合宿研究会では、参加者全員が、「戦前日本資本主義の構造分析の基準・方法」について五項目にわたる報告をあらかじめ提出し、それを大石さんが詳細に批判したが、私はレポートの論理的な詰めの甘さを徹底的に指摘された。しかし、大石さんの批判は、丁寧で明快なものだったため、誰もが爽やかな気分で議論を楽しむことができたように思う。その後、大石嘉一郎編『日本産業革命の研究』が陽の目を見るまで、私にとって、この研究会は、日本経済史研究の方法についての基礎的訓練を施していただいた素晴らしい道場となった。中村・高村両氏と私は、やがて東京の日本経済史研究の若手三羽烏と呼ばれることになるが、三羽の中で私は一番奥手であっただけに、大石さんに育てていただいた度合がもっとも大きかったと思う。方法的な面では、私は大塚久雄先生に直接教わったことが影響して、山田盛太郎説を大塚説の立場から相対化していたのに対して、大石さんは、山田説も大塚説も、あるいは大内力説もすべて批判的継承の対象として扱っておられたように思う。もっとも大石さんの議論から、ヴェーバー理論の影響を感ずることはほとんどなかったことも事実である。その私が、最近になって大塚史学の方法についても疑問を抱き、近代的人間類型における「フライデー」の欠落や商人資本における「無概念性」の把握の不徹底さを批判するようになったのは、自立した研究者としての大石さんの姿勢の影響を受けたためかも知れない。

大石さんは、私が一九七七年から翌年にかけてイギリスのケムブリッジ大学に留学した時、すでにオックスフォード大学に留学しておられ、私の妻が勤務先の都合で到着が遅れていたさいに、私をオックスフォードのお宅に一晩招いて下さった。奥様の心づくしの夕食をいただきながら大石さんはイギリス農業とECのこと、私はジャーディン・マセソン商会の帳簿のことなどを、夢中で話した記憶がある。私は奥様が焼いて下さった魚が美味しくて直ぐに食べてしまったが、大石さんはゆっくりと時間をかけて食べておられた様子が今でも目に浮かんでくる。翌年一月にはドイツに移っておられた大石夫妻が、今度はケムブリッジのわれわれの下宿を尋ねて来て二泊された。この時も、大学キャンパスの見物はそこそこに、下宿でお喋りばかりしたことが思い出される。大石夫妻それぞれの戦中・戦後体験のお話を伺い、大石さんが見田石介氏の指導で資本論を勉強したことも初めて知った。

二年間の留学予定を、経済学部の都合で一年半に切り詰めて帰国した後、私は大石さんの主宰された日本帝国主義史研究会に加わったが、同時に土地制度史学会（現、政治経済学・経済史学会）の運営面で大石理事代表のお手伝いをするようになった。もともと私は、安藤良雄先生の指示によって社会経済史学会の仕事に携わり、土地制度史学会の仕事は同僚の原朗氏が担当していたが、全会員による役員選挙制度が導入されたため、私もまた土地制度史学会の幹事・理事として働くことになったのである。そして、一九九〇年一一月の同学会理事会で、私は大石さんの後を継いで理事代表の重責を担うことになり、六年間に亘って代表を務めた。時あたかも二〇世紀社会主義が音を立てて崩壊しつつあり、マルクス経済学を基礎とする土地制度史学会もまた崩壊するかもしれないと心配する向きもあったが、大石前代表に助けられつつ、何とか学会を維持・存続させることができた。

このように見てくると、私にとっての大石さんは、実証主義の何たるかを教わった山口和雄先生、マルクスとヴェーバーの読み方を教わった大塚久雄先生、前近代日本史の研究史を教わった安良城盛昭先生と並んで、授業こそ受けなかったが近代日本史研究の方法論を具体的に教えていただいた点で、たんなる先輩というより、「恩師」の一人であったと言わなければならない。晩年の大石さんに、「私は実質的には大石門下の一人だと思っています」と申し上げたとき、大石さんは「そう言われると嬉しいね」と喜んでおられたのを思い出す。「恩師」大石嘉一郎氏を超えることはできそうにないが、せめてその背中を眺めつつ、「門下」の名に恥じない仕事をこれからも続けていきたいと願っている。

大石先生の思い出

清水　洋二
（拓殖大学教授）

農学系大学院で農業史を専攻し、ようやく東北の大地主に研究の焦点が定まりかけた博士課程になって、武者修行と称して岩本純明さんと連れ立って、大石ゼミに出させていただくことをお願いにあがったのが、大石先生のご指導を受ける始まりであった。すでに博士課程の二年であったが、農業以外のことはまったく不勉強だったので、大石先生と若いゼミ生（武田さん・鈴木さんなど）とのやり取りをもっぱら聴いていることのほうが多かった（ゼミのテーマは「両大戦間期の日本経済」であった）。印象的だったのは、大石先生が論証の過程を大事にして、性急に結論を出そうとはされなかったことであった。

その後、幸運にも社研の助手に採用され、大石先生を中心とした二つの共同研究に加えていただけることとなった。最初の岡山県の大地主西服部家の共同研究は、途中からの参加であったが、すでに東北型（秋田）と養蚕型（長野）の地主研究をはじめていた私にとっては、残された近畿型の地主経営にふれるこの上ない機会となり、たいへん勉強になった。この共同研究を通して、私なりの近代日本地主制のイメージを立体的に組み立てることができるようになると同時に、大石先生の研究の基礎にある緻密な実証研究の現場に立ち会えるという得がたい経験をすることができた。

ふたつめは、日本帝国主義史の共同研究への参加であった。たまたま社研の助手であったということで参加を許されたのであるが、『日本産業革命の研究』の主要メンバーと気鋭の若手研究者からなる研究会での議論は、経済を中心としながらも政治その他のあらゆる分野におよび、いながらにして最先端の研究動向にふれることができた。ただ、私の担当の農業・地主制は、中村・西田両先生は言うまでもなく、大石先生もいくつもの重要論文を書かれている分野であり、また研究史の蓄積も分厚い分野であったので、新味のない説得力のない報告をしては、落ち込むことが多かった。結局、市場の論理を軸に、第一次大戦期・昭和恐慌期・第二次大戦期の農業と地主制をまとめることとなったが、大石先生を満足させるようなものにはならなかったと思われる。にもかかわらず、まったく自由に書かせていただけたことは、それが必ずしも自信につながったわけではないが、ありがたいことであり、大石先生はそのことを通して研究者のあり方を教えてくださったような気がする。

社研の教職員旅行で会津に行ったときの宴席で披露された田螺《たにし》踊り、岡山の調査の打ち上げで前島に渡って食べた塩茹での蝦蛄《しゃこ》、研究会の後の飲み会でのざっくばらんな会話の数々、目を瞑ると大石先生との思い出が走馬灯のように頭の中を駆け巡る。

日帝史研と大石先生

金子　文夫
（横浜市立大学教授）

一九七九年一月、大石先生を代表として、日本帝国主義史研究会が発足した。これは、東京大学社会科学研究所、経済学部関係の日本経済史研究者を中心とする研究会で、当時私は社会科学研究所の助手をしていたことから、誘われて参加した。当初のメンバーは、大石先生の他、石井寛治、伊藤正直、清水洋二、高村直助、武田晴人、中村政則、西田美昭、橋本寿朗、原朗、村上勝彦の諸先生、それに私の一二名であった。東京大学出版会の大江治一郎氏も最初から参加していた。これらの研究者のなかで私は最年少の世代であり、月一回の定例研究会を通じてたいへん多くのものを得ることができた。

研究会の成果は、『日本帝国主義史』全三巻にまとめられた。第一巻「第一次大戦期」は一九八五年一月、第二巻「世界大恐慌期」は一九八七年一二月と順調に出版されたが、第三巻「第二次大戦期」は遅れに遅れて一九九四年一二月にようやく刊行された。発足から一五年という長期に渡る研究会のなかでは、運営方法をめぐって意見の対立や感情的な行き違いもみられた。某先生が憤慨して席を立たれるという事件もあった。またそもそもメンバー間では、当初から歴史認識や方法論で一定の分岐が存在した。そうした違い、対立を包み込んで、研究会を継続させ、最終的に全三巻の成果をまとめあげたのは、何といっても大石先生の包容力、リーダーシップのおかげであると思う。研究会の末席にいた私にとって、諸先輩の個性、人柄に身近に接するまたとない機会であった。箱根の合宿研究会で、高村先生と中村先生が将棋を指す場面などは、今でも記憶に残っている。

この研究会について、大石先生は社研退職の際の座談会で、次のように述べておられる。「これは、前の産業革命研究会の続きという意味をもっておりますけれども、むしろ、武田晴人君や橋本寿朗君といった戦間期を直接やっている若い研究者に突き上げられて発足した面もあって、私自身にとっては、新しい問題をいろいろと勉強させてもらっている感じがあります」(『社会科学研究』第三九巻四号、一九八七年一二月)。

この発言からは、戦間期を直接やっていない先生が、新しい問題に取り組むという挑戦する姿勢がうかがわれる。先生は、各巻の各論を読まれたうえで、第一巻では序章と終章、第二巻では序章、第三巻では序章を執筆された。第一巻の序章はまた全三巻の序章も兼ねていた。それらの文章からは、第一次大戦期から第二次大戦後までの日本資本主義の全体像を把握するという壮大な意図が見てとれる。それらの文章を通じて大石先生は、日本資本主義の歴史を、各論でなく総論として描くことの必要性、常に新しい分野に挑戦することの重要性を私たちに教えてくれているように思われる。

6 自由民権運動

大石嘉一郎さんと服部之總

松尾　章一
（法政大学名誉教授）

今年四月三日の「大石嘉一郎先生を偲ぶ会」の案内状が私の現在の仕事場に届かず、安在邦夫氏から再度送られてきた時にはちょうど会の当日であった。そのために心ならずも失礼してしまった。その直後に「大石嘉一郎先生追悼文集」への執筆依頼があった。現在の私は二十年以上も日本経済評論社（栗原哲也社長）との約束を果たせていない『歴史家・服部之總の生涯と学問』の脱稿にほとんどの時間をあてているので原稿の依頼などはお断りしているが、冒頭で書いたような失礼とこの「追悼文集」の出版社が日本経済評論社であることを見て、充分な準備の時間がとれないが寄稿させていただくことにした。

つい先日に『歴史家・服部之總の生涯と学問』第二章「学問」の第二「近代天皇制国家論」を出版社に渡したばかりで、その中で藤田五郎（『豪農論』）と服部之總との学問的交流、とくに自由民権運動の記述の中で大石さんのことにもふれた。私は二〇〇一年三月に四〇年近く在職した法政大学を定年退職をした直後、蔵書約三万五千冊を中国上海市図書館に「松尾章一文庫」として寄贈した。そのために大石さんから贈呈された著書は現在私の手元にはほとんどない。ただ一冊『日本近代史への視座』（二〇〇三年八月八日刊）があるのみである。本書の最終頁に「冷夏の中の猛暑の日に読了。きわめて刺激的かつ難解!!『服部之總伝』にいかに生かすことができるかが課題。二〇〇三・八・二四　三・二五p・m」と私は記している。もう一つは大石さんの還暦記念号（『社会科学研究』第三九巻第四号、一九八七年一二月抜冊）の「座談会　日本資本主義史研究の歩み――自由民権から戦後改革まで」である。いずれも大石さんから贈呈された署名がある。この二冊がいまも私の手元に残っているのは『服部之總伝』の資料として使うためであった。この座談会の中で石井寛治さんが「産業革命論をやり始める前の大石さんの仕事というのは、服部之總の影響が非常に強い、という感じを持っています。服部さんとの個人的な議論とか、つき合いはないのですか」との問いに、「個人的にはあまり親しい関係じゃないのですが、服部さんの本はずいぶん読みましたね」と大石さんは答えている。この座談会の最後に大石さんも代表委員の一人であった「自由民権百年」運動（一九八四年一一月の第二回東京集会では実行委員会委員長）について私の名前も出してふれている中で、「自由民権百年」運動後も「近代の地域民衆史研究をなんとか発展させる、それのお手伝いをしたい気もあるのです」と語っている。この大石さんの希望を私に何度も話されて、当時私が大学院博士課程の兼任講師をしていた明治大学の海野福寿教授の研究室をこの会の事務局にしたいと相談されたことがあった。この大石さんの期待にそえなかったことが今でも悔やまれてならない。自由民権百年運動で代表委員の一人であった色川大吉さんは、大石さんの旧制第二高等学校（現在の東北大学）のすこし先輩で、よく私に「大石君は大秀才だ」と、同じく大秀才である色川さんが誉めちぎっていた。この評価は、自由民権百年運動をともに成功させた一九八一年から一九八七年にかけて毎月のように実行委員会でお会いしていた時の大石さんの発言や全国集会での「まとめの報告」などでしばしば私は実感させられた。

前著の第一章に収録されている「自由民権運動の現代的意義」で、大石さんはつぎのように語っている。

「自由民権運動は、何よりも、思想変革に媒介された政治運動であること、とくに、はじめて民衆が国家形態の変革を課題とし、政党を組織して運動を展開したところに、最大の特徴（幕末・明治初期の百姓一揆とちがった）がある。これまでの研究は、そうしたことを明らかにしてきた。そして現在の研究にとってもっとも難しい問題は、それから先にあるようである。それは、かつて『昭和史論争』で問題とされた、生きた個々の人間をどのようにとらえるか、ということにかかっている。（中略）自由民権の研究史にそくして考えれば、一つには服部之總さんの指導―同盟論があるが、それも階層としての人間であるのにとどまる。それよりも検討に値いするのは、色川大吉さんの『群像』論であろう。（中略）私にとって問題関心となるのは、そのような類型としての人間を、経済過程や階層構成とどのようにかかわらせてとらえるか、ということである」（三四～三五頁）。

自由民権運動百年運動時もその後も、この大石さんのきわめて重要な問題提起をいまも解明してはいない。

大石さんが最初の著書として出版された『日本地方財行政史序説』（一九六一年二月刊）以来、まだ拝読していないが遺著となってしまった『近代日本地方自治の歩み』まで一貫して、歴史学者としての大石さんの視座の中軸には「日本の地方自治」があったことは明瞭である。私自身も一九六七年に東京の日野市に居住して、この地で二人の子供を生み育てながら、多摩地域の住民運動に携わり、日野市民憲法記念行事運動代表や東京多摩自治体問題研究所理事長などをしながら、歴史研究者としての生涯の研究課題である天皇制研究の中核に日本近代地方自治史を位置づけてきたが、今日に至るまで一冊にまとめて公刊してはいない。この仕事を果たす上でも、大石さんの先駆的な大業績にこれからも学ぶことが大きいと考えている。私のライフワークである『歴史家・服部之總の生涯と学問』を上梓したら、そのあとは私自身の『日本近代地方自治運動史』を完成させて永年の大石さんの学恩に報いたいと思っている。

最後に、何時だったか、そして場所も今では忘れてしまったのだが、大石さんご夫妻と都内のある小さな中華料理店で偶然隣り合わせになった時、かわいらしいお孫さんの口もとをやさしく拭いておられた大石さんの温顔がいまなお私の目にはっきりと焼きついている。

（二〇〇七年六月一五日稿）

自由民権百年と大石さん

江村　栄一
（法政大学名誉教授）

大石さんとの出会いからもう四十年ほどになる。当時私は歴史学研究会の近代史の委員の一人であったが、大石さんは私たち委員の良き相談役であった。ずっと後になるが、一九七九年の八月末に遠山茂樹さんを中心とする天皇制論集の一泊二日の研究会があった。夜の懇親会で話題になったのが自由民権百年をどうするかである。この時から大石さんとの忙しい日々が始まった。

とりあえずそれぞれ独自の考えをもっている各地域の研究団体・学会・自由民権研究者と話し合いを重ね、一九八〇年三月七日、東京大学社会科学研究所会議室で「自由民権百年を考える懇談会」を開こうということになり、研究団体・学会一六、個人資格の研究者一〇名に案内状を送った。当日は大石さんの司会で討議が進められ、次のように意見の一致をみた。①各地域の活動を尊重し活かす形で全国集会を考える。②まず「自由民権百年全国集会準備会」を発足させ、一九八一年秋ごろ、全国集会を東京ないし関西で予定する。③準備会は各地の研究・顕彰団体・学会・歴史学関係者・市民で幅広く構成する。

その後二回の準備会を開いたのち、自由民権百年全国集会実行委員会が結成された。その構成はつぎのとおりである。〈委員長〉遠山茂樹、〈代表委員〉色川大吉・大石嘉一郎・上條宏之・小池喜孝・後藤靖・中沢市朗、〈事務局長〉

江村栄一、代行 本多公栄・小松裕、〈会報『自由民権百年』編集長〉藤林伸治、〈会計〉遠藤芳男・藤本吉彦、〈事務局〉関東の団体派遣委員と個人参加者。日常的な活動やプランの作成は事務局に委ねられ、全国実行委員会で検討、決議された。数多い事務局会議のなかには、連続七時間というときもあった。

こうして一九八一年一一月二一・二二日、横浜の神奈川県民ホールで自由民権百年全国集会の開催が実現した。残念ながらその詳細は会報『自由民権百年』、『自由民権百年の記録』に譲らざるをえない。ここでは同書に収録されていない警備に関するエピソードを一つだけ紹介しておこう。一般警備は別にして、面会を迫る者が現れた場合には、本部詰めの大石さんと私がテーブルや机をはさんで対応することにした。このような事態は生じなかったが、当日の朝怪しい電話がかかってきた。会場に爆弾を仕掛けたという話を聞いた、というのである。全員で会場の机椅子などをチェックしたが、やはり妨害電話であった。

全国集会の最後に運営委員長として大石さんは「全国集会のまとめ」を述べられた。終始運動に参加されてきた大石さんの思いと集会の内容をもっともよく伝える総括なので、ここに紹介しておきたい。（紙数の制約上部分的な省略をおこなった。全文は『自由民権百年の記録』に収められている）。

二日間にわたる自由民権百年全国集会を、北は北海道から南は沖縄まで全国から多数の参加者を得まして、まことに盛大に、しかもきわめて充実した内容をもって終了することができました。参加者の数は、正確には把握できないのですが、延べでなく実数で三八〇〇人に達しました（拍手）。自由民権運動の歴史的な意義、自由と民主主義のためのたたかいのもつ今日的な意義、それを明らかにするはじめての国民集会としてまさに大成功であったことを、第一に確認したいと思います（拍手）。

私たちは、自由民権のたたかいの過程で殉難した人びとの遺族の方がたをお招きいたしまして、過去一世紀にわたって不当に迫害されてきた歴史につきまして痛恨の思いをもって顧み、そして殉難者の完全な復権を実現するために努力することを誓い合いました。

私たちは、それぞれの地域における歴史研究、地域の民衆の歴史の掘り起こし運動の経験と成果を交流し合いました。そしてその成果が実に大きく、かつ貴重であることを確認いたしました。そのことが歴史教育のあり方にとってきわめて大きな役割を果たしていることを知りました。

さらに、この集会全体をつうじて、沖縄や北海道に対する地域差別の問題、被差別部落の問題、女性の被差別の問題、障害者への差別の問題、朝鮮人に対する差別圧迫の問題、こういった問題を広く自由と人権の歴史としてとらえる必要があることを学びました。自由民権運動は、明治政府の突き進んだあの帝国憲法の道、民権と人権を抑圧し、そしてあの他民族への軍事侵略に突き進んだ路線に対して、明らかに対立する自由と民主主義と対外和平、そういう路線を提示いたしましたが、同時にそれのもつ限界もこの集会でいろいろと指摘されました。アジア・アフリカ・ラテンアメリカ等ではなお自由民権がこんにちの問題であること、自由民権運動が朝鮮をはじめとするアジア諸民族への蔑視・抑圧の加担者としての限界をもっていたことを見きわめる必要があることを知りました。

さて、私たちが自由民権運動の歴史に深い関心をもち、その真実を明らかにしようとするのは、こんにちの憲法改悪の企てや、教科書検定の動向にあらわれている教育の自由への圧迫、軍事力増強の動きにみられる戦争の危険、そういったことに対する深刻な憂慮をわれわれが抱いているからであります。この百年間の自由と民主主義と平和のための輝かしいが苦難に満ちたたたかいの歴史を、われわれはいま国民の共有財産にすると同時に、それを生きた歴史として次の世代に継承していく、そういうことの重要さを改めて認識いたしました。

最後に、この集会を成功させることができたのは、各方面の多くの人びとの協力によるものであります。それ

らの人びとに心から感謝したいと思います。……（拍手）

（付言・その後第二次、第三次全国集会が開催された）

さて現在である。人びとは、なおこの日からそれほど遠くなく、より新しくきびしい日々のなかにいて、新たな運動を待望しているように思われる。

（江村栄一さんは二〇〇七年九月四日急逝された）

肝に銘ずる大石先生の教え

赤城　弘
（福島自由民権大学代表運営委員）

大石先生によって私は地域住民の地域の歴史に対する目線の大切さ、また、それへの真摯さを学ぶことができました。自由民権運動の研究と顕彰・喜多方市史編纂事業のこの二つのなかで教えられました。地域に住む者として、自由民権運動諸激化事件における福島・喜多方事件の位置づけは、先生の『日本地方財行政史序説』によりすでに啓発されておりました。私どもは喜多方歴史研究協議会と歴教協喜多方支部を連携し、自由民権運動の掘り起こし運動と市民に研究結果を返す運動とを結びつけ、一九七二年の喜多方事件九〇周年記念市民のつどい開催にこぎつけた。以後続くなかでの九八周年記念集会（一九八〇年）に「自由民権運動の今日的意義」の講演を大石先生にお願いできた（『日本近代史への視座』二一〜二〇頁参照）。これは翌年の自由民権百年全国集会（横浜）とその一年後の福島・喜多方事件百周年記念集会への大きな起爆剤ともなった。さらに、一一〇周年記念のつどいで「地域開発二つの路線の交錯——喜多方事件から初期議会へ」の講演（『前書』七二頁参照）をうけた。こうした喜多方事件研究と顕彰運動の一体化は三春地方血縁の会との結びつきを深め、一九九一年福島自由民権大学の開学をみた。この大学でも、一九九七年の春季講座をかねた「近代福島地方史研究の回顧と展望」（『前書』四一〜六六頁参照）の講演をえる。それに、大学一〇周年（二〇〇〇年）記念講演「自由民権運動と現代——地方自治を中心にして」は先生が明治学院大学を退職なさる直前のもので、この録音テープに雑音が入り筆稿できなかったことが悔やまれてならない。

喜多方市史編纂事業は一〇年の準備期間をかけて、市史刊行を一九九一年三月から順次行なった。私は近現代部会の総意をうけ九月一八日東大経済学部元教授室で大石先生に会い、現在までの資料選定の実情や今後の編纂態勢などについて説明し監修者就任を承諾していただいた。この時、先生は「この編纂をイベントにおわらせることなく長期的な展望で地元の人の手でやるべきで、地元に密着した文化政策・文化運動としてうけとめなければならない」と話された。先生の編纂構想で、自由民権運動資料が独立巻となり県史資料を補完するものとして生かされた。以後、二〇〇〇年二月までの一〇年間にわたるなかで、資料編四巻・通史編一巻の五巻が刊行された。

いまでも、部会のたびのコンパでの先生の笑顔、静かな語り口、時折り鋭くなる目付きなどが思い起こされる。私にとって大石先生によって指摘された課題を背に荷負っていくことは大変なことである。それにつけても、市史の完結時には病いと闘いながらの監修作業その後に続く著作活動へ生命をかけた先生の意力を、いまは学ばねばと思っている。

大石嘉一郎先生を偲んで——碩学と在野の学習者とのふれあい

遠藤　芳男
（自由民権百年全国集会）

生涯をおわられる日まで、みずからに課してこられたであろう日本資本主義史や日本帝国主義史、さらに近代日本地方自治史などの壮大な学問の世界の体系構築に精進をつづけられながら、もうすこし研究をつづけてご指導をいただきたいと考えておりましたのに、まことに残念です。

教壇、演壇に立たれることを職とする学者にとって、もっとも痛ましい舌癌におかされて声をうしない、惜しまれつつ大石嘉一郎先生は遠くへ逝かれてしまいました。

わたくしは小市民的な安住した日常から脱却する衝動にかられて、四二歳になって稲門をたたき、秩父事件を中心的なテーマとした、自由民権運動の学習にとりくみはじめ、またそのいっぽうで、三九歳で寡婦となった母と、残された五人の弟妹と生きてゆくために、四三年におよぶ醬油・食品・酒類のセールスマンをつづけてきました。そのような在野の学習者として三〇数年を閲してきたわたくしにとって、まさに大石先生はかけがえのない、学外における巨大な恩師でありました。

大石先生のきずかれたさまざまな学問の世界における大きなすぐれた業績、それらの精緻な論証の体系のありようなどについて述べますことは、わたくしの能力のおよぶところではなく、それらはこの追悼文集のなかで、学会・研究者のおおくの諸先生が語られることになるでしょう。

したがってわたくしは、自由民権運動の勉強をひとつのきっかけとして、きわめて幸運にも、人生のなかばに遭遇することができた、人間味あふれた大石先生とのほんのいくつかのささやかなふれあいについて語らせていただくことにいたします。


名著『日本地方財行政史序説』や、県史のなかでも卓越した評価をうけておられる『福島県史』の編纂委員・執筆者としての、大石先生のお名前はかねがね存じあげておりましたが、はじめてお顔を拝見したのは、もう三〇年まえの東武鉄道東上線の池袋行きの電車のなかでした。

むかいの座席で、四、五人の歴史研究者らしいみなさんとの会話を聞いているうちに、そこに大石先生がおられたことに気がついたのです。いま考えますと、山口啓二先生とのご縁からでもあったのでしょうか、わたくしの住む川越市の北にある東松山市の市史編纂につどった錚々たるメンバーのことについては、みずからもその編纂委員のひとりの東京歴科研時代の友人で、のちに群馬大学教授になられた近世史の落合延孝先生からも聞きおよんでおり、その刊行を期待していたものでした（のちに刊行された市史は、その内容の問題点の選択といい、史料の渉猟といい、たいへんすぐれたもので、いろいろと勉強させていただきました）。

先生は、学問の分野での真摯なきびしい格闘・対決の使徒であったとともに、個人として対話をされるときには、いつも謙虚さをうしなわない、じつに心おだやかな、人間味のある師でありました。ほんとうに民主主義の思想を体現された、デモクラットとしての生涯をつらぬきとおされました。いまその師とのふれあいを追憶するとき、なによりも、二六年余まえの――一九八一年からほぼ一〇年間つづきました、横浜・東京・高知の三回にわたる「自由民権百年全国集会」の運動のことを回想します。

この集会は、一九六〇年代以降の政府・与党によってくりひろげられてきました「栄光に満ちみちた明治百年」という政治的・思想的キャンペーンにたいして、だれにとって栄光であったのかを問いつつ、「明治百年祭」は「歴史の発展に反するものである」とのアンチ・テーゼをかかげ、進歩的な歴史研究者・団体・市民を中心にひらかれました。自由民権百年運動は、日本における民主主義運動の源流であり、全国民的運動として日本の歴史はじまって以来のひろがりで展開された自由民権運動の歴史を掘りおこし、評価すべき側面とその問題点を、国民のまえにあきらかにしようとするもので、いわばアンガジュマンたちの心の巨大な炎が全国的に燃えひろがった壮大な研究・学習運動でした。まさにそれは、澎湃として全国的におこった自由民権運動期を想起させる国民的運動として展開しました。

東京にちかいところに居をかまえていたわたくしは、秩父の故中澤市朗さんの推薦をうけ、秩父事件研究顕彰協議会の代表として事務局にくわわり、財政担当の役をつとめ、そのかたわら、代表委員・大会運営委員長の大石先生をはじめ、全国集会実行委員長として運動の中心となられた遠山茂樹先生、事務局長の江村栄一先生など、おおくの多彩な碩学から、有形無形のさまざまな教訓をいただきました。自由民権百年運動は、まさにわたくしの後半の人生にとっての、ひとつの大きな転回点をもたらしました。

さらにまたその後、「自由民権百年全国集会」に結集した貴重な市民運動の蓄積と経験を継承した「福島自由民権大學」の一六年余にわたる活動のなかでも、温容あふれた深い人間味のあるおおくのご指導を大石先生からうけることができました。

長身であるだけに、外見だけからは、いささかきつい相貌をあたえるように感じられた大石嘉一郎先生でしたが、相対していろいろ語りあうときには、どんな相手にたいしても、親身になられて応対され、いつも、だれにたいしてもわけへだてなく謙虚に、誠実におだやかな態度で接しておられました。風邪のために過日の神田・学士会館での偲ぶ会に出席できませんでしたが、安在先生から送られた当日の諸先生の弔辞を拝見しましたとき、わたくしのこの思いは、とりまくほとんどのみなさんがひとしく感じられていたことを確認できました。その温容さおだやかさは、先生に接します折りには、いったいどのように理解したらいいのか、人間はどうしたらそのようにすばらしく成長できるのか、先生よりわずか二歳下のわたくしはしばしばとまどうことも多々ありました。しかし心の迷いを感じつつも、わたくしはいつもその豊かな人格にひかれ、吸いこまれておりました。先生とはまたたびたび、酒席でのお相手もさせていただきました。そしてこのような席での対話のなかからも、いろいろなご示唆をうけることができました。もちろん心苦しく思う追憶もあります。たった一度でしたが、「自由民権百年全国集会」実行委員会の懇親会の宴のあと、江村栄一先生と文京区小石川の先生のご自宅にお邪魔したことがありました。もう夜もおそい時間でしたから奥様にはたいへんご迷惑をおかけしたように思います。わたくしには滅多にないことですが、この時はかなり酩酊してしまっていたのでしょう、その夜なにを語りあったのか、まったく記憶していないのです。慚愧にたえないこの所業は、いまでも先生を思いだすたびに反省させられます。

わたくしは七〇歳になった二〇〇〇年六月に、川越地労協（川越地方労働組合連絡協議会）からの委嘱をうけ、一九八〇年からほぼ二〇年かけて五人の友人たちと編集していた、労働運動を基軸にしながら、「川越と埼玉県西部をふくむ広範な地域の戦後民主主義運動史」ともいえる『川越地方労働運動史』（上・下二巻、一五〇〇頁、印刷＝光陽出版社）を刊行しました。安在先生からお聞きになられたのでしょうか、「福島自由民権大學」の秋の総会・研修会の会場でお目にかかったとき、大石先生より思いがけず、言葉をかけられました。

それは「遠藤さん、たいへんな努力をされて、立派な本をつくられたそうですね。ぜひ私も読みたいので一冊送ってください」とのお申し出でした。雲の上の存在である東大教授の大石先生からのこのようなお話をちょうだいし、どんなにうれしかったことか、思わず涙がこぼれそうになったほどの感激でした。

さらに後日、安在先生と梅田欽治先生にご出席いただき、ささやかな出版記念集会をひらきましたが、その折り先生はわざわざつぎのような、激励をこめたコメントをおとどけくださいました。

まだざっと拝見しただけですが、本書は大変な労作で、編集にあたられた人びとに頭が下がりました。地域に根ざした運動こそが、二一世紀の日本社会を切りひらいていく、と考えますが、そのために、一人でも多くの人が本書を読まれることを期待してやみません。

亡き先生の、このはげましの言の葉は、七七歳になったこんにちでも、わたくしの脳裏のなかに脈々と生きつづけております。「いまの社会をすこしでも良くしようと考え、行動するもの」にとっては、本を読みつづけること、つねに学習し精進をおこたらないことの大切さを、先生から教えられました。いまあらためて、この教えの貴重さ大切さを噛みしめております。

（二〇〇七年八月五日）

「かえぢろう」先生の想い出

田﨑　公司
（大阪商業大学経済学部准教授）

私は毎日のように先生からの年賀状や礼状を眺めています。すでに末端の教え子として「大石嘉一郎先生の人と学問」（町田市立自由民権資料館『自由民権』第二〇号、二〇〇七年三月）を書き上げてしまっている私には、先生の「追悼文集」に書くべきことが思い浮かばないからです。そこで二〇年以上前の記憶をたどってみようと思います。

先生が心から信頼されていた西田美昭先生が述べられているように（「大石嘉一郎さんの死を悼む」『歴史評論』第六八五号、二〇〇七年五月）、先生は集中豪雨のように舞い込んで来る著書や抜刷りに丁寧な返事を書いておられました。正月三日に保原のご自宅に戻られてから書かれた年賀状にも必ず励ましの一言書きがありました。超多忙な先生の「筆まめ」には感嘆するとともに見知らぬ若手研究者の成長を返信の文面で応援する教育者としての姿が先生にはありました。当時の先生は近現代日本経済史という学問分野を背負って立っているという自負心と使命感がありました。東京大学社会科学研究所の三四郎池側の三階中ほどにある研究室で、夕方から独り言をつぶやきながら、葉書と格闘されておられました。先生は、激励の言葉が思い浮かばず返信の文章に詰まるとインスタント・コーヒーを私に入れさせました。一杯のインスタント・コーヒーにも先生の注文にはこだわりがありました。自治体史編纂で構想が煮詰まらないときにも先生はコーヒーを所望されました。そんな先生が美味しそうにコーヒーを飲んで下さることに、私は喜びすら感じました。

また先生は、郷里である福島県に特別な想いを持っていらっしゃいました。福島大学史学会や福島自由民権大学、会津若松市で開催された明治維新史学会の記念講演にも先生は二つ返事で基調講演をお引き受けして下さいました。また福島県の自治体史編纂事業や歴史シンポジュウムの依頼にも、多忙な時間を割いて参加されました。何よりもご自身が生まれ育ち学問形成の原点となった福島の近現代史について自らの責務をまっとうされようとしていました。そのような先生の傍で学問研究ができた私は、本当に恵まれていたと思います。心から感謝しております。

福島県という出身地を同じくし、まわりまわれば遠い親戚筋にあたる私に先生は「本音」ともいえる様々なお話をして下さいました。そんな時の先生は、大石嘉一郎先生ではなく郷里の方言での「かえぢろう」先生でした。私の方も遠慮しつつも先生の「三男坊」のように甘えさせていただきました。先生のご長男とご次男のお二人が理系に進路を定めたことに、若干の「寂しさ」を先生が感じていらっしゃると感じていたからだと思います。そんな先生はお孫さんの「ももちゃん」に自分の学問の継承を願っていました。ミヒャエル・エンデの『モモ』は、時間泥棒とその泥棒によって盗まれた時間を人間にかえしてくれた女の子の不思議な物語です。先生の初孫さんのネーミングとなった主人公の話を嬉しそうに話され、同じ作者の『ネバーエンディング・ストーリー』のあらすじを何度も私に話させました。お孫さんの成長を語る先生のお顔は温厚な「おじいちゃん」そのものでした。

前稿で述べたように、先生の存在は幕末維新期の「豪農」そのものでした。日本民衆の上層に位置する「豪農」があわせ持つ「叡智」と「奸智」、権力と地域民衆の狭間で常に動揺するその存在は、先生のみならず近代日本の多くの地方出身の知識人が抱えていた「イド」の部分だと思います。旧稿の中で先生は時と場合によって、それを自覚しつつも同時に懸命に否定しようとされていました。先生の絶筆となった『近代日本地方自治の歩み』では、その総括が披瀝される筈でありましたが、明示的にしか記されませんでした。

日本の近代化をどのように捉えるのか、「世界史の基本法則」とは何なのか、先生の世代にとっては、日本社会の未来とともに、アジア・太平洋戦争を生き抜いた自分自身の生き様でもあったと思います。保立道久さんが「『社会構成論と東アジア』再考」を発表されたとき、先生はその論文（『歴史学研究』第七八〇号、二〇〇三年一〇月）を持参して、先生の見解を披瀝されました。私の義祖父にあたる高島善哉の議論を持ち出し、その回答を私に求められ困惑しました。そのときの先生のご様子は学問的な研鑽を積まれた一九五〇年代の良き思い出が一挙に噴出しているかのようでした。楽しげに話すその姿が忘れられません。

そんな先生が、国民国家論の議論については、信じられないくらいの反発を示されました。一九九九年度歴史学研究会大会の西川長夫先生の報告「戦後歴史学と国民国家論」に対し、先生のお考えとは共有できないものとして、機会あるたびに反論されていました。また新井勝紘編『日本の時代史22　自由民権と近代社会』（吉川弘文館、二〇〇四年）の書評会が色川大吉先生の臨席のもと国分寺で開催されたとき、先生は国民国家論の議論を民権研究に持ち込むことへの違和感をメッセージとして寄せられました。さらに二〇〇五年一一月の「民権一二〇周年東京フォーラム」に寄せられたメッセージにも同様の趣旨が記されました。国民国家論の議論に真剣に向き合っていない私は、自分の学問的な弱さと生きる姿勢が問われているような気持ちになりました。

先生が心配されたように私は学問的に迷走状態にあります。教育者としての姿勢にも自信が持てません。できるなら先生と飲み明かしたあの日に戻って、先生に叱咤激励の言葉をかけて欲しいです。先生のご著書の前には、先生が珍しく褒めて下さった会津の実家の吟醸酒『亜當斯密《アダムスミス》　冨國論《ふこくろん》』が供えてあります。いつでも私は先生のお酒とお喋りの相手ができる準備をしています。こんな不甲斐ない私ですが、どうか見守ってやって下さい。

東松山市史と大石さん

山口 啓二
（元東京大学史料編さん所員）

大石さんの勤めていた社会科学研究所は、本郷キャンパス図書館団地の東側、三四郎池に面していて、私の勤めていた史料編さん所は、本郷通りに面した西側にあった。専攻は、大石さんが日本近代史、私が近世史と異なっていても、同じく日本史研究者として親しかった。私が郷里（埼玉県比企郡川島町）に隣接する東松山市から市史編さん委員を依嘱された際、近代史の編集委員として大石さんと、同じく社研に勤めていた西田美昭さんの二人を推せんしたのだった。

史料の調査・収集は、一九七二、三年頃から、毎月一度、土・日両日泊まりがけで実施した。十年計画であったが、公務の傍らの作業ということで、一四年を費すことになった。資料編は五巻・本文編は三巻であった。大石・西田両氏の編集・執筆した資料編第四巻は一九八四年三月に、本文編『東松山市の歴史』下巻は一九八六年三月に刊行された。

資料編・本文編の章・節・項は同一文言で照応しており、第一章は維新変革と町村の再編、第二章は日清・日露戦争と地域社会、第三章は第一次世界大戦と地域社会の変動、第四章は昭和恐慌下の地域社会、第五章は戦時体制下の町と村と題して、第一章は七節、第二章・第三章は各五節、第四章・第五章は各四節に分けられていた。そして第一章の第六節、第二章・第三章の各第五節、第五章の第四節は教育に充てられていたが、これらの教育の節は、大石さんの依頼をうけた教育学部の土方苑子さんが専門員として担当した。

土曜は市内の松山館に宿泊したが、市役所の市史編さん室（のち課に昇格し、室長の小峰啓太郎氏が課長となり、その下に主事新井裕子さんが実務を担当した）は五時には退出しなければならず、時間つぶしの場を求めて暖簾を潜ったのが「大松」という焼とり屋だった。在日朝鮮人夫妻の経営する店で、コップ酒と焼鳥で歓談したのだが、その歓談のなかで私は、大石さんの人柄と学殖に惚れ、社会と政治の観方に共鳴し、友情を深めることになった。

その大石さんに先立たれた悼みと悲しみは、私の胸裏から去ることなく、年長の私は老いていくしかないのであろう。

大石学校で学んだこと

土方　苑子
（東京大学名誉教授・指導生）

私は日本近代教育史を専攻してきた者であるが、大石先生の指導生としての意識を持ち続けてきた。大石先生が逝ってしまわれ、その四カ月後に自分が大学の教員を退職して院生指導に少し距離ができてから、その意味を時々考えるようになっている。

私は修士論文を書くなかで実証的な歴史研究の方法を学ぶ必要を強く感じ、博士課程に進学してすぐの一九七〇年に埼玉県東松山市市史編纂事業にアルバイトとして入った。そのとき以来、五加村研究会、水戸市史編纂、都市構造史研究会などで、大石先生の指導をうけた。三十年余り一、二カ月に一回程度はお目にかかっていたことになる。

日本教育史研究は歴史学であると同時に基本的には教育学であるので、そこに価値的なものが含まれる。実証的方法だけではカバーしきれないものがあるように思われるが、にも関わらず私は実証的な方法による教育史研究を追求してきたといえる。それは東松山市史編纂で初めて接した歴史学研究の強烈な魅力によると思う。市史には山口啓二先生を始め錚々たる先生方が集まっておられ、広く市域全体に史料収集をおこない、毎月二泊三日の合宿をしながら史料を読んでいくことを十年も続け、そして市史を書いた。これを当然のことのようにされる過程を体験させていただいた。教育学の周囲には教育の現場の史料をそのように集めて分析する方法をとる先達はいなかったし、長野県を別にして、今に至るまで教育史編纂をあのように徹底してやった例を聞いたこともない。幸か不幸か、院生の一番下っ端で参加し、しかも編集委員の先生方の多くが同じような方法をとっておられたため、私は歴史研究というのはああいうものだと思いこんでしまった。無限とも思われる史料のなかから教育関係のものを探し、相互の関係が全くわからないまま読み進めて関連を考え、そこから一般性があると思われる教育史を描き出す。アルバイトながら報告書の一冊を書かせていただき、最後は一四年もたっていたこともあって市史の一部、教育史を書かせていただいた。そしてそれらが済んだあとに、もう一度史料を全部読み直し、マップを作り、この材料から私の研究の課題を明らかにしようと試みた。研究論文でない東松山市史はそのままでは業績とは認められなかったし、そうでもしないと膨大な日々が無駄になるようにも思われたからである。そしてその時自分なりに描いた地域教育史が今に至るまでの私の問題関心を決定づけたと思う。教育史では常識となっていた国家主義的で強力であったはずの学校制度が、実際には様々な変形物を併存させ、村は制度にない学校まで作っていたということなど、東松山市史に参加したから初めて出会えた歴史的事実であった。しかし私の報告書は教育史研究者や、職場の上司からは理解されなかった。だが、その前に大石先生に、私にとっては十分に、評価していただいていたため、東松山市史は少しの自信を与えてくれ研究のおもしろさも体験することができた。大石先生は丁寧に読んでくださり、ソロバン片手に私の作った表まで点検されたので、「表は大事なのだ」と初めて知ったことを思い出す。

こう書いてきて、やはり私は東松山学校、大石学校の生徒だったという思いを強くする。しかも東松山市史では、焼き鳥、うどんなど食の楽しみもあり、ワイワイと騒いで、楽しかったという印象が強い。特に私は子ども二人を預けて日常を脱し、アルバイトとして参加している状態だったから、責任もほとんどなく、深入りもしすぎず、楽しい印象だけが残ったのだと思う。そして四〇代に入る前五加村研究会に入れていただいた。職場の備品として平河の撮影機を買い入れ、社研の撮影技師堀内さんから色々習いながら、個人でも戸倉へ通った。自分より若いメンバーの皆さんが自分たちの研究世界のことを語りあうのを見ながら、自分も教育史の研究仲間といつか同じようなレベルでの話ができる日が来てほしい、と思った。最後の都市構造史研究会の頃は私はもはや上から何番目の年上になっていた。そしてその頃から、私は大学院生を教える立場となった。職場の移動の際に評価されたのは、五加村を対象とした教育史で、そこには東松山市史での知見ももちろん入っており、大石学校の産物以外の何ものでもなかった。

今春自分が退職するにあたり、一二年教えた院生達が私の研究について書いてくれた。自分が経験してきたあまりに長い時間がかかり、退屈に思える史料調査を時間と競争している院生にどのくらい強いていいのか、自分では迷いつつやってきたつもりであったが、そこに私の研究の方法があることを彼らはしっかりと書いてくれており、改めて自分の方法の由来を考えることとなった。今頃になって違う方法も歴史学としてあり得ると思うのだが、もう遅いようだ。非能率に見えるが、わくわくする新発見にもぶち当たるこの方法でいくしかない。今や体力的な問題が不安ではあるけれど。

大石先生が大変お悪いと伺った昨年夏、自分にとって本当に大事な先生だったと思い、感謝を伝えられるかもしれないと、病室へうかがった。そのときは私をわかってくださり、十分ではなかったけれど、久しぶりにお話ができたような気がした。直前まで原稿に向かっておられた最後の頃の先生の頑張りは凄いの一語に尽きる。都市構造史研究会は私が会場係となっていたので毎回早く行ったが、先生はいつも最初に来られ、始まるまでの四方山話が楽しみであった。自分が院生と教育史の研究会をもつようになって、教師としての大石先生がどう研究会を組織されていたか、何かにつけて思い起こす事も多い。権威には反発することも多い私だが、自分もまた一部にせよその方法論を引き継いだ指導生だとの自覚をもち、それを幸せだと思えることは、本当に人生の希有な喜びに属することのように思われる。

東松山市史の調査のこと

小岩　信竹
（東京海洋大学教授）

大石先生との関わりは、大学院の学生時代に演習に参加させていただいたこと、同じく大学院在籍の末期に、埼玉県東松山市の市史編纂事業の調査に参加させていただいたことが出発点である。大学院の演習については、折からの大学にまつわる種々の問題発生と混乱のために通常の形式で実施されることはまれであった。また、諸事情から先生はこられず、学生のみの演習になることも多かった。大石先生の薫陶を得られる機会は、東松山市史の調査にあった。この事業は、東松山市に隣接する川島町出身の山口啓二先生が中心となり、歴史科学協議会のメンバーに呼びかけて成り立ったということを後で知ったが、大槻功氏とともに調査に加わった私は、大石先生の手伝いということで参加を認められた。また、近代担当には大石先生とともに西田美昭氏がおられ、現代担当は平田哲男氏であった。

私は大学院を出た後は遠方に居住したためもあって、調査事業への参加は短期間で終わった。しかし、そこでの経験は得難いものであり、その後の研究が規定された。東松山市史の近現代部分は資料編第四巻と『東松山の歴史』下巻として刊行されているが、いずれの末尾にも資料提供者の一覧が付されている。その数は個人だけでも一〇〇名を超えている。当初はこれらの資料所蔵者の居宅を訪問して資料を借用し、市役所の一室に保管して目録の作成を行った。こちらは足手まといで、読解困難な難字に苦労しつつ、仕事は速やかには進まなかった。この作業は山口先生をはじめ、前近代のメンバーも共同であり、今では研究者となっている、近世担当で他大学に在籍していた大学院生の手際のよさに感嘆するばかりであった。また、資料についてコメントがいただけるので、理解が深まった。こうした調査は泊まり込みで実施された。そのため、食事時の諸氏の活発な言動からも研究上の貴重なヒントが得られた。また、同席していた大石先生も愉快そうであった。こうして大学外の場で研究の手順や方法が学べたことについては、今でも感謝している。

このように、個人的に大変お世話になった東松山市史編纂事業であったが、現在、完成された著作を読み直してみると、いくつかの重要な特徴を持っているように思われる。その一つは資料編が刊行されていることである。徹底した調査とそこで得られた資料を厳選のうえ、資料編として刊行することは現在では当然のこととなっているが、東松山市史の開始時点では、そうした形式をとらない自治体史も少なくなかった。次は編纂の自由さである。今、資料編や通史の近現代部分を見ると、大きく経済史に片寄っている。歴史書は執筆者の考えによって書き換えられるという見本のような構成である。また、部分的には深い研究結果が込められた著作となっている。こうした構成には大石先生以下の自信が感じられる。私は現在も自治体史の編纂に関わっているが、まねできないまでも、参考にしたい点である。

座標軸としての大石嘉一郎先生

安田　浩
（千葉大学文学部教授）

私が、大石先生にはじめてお目にかかったのは、五加村研究会の発足の時であるから、一九七九年のことになる。もちろん私の方は、そのお名前とお顔をそれ以前に知っていた。大石先生はすでに著名な研究者であったから、何かの学会の折かに、誰かに「あれが大石嘉一郎氏だよ」と教えてもらったのだと思う。しかし私は、経済史を自分の専門にするつもりが（というより能力が）無かったので、とくに面識を得る機会も得ようとせずにそのままになっていたのである。それが、大石先生を中心にして、五加村の役場史料の本格的整理と研究に取り組む五加村研究会に参加することになったのは、故林宥一に引き込まれてであった。「自分は経済史ではないし、農村はよくわからないし」と言って渋っていた私を、「一度手がけた史料を、整理も終わらないでそのままにするわけにはいかないだろう」という理屈で、彼は私を研究会に引きずり込んだのである。

その五加村研究会の最初の会合の時に、大石先生から「あなたは政治学専攻の出身ですか」と質問され、「いえ、私は文学部史学科ですよ」と答えたことが、鮮明な記憶として残っている。大石先生がこうした質問をされたのは、五加村も含んだ長野県農村を対象とした大江志乃夫ゼミでの共同著作『日本ファシズムの形成と農村』に収録された、私の論文「大正デモクラシー期地方行政改革の矛盾――郡役所廃止問題と警廃事件」を読まれてであった。「あっ、五加村関係の論文だけでなく私の論文も読まれているのだ」と思うとともに、事件や社会集団をその機能という視角から把握しようとする志向性が強い、機能主義的な私の発想をたちまち読みとられていることに強い印象をうけたのである。

ところが、こうした若手研究者の論文にまで眼を通すというのは、面識のある間柄だからではなく、大石先生にとっては当たり前のことであることが、その後の研究会の議論の中での大石先生の発言から私にも判ってきた。大石先生の研究は広い領域をカバーするものであったから、先生の所へ送られてくる論文抜刷だけで相当な量であったに違いない。送られてきたものにはすべて眼を通すとともに、経済史以外でも近代史関係で何らかの新しい論点を含む論文は、いつの間にか読まれていることがわかった。こうした、新しい研究をたえず批判的に摂取してとどまることがないという大石先生の学問の性格は、その著作集全四巻につけられた補注によく示されている。そこでは、大石先生の論文以降に現れた研究論文について、論及されコメントがつけられている。それを見ていると、大石先生の見解に批判的な研究もしばしば、事象の一面をより掘り下げたものとして取り込まれている。こうしたことが可能であったのは、大石先生の研究が構造的・総合的な把握という点に特徴を持ち、部分的な批判では崩れない論理を持っていたからである。五加村研究会に参加して、直接大石先生の意見に触れる機会をえて私がもっとも学んだものは、総合的・構造的な把握の決定的重要性ということであった。

もう一つ、私が大石先生から受けた影響で決定的なものは、史料を史料群として総合的に把握することの重要性であった。五加村研究会での最初の史料調査で、役場史料を小学校の体育館いっぱいに広げ、それぞれの簿冊を年度順にならべて、ほぼすべてが連年継続していることが確認された時のことである。林宥一君は後に『作業員』一同、この史料の膨大さと完璧さに驚嘆した」と書いている。たしかに大石先生は簿冊がほぼ連年つながったことに、感動されていた。しかし私は、史料の膨大さに圧倒され、「これほどの量の史料の中から論文に使えるものを選び出すまでには何年かかるだろう、自分は農村史を専門にするつもりはないのだから、史料の整理がおわったら、研究会から抜けようか」と思っていた。

こうした総体として残された史料群の意義をほとんど理解できていず、逃げ腰だった私を、五加村研究会にとどめさせたのは、その後の研究会での、史料群の総体を把握する目的での、分担しての史料紹介とそこでの大石先生の解説であった。つまりたとえば、役場文書の「統計」と分類した簿冊の内容紹介がされると、その統計は政府のいつの統計調査に関連したものと考えられるか等、全国政策との関連での村役場の活動の産物として史料を把握することを教えられ、それは面白くかつ勉強になったのである。史料群を、それが作成される条件にまでさかのぼって総合的に考察することの重要性を私は、本格的には大石先生に教えられたと思っている。

こうした結果、「経済史は私の専門ではありません、政治過程分析なら参加できます」と言いつつ、五加村研究会から都市構造史研究会と、二〇年以上にわたって大石先生を中心とした研究会に加えていただくことになった。大石先生が専門領域とされた日本資本主義史や地方財政史では、私はけっきょく門前の小僧に過ぎないが、私にとって大石先生は、日本近代史把握における一つの座標軸であった。自分の分析が、構造的・総合的なものとして新たな論点を提示しえているのか、それともけっきょくこれまでの研究へのある一面の追加に過ぎないのかを検討しようとする時、大石先生の業績は繰り返し引照基準として思い起こされるものである。

大石先生の五加村調査

庄司　俊作
（同志社大学教授）

大著『近代日本の行政村』に結実する長野県五加村調査は一九八〇年に始まった。私は途中である事情からグループを離れたものの調査の始めから関わったので、ここでは調査最初の文書整理にまつわる思い出を綴ってみたい。

五加村調査が始まった頃、農村の共同調査はまだ盛んに行われていた。調査開始二年前の一九七八年、同村の共同調査報告、大江志乃夫編『日本ファシズムの形成と農村』（校倉書房）が刊行された。しかし、その執筆者のひとりでもあった、亡くなった林宥一さんや安田浩さんには「もっと徹底した調査をしてまとめたい」との反省と希望があり、それが大石先生に伝わって新たな陣容での調査になったと私は聞いた。大石先生は五〇代半ばだったが、「きたない、きつい」の二K作業を伴う農村調査など世代的に敬遠する方がふつう多くなる中、林さんらの気持を前向きに受け止められた先生の姿勢に改めて敬服する。

五加村調査の売りは大量に残る役場行政文書であり、それを徹底して分析した上掲書はもとより研究史上重要な位置を占める。先生が関心を持ったのもこの文書群であったことは間違いなく、文書整理のさい、「役場行政文書論をまとめたい」とよく言っておられたが、その後どこかにまとめられたのであろうか。ひと口に役場文書といっても、大量である上に消防倉庫の二階に段ボール箱等につめられ乱雑に保管されていた。利用できる状態にするには大変な手間と時間を要した。倉庫から全部運び出し小学校体育館で分類整理をした。その後文書一つひとつにラベルを張って目録取りを行い、後日利用に便利なように目録番号順に箱詰めして役場地下書庫に収めた——。「農村史料を見ない者は一流の研究者になれない」と先生に脅され、武田晴人さんらが援軍に来られたことが記憶に新しい。強烈な記憶として残るのは、倉庫から文書を運び出し体育館で分類整理したときの「労苦」である。体育館では時期別に文書を仕分けし、そのブロック単位に各メンバーが整理に当たった。たしか先生は戸長役場時代の文書を担当され、私は戦後期の文書を担当した。どちらも他の時期に比べバラバラな文書が多く保存状態はよくなかった。夏休みの猛暑の中、先生はシャツ・ステテコ姿（またはそれに近い恰好）で整理に当たっておられたと記憶する。同情されたのか、先生から「君は黙々とやっている、感心する」旨のことを言われ、恐縮した覚えがある。当時の先生の年代になった今、なかなか真似できないことだと思う。

農村の共同調査は今や全くといっていいほど行われなくなった。その意味で上掲書は最後の金字塔といえる。五加村調査では、行政村に光を当てることはいいとして村落にもっと目を向けるべきではないかという違和感が終始あった。おそらくそれは私が主に近畿の農村を研究していたことと無関係ではないが、誤りだったとは今でも考えていない。農業農村史では共同調査の時代はとうに過ぎ去ったかもしれないとの感慨を抱きながら、現在取り組む「町村—むら」関係の視点からの近現代農村研究を早くまとめることによって、当時はうまく言葉にできなかった思いを学恩ある先生に見てもらいたいと思う。

「大石スクール」での日々——五加村研究会のころ

大門　正克
（横浜国立大学教授）

先日、自宅の書棚やダンボールを整理する機会があった。調査資料や雑誌、抜き刷りなどが雑然とたまってしまい、いよいよ片付けなくてはならなくなったのである。

そのなかに五加村研究会の資料もあった。『所得簿』データを大型パソコンに入力して打ち出したA３サイズの膨大な資料や研究会での報告レジュメ、連絡役の私が発行していた「五加村研究会通信」など、いまとなってはなつかしい資料が多数残されていた。一九八〇年代をはさむ一二年間、私の三〇歳代の研究の一つの柱が五加村研究会であった。多忙をきわめる現在から思えば、当時は、研究に多くの時間を費やすことのできた至福の時代と年代であった。

そのころの大石先生は五〇歳代。いまの私と同じ年代だ。五加村研究会では参加者の担当テーマをすぐ決めず、膨大に残されていた役場資料を分担して全部読むことからスタートした。調査に出かけ、役場資料をひたすら読んで要点を書きとめ、帰京後は撮影をした役場資料をまた読み、それらを研究会で報告する。そんな日々が長いこと続いた。今から思うと、役場資料を読んでいたときの調査は、「大石スクール」といえるものだったのではないか。

調査では、「寺社」や「社会事業」など、自分ひとりであれば読むことのないような資料を担当することもあった。興味深い資料に出会うこともあれば面白くない資料にぶつかるときもある。面白くなかったのは、本当につまらなかったただけでなく、資料を読む側の知識や読解能力が乏しく、資料を読み込めない場合があったからである。資料の意味が不明だったり何か気づいたりしたときには皆に向かって質問をする。それに誰かが応答する。それがわずかなアクセントになってまた資料を読む。そんな調査を何度もくり返した。

こんなとき、地方自治や地方財政、役場資料に関する大石先生の知識は抜群であり、ほとんどの質問に的確にこたえながら解説をしてくれた。私たちは役場資料を読みながら、いつの間にか「大石スクール」で地方自治や役場資料について勉強していたのであった。五加村研究会で得たものは数多くあった。そのなかでも役場資料に精通したことは私の貴重な財産になった。自分ひとりでは読むことのなかった役場資料を読む機会を与えられ、何よりも「大石スクール」で学べたことが役場資料を詳しく知るきっかけになった。私の行政村についての認識は五加村研究会と「大石スクール」を通じて形成されたといっていいだろう。

「大石スクール」を通じて学んだ大石先生の学問の特徴は二つにまとめられる。一つに、大石先生は個別実証に対してあくなき関心をもっていたことである。五加村研究会に参加するまで、大石先生には日本資本主義を総括できる数少ない研究者という印象があった。研究会参加後もその印象に変わりはなかったが、研究会を通じて大石先生は個別の実証研究に強い関心をもっていたことがよくわかった。いやむしろ大石先生は個別実証がもっとも好きなのではないか、役回り上、共同研究の「総括」をたくさん書いてきたが、大石先生が一番生き生きとしているのは個別の実証テーマについて話しているときではないか、そんなことを林宥一さんたちと話したことを思い出す。「大石スクール」で役場資料に対する質問に答えながら、そこから浮かび上がる実証研究のテーマについて話しているときの先生は何とも楽しそうであった。個別実証への関心は、その後の都市構造史研究会でも継続されており、最晩年まで衰えることがなかった。

もう一つは日本資本主義や全体史への関心をもった大石先生である。私が三〇歳代前半のあるとき、大石先生から次のようなことを指摘された。「大門君、小さな研究ばかりをやっていてはダメだ。もっと大きな視点で研究をしなくてはダメだ」。「大門君」という先生の低い声とともに、先生に指摘された言葉をときに思い出す。そのとき、私が思い起こすのは、先生の「戦後改革と日本資本主義の構造変化」（『戦後改革』1所収）や『日本帝国主義史1』の「終章」ではなく、先生の研究の出発点になった『日本地方財行政史序説』である。ここには、生涯をかけて先生が追究した、階級闘争と地方自治の関連の動態的把握を通じて日本資本主義の段階性を考える方法が早くも設定されていた。動態的把握にもとづく構造史分析、これが大石先生のめざすところだったと私は理解している。『序説』はこの方法にもとづく成果がもっとも明瞭に発揮された著作であり、五加村研究会以降、大石先生が公共性に関心をもった際にも、この方法が前提にあったと思われる。

動態的把握にもとづく構造史分析、言うはやすく行うのは難しい研究である。大石先生の言葉を思い出すたびに、私は自分なりの「大きな視点」とは何なのかを考えさせられる。残念ながら私はまだ十分な「大きな視点」を提示できていないが、「大石スクール」から学んだことをいかすとすれば、それは個別実証をふまえながら、自分なりの動態的把握にもとづく全体史を提示することなのだと思っている。

五加村研究会から学んだこと

筒井　正夫
（滋賀大学経済学部）

私は、大石嘉一郎先生がリーダーとなって一九七九年から約十年間にわたって続けられた長野県埴科郡五加村の共同研究と、その後の近代日本都市史研究の共同研究に参加させていただき、この間長きにわたって大石先生はもちろん、共同研究の諸先輩にも一方ならぬお世話になった。ここに改めて感謝の意を申し述べたい。ここでは、私が修士課程二年の頃から、最年少で参加させていただいた五加村研究会から学んだことを、特に大石先生の学問方法に関わらせて述べてみたい。

大石先生の学問的方法論の特徴は、一つには、基本的には講座派に与する構造論的視点に基軸を据えながら、労農派―宇野派の提起する発展段階論的視点を巧みに組み入れて、構造的かつ段階的な日本資本主義発達史像を構築されんとしたところにあり、いま一つは、唯物史観に則りながらも、単純に下部構造＝経済構造分析から政治構造分析を直結させるのではなく、そこに行財政分析を媒介項として組み入れることによって、直接階級闘争となって現れる政治分野以外にも、行財政に関わる様々な分野を幅広く捉えることができる方法を提示されたことにあるように思われる。周知のようにこの方法は、先生の主著である『日本地方財行政史序説』のなかにいかんなく発揮されて、発展段階を異にする経済的地帯構造と階級構造、県行財政をめぐる諸対抗が明らかにされ、政治過程における自由民権運動の地方自治要求や政府との対抗過程、さらにその地域的差異、寄生地主制と町村制との関連、その地域的定着度合いの段階差などが解明されたのである。

五加村研究においても如上の方法が踏襲され、日本資本主義の各発展段階ごとに五加村の経済—行財政—政治の各分野の分析が行われたのである。私は、日清戦争前後の行財政と政治部門を担当したが、そこでも、村民の税負担構造の分析や村会議員層の階層規定等には、経済過程における「戸数割調査簿」を用いた村民各戸の所得階層分析が大きな力を発揮して、改めてこの三層構造分析の意義を痛感したことは言うまでもない。

だが五加村の史料に内在して分析を進めていくと、さらに重要な分析視角に気付かされた。それは、一八八九年に施行された町村制によって造成された行政村の具体的な運営方法についてである。例えば、村財政の運営方針に関する村会議員たちの議論が、日清戦前のいわゆる初期議会期では、経費節減・負担軽減・民力休養的な消極路線であったものが、日清戦後には小学校運営、衛生、土木、消防等にわたって明確に積極財政主義に転換していくとともに、各村落割拠的な各行政施行や租税負担方式から行政村全般を基準とした共通の行財政施行のあり方に取って代わられていくことが、明瞭に把握されたことである。また経済発展に即応して成長した地方銀行からの長期・短期の融資が、特に積極財政に移行してからの行政村の円滑な運営を金融面から支える上で大きな役割を果たしていることも見て取れた。

さらに町村制で定められた町村長等の名誉職制や等級選挙制についても、その設置理念と現実の施行過程やその果たす機能には乖離があることがはっきり認識された点である。名誉職制については石川一三夫氏によって明らかにされていた、地主を町村長や助役に就けるための原則無給という町村制の理念と報酬付与という現実との乖離、さらに町村吏員の辞退者の続出といった現実が、五加村でも初期議会期に多く見られた。そしてそのことは、行政村が税負担増を伴って繰り出す教育・土木その他の事業を公的事業として積極的に担うことを、村民が名誉なこととして受け入れていないことの反映であり、さらにこの時期の激しい村落間対立のなかでそれを取りまとめる行政村の役職には進んで就きたくないという行政村の村落割拠的構造に起因していることが明らかとなった。

しかもその村落間対立は、合併された行政村規模で等級選挙を実施した結果、村落規模の不均衡がそのまま選出議員数の不均衡となって現れてしまうことで一層増幅して現れることとなった。等級選挙において何よりも重視されている投票基準は、一級・二級という等級による階層的利害よりも、自村落出身議員の当選を何より優先するという村落利害であったことも明瞭となった。

このように、経済―行財政―政治過程の構造分析を基軸としつつも、なお制度（ここでは町村制という地方制度）の具体的運営方法とその機能分析が、生きた現実社会を分析する上で必要な要件であることに気付かされたのである。

この構造分析と機能分析の統一の必要性ということこそは、五加村研究に参加させていただいた当時私が学ばせていただいた方法的自覚である。現在ではさらに、経済過程の考察に自然環境との関係如何の分析を組み込むことの重要性を痛感している。その場合とくに村落では、川や山の共同利用と保全のあり方、さらに洪水や災害時の復旧のあり方を村落あるいはより広域に連携する地域でどのように行っていたのかという社会構造の解明が不可欠となる。日本の村落は、利水、入会山利用の点では常に共同の利害を維持する必要に迫られる一方、一旦洪水や旱り、地租改正等による入会山野の境界再編等の事態になれば、激しい村落間対立を惹起する。その対立は、政治信条上の対立や階級利害を飲み込んで村落一致を強制し、村落間の激しい衝突を助長する。それはどのように調整されるのか。そして災害復旧時には、一転してそうした複雑な対立を乗り越えた階級間・村落間の相互協力と協調が求められる。複数の村落で構成される行政村の運営にもこうした日常の村落間・階級間の対立と連携の社会的力学が反映されていたはずであり、行政村を今度はこうした村落側の社会構造と運営のあり方から分析してみたい。またこうした課題に応えることが、大石先生の学恩に少しでも応える道につながっていくものと考えている。

先生の真摯なお姿に学ぶ

坂本　忠次
（関西福祉大学教授）

日頃敬愛していた大石嘉一郎先生が亡くなられた。私が先生に初めてお会いしたのは、確かかつての土地制度史学会の大会の懇親会の席ではなかったかと思う。この時すでに大石先生の名著の一つ『日本地方財行政史序説』などには目を通しており少なからず関心を抱いていた。土地制度史学会は、入会も比較的自由で、しかもアカデミックな学会の一つであり比較的早くから入会していた。法政大学の宇佐美誠次郎教授の大学院ゼミの先輩であった故佐藤昌一郎氏を通じて先生に紹介していただいた。佐藤氏は、福島大学で大石先生のもとで松方財政について研究、その後法政大学で沖縄の軍事財政や、官営八幡製鉄所の研究で地道な研究業績をいくつか残されたが、病に倒れ惜しくも早く他界された。

私は、当初日本の財政金融史を専攻、その後郷里の岡山大学に職を得てからは地方自治財政・地域開発の現状分析や特に地方財政史には強い関心を持ち瀬戸内や岡山地方を中心に地域調査も始めていたが、一〇年余り過ぎて、私にも大学の内地研究の機会が与えられた。この時も佐藤氏のすすめで東京大学社会科学研究所の大石先生の研究室でご指導を受けることとなった。後でわかったことだが、かつての指導教授の宇佐美教授がわざわざ大石先生に電話して私のことを頼んで下さっていたのだった。

大石先生とは学問のことだけでなく、折にふれ先生のお好きなお酒のお付き合いもさせていただいたが、何かの話し合いの折、東京での先生を中心とした研究グループで日本地主制の共同研究をされており、関西のどこかに地主の資料が残っていないかと先生から聞かれたことがある。内地研究から岡山に帰って後、朝鮮通信使などで知られた元牛窓町（現瀬戸内市）の役場資料などを学生と調査していたが、偶然西服部家（服部大本家、当時の当主は故服部和一郎氏）に膨大な地主資料が残されているとの情報を東服部家の社長から教えて貰った。東京での大石先生からの話を思い出し、先生に電話したら早速東大社研の西田美昭助教授（当時）らと予備調査に来られ、資料のほぼ完全な残存の様子が明らかとなった。当主の和一郎氏は、儒学の教えどおり文書の保存を大事にされる方でもあり心よく調査に応じてくださった。また、明治末大正期から先代当主の志を継いで早くから養老院の福祉事業などもされる大地主には珍しい一面も持っておられた方であり、そのことがわれわれの研究には幸いした。

岡山大学の日本経済史専攻の神立春樹教授と相談、当時清心高校教諭で早くから地主制研究を始めていた森元辰昭氏やそのグループにも呼びかけ地元研究者を動員、これに東京の大石先生や社研の西田氏をはじめとする研究グループのメンバー、東京大学経済学部で日本経済史専攻の石井寛治教授や、文学部日本史の高村直助教授（当時）、一橋大学の地主制研究で知られた中村政則教授、北海道大学、東京水産大学、神戸大学、岡山大学の研究者など——名前を一人ひとり挙げられないことをお許しいただきたいが——大石先生のもとで東京・岡山の多くの研究者の参加を得て共同研究が進められ一冊の書物にまとめられた。

このことは、地方財政研究者の私にはもちろん、森元氏や地元の若い研究者にも多くの刺激となったことと思う。その後本家当主服部和一郎氏から東服部家（当主服部完二氏）も紹介いただき、同家の資料整理はさせて貰ったが、こちらの方の研究は未だに進んでいない。

先生からはその後も、日本地方自治学会、日本地方財政学会、さらにかつての自由民権百周年記念集会の席などを通じ多くのご指導をいただいた。日本地方財政学会の大会で、市町村合併の財政史研究の報告をしたとき、日頃学会にはあまり顔を見せられない先生がわざわざ学会に出席されて質問と厳しいコメントをいただいたこともある。先生の明治「市制町村制」成立期と行政村のご研究は、「平成の大合併」後においても旧村の地域自治の財行政のあり方など歴史的教訓として今日にも大きく生きている。いま私は明治地方財政史を老骨に鞭打ってまとめかけているが、完成できたとしても先生にお見せしコメントをいただくことができないことが誠に残念である。ご晩年には、『日本資本主義百年の歩み』やその後の『近代日本地方自治の歩み』の刊行など病魔にもめげず学問とご著作にさいごまで燃やされた先生の厚い情念には本当に敬服し頭が下がる思いがする。

思い出の一端を記したが、先生の日頃の学問への真摯なご態度に学びつつ、今はただ先生の安らかなご冥福をお祈りするのみである。

地方の研究者への眼差し

神立　春樹
（岡山大学名誉教授）

大石嘉一郎先生を中心とする産業革命研究会に先立ち、山口和雄先生のもとに研究会が結成された。修士一年のときに山口先生の授業に出ていた私にも参加の呼びかけがあったが、修士二年秋から肺結核療養生活にあり、参加を断念せざるを得なかった。間もなく福島大学から東京大学に転じられた大石嘉一郎先生のもとでの産業革命研究会にも同様の理由で私は加われなかった。学会大会にも出られず、東京在学中は、交流はもてなかった。

やがて小康を得て、岡山大学教員となった。県統計書による地域状況把握、坂本忠次氏などとの役場資料調査、地理学教室の巡検参加などにより地域史研究を始めていた。そのような折、一九七六年に始まった大石嘉一郎グループの岡山地主制研究に地元から参加した。そこには、大学外にある研究者、研究を志す人々も多く参加した。折から岡山大学に設置された大学院経済学研究科生、学部ゼミ生も参加した。これを契機に、これらの人が参加する岡山大学日本経済史研究会を結成した。これは岡山近代史研究会として現在に至っており、岡山における近代史研究の一つの拠点となっている。

岡山地主制研究の成果は、大石嘉一郎編『近代日本における地主経営の展開』となったが、私も二箇所を執筆した。やがて、それを包摂した『近代岡山県地域の都市と農村』を、この共同研究参加を契機に結成した研究会監修「岡山近代史研究叢書」（御茶の水書房）の第一輯とした。この叢書はその後も続き、このたびその第三輯として森元辰昭著『近代日本における地主・農民経営』が刊行されたが、この書のあとがきで、森元氏は、大石研究グループに参加できたことが研究面での大きな転機となった、と記されている。岡山在地者はそれまでも各自が取り組んでいたが、この大石グループ研究が研究者結合の大きな契機となり、岡山における近代社会経済史研究は大きく拡がり、深まった。

そのなかで、岡山在地の研究を志す者が感銘したのは大石嘉一郎先生の学識の豊かさである。そして、地方の「在野」の研究者を大切にする眼差し、伸びる芽を伸ばそうという大家の姿勢には大きな励ましを受けた。「福島の頃は良かった」とお酒が入ったとき幾度か呟かれたが、それは、その当時置かれた立場・役職から、個別研究を執拗に追うことができ難い状況の言わせることであったと思われる。若き日の福島時代の研究成果をもって学界に登場されたが、その体験が地方における研究の尊重と地方在住研究者に対する暖かい眼差しの一因となっているものと思われる。それはまた、東京大学における大学院生の指導などにおけるものともなったであろう。多くの人物が育つことを導き助けるまさしく師であった。

著作は研究集団の纏め役の立場から編著書の総論的論文の類が多くなっていたが、病床にあってさらにいくつかの単著をあらわされ、研究者として全うされたのである。

研究者として鍛えられる

森元　辰昭
（岡山近代史研究会会長）

『地方史研究の可能性――神立春樹研究室の研究活動』（森元・葛西大和共編）を寄贈させていただいたが、折り返し「中野美智子さん、奥須磨子さん、在間宣久さんなど、懐しい方々を想い起こしました。想えば『近代日本における地主経営の展開』を公刊してから、約二十年経つのですね。あの節には史料の整理から執筆まで、いろいろとお世話になりました（中略）。私の病状は相変わらずで、寝たり起きたりの半病人生活を続けていますが、起きている時はできるだけ原稿を書くようにしています。現在、日本資本主義史の通史を執筆しているところです」という丁寧な返書をいただいた（二〇〇四年六月三日付）。同封の日本経済評論社『評論』第一四〇号「わたくしにとっての同時代史」に大石嘉一郎先生の研究活動が簡潔に記されており、西服部家の調査についても書かれていた。

一九七六年一一月三日から一〇年に及ぶ「西服部家」の共同研究が始まったが、その代表が大石嘉一郎先生であった。その成果は上記の『近代日本における地主経営の展開』として公刊されたが、この共同研究によって私は研究者として鍛えられることになった。西服部家及び分家東服部家文書の目録作成作業などを通して、地主経営の全体像解明の方法や、地主制史研究の課題について学ぶ契機ともなった。さらに神立春樹先生が、この共同研究を機会に「岡山大学日本経済史研究会」（現岡山近代史研究会）を組織し、不勉強な私に勉学の場所を与えて下さった。共同研究は、大石先生・西田美昭・中村政則・高村直助・石井寛治諸先生、地元の坂本忠次・神立春樹先生と私のほか総勢一四人の執筆陣となった。大石先生も久し振りの現地調査であったのでしょう、リラックスされていたと思います。私は、土地経営と朝鮮経営について分担執筆したが、原稿締切りの一九八四年は『清心学園百年史』の執筆とも重なり、大変ハードな年となった。

共同研究終了後、一九九五年五月二一日に社会経済史学会全国大会（東京大学）では、大石先生は「森元君が発表するから」とわざわざ参加され、つたない発表に耳を傾けて下さった。この時が直接お話した最後となった。

昨年のご葬儀には参列はかなわなかったが、今年四月三日の「大石嘉一郎先生を偲ぶ会」に参加させていただき、石井寛治先生はじめ諸先生方から大石先生の学問的業績についてお聞きし、その偉大さを再認識した。若かりし頃、大石先生はじめとする諸先生方のもとで共同研究に参加させていただき、鍛えられたこと、この時の成果を含め今年五月末に『近代日本における地主・農民経営――岡山県の事例』を出版することができたが、生前に読んでいただくことはできなかった。折に触れ励ましていただいたにもかかわらず、一書にすることが遅れてしまった。今は、先生に感謝しご冥福をお祈りするばかりである。

Virgoの総領

田中　愼一
（東京大学経済学部一九七〇年卒）

先生とは不思議な縁だった。大石演習に参加したのは遅く博士課程であった。身の程知らずゆえD2で夫、D3で父となり、必死となって社研助手を志願、応募一五名中、面接に五人残り、採用は三名、辛うじて運に恵まれた。学説に通暁した高儒なる指導教授として畏敬する大先生の研究室に恐懼しつつも親しく出入りを許された。その或る日、「藤田五郎は研究と猥談しかしなかった」と述懐された後、ぽつり「学問の鬼だった」と痛哭された。先生二五歳の折、藤田氏最期の二カ月の痛恨事を回想されたのであろうか。その思い出深い声は詠嘆のように聴こえたものである。先生晩年の苦闘を伝え聞くにつけ、あの話を想起し粛然たらざるをえなかった。先生が苦難の只中にあってなお天職を全うされたことは祝福されましょう。それ程の先生に師事しえたことを喜びと致します。高橋幸八郎先生を心底敬愛された大石先生の人間味溢れ品格ある応接に人世の情を教わることもあった。絵になる人、を見たのであった。

一転無職となった私に先生が書いて下さった北大への推薦状のことを、長岡新吉教授が私の奮起を促されてか、何度も話された。そのたびに大石先生を想って私は頭が下がった。誉め上手の先生から再三励まされ嬉しかったが、先生の育英になる俊秀の輪に列せんとしてかなわず、忘恩の徒の如く、先生の不興を買っていても致し方なかった。そうした焦燥感も漸次諦観に移ろいつつあった頃、或る学者の評価を伺った際、先生にもアキレス腱を見る思いがした。

そのあたりから一個の学究として先生に距離を保てるようになったが、そのことは小子後生なれど私の緊縛的な農奴根性をすてた独立自尊のために有難かった。御高齢なりの狷介孤高を感じたが、良き広大無辺さを保っておられた。

古風な日本人として先生が芸を持っておられたのは流石である。前島での嘉宴で見事に演じられた。日中は服部大本家での威厳ある立ち振る舞い、当夜寸時の君子豹変に拍手喝采したものである。共同体に奉仕すべく誠心誠意発揚された先生のガイストに敬意を表する。あの一八番の源流は東北地方に伝わる「こっから舞」であろう。元始より人みな「ここから」生じた訳で、品の良しあしを超えた小宇宙に属する事である。かの母マリヤへの聖霊もそこに由来する。縄文以来山の神を喜悦させんと献身するのが我が伝統ゆえ、先生の本源的な東北人としての真骨頂を垣間見たような気がした。かつて一度鑑賞させてもらった先生の嘉きディレッタント芸道を振り返り、そこに脈打つ先生の若々しい情熱を思い浮かべ今なお破顔一涙することがある。拙宅でチャップリン映画談を拝聴したこともあった。

Virgoの清らかな星のもと、育ちの良い旧家の御曹司に生をうけられ、公私両面で堂々たる総領として重責を美事に成し遂げられて行き、類い稀な嘉誉に達せられた大石先生の心意気に、たびたび純なる心情を見て来た私は東京逗留一三年の若き日の後半に先生の大恩に浴した者である。その僥倖に感謝して限りがないほどである。

（一九四七年、鳥取市生まれ。七五年四月～七八三月、社研助手。七九年、札幌に赴任。現在、北海道大学教授）

大石嘉一郎先生の思い出

松村　敏
（神奈川大学教授）

大石先生と最初にお会いしたのは、一九八四年度に私が東大農経の大学院博士課程から同大学社会科学研究所の助手に採用される時であった。私の助手応募論文は、明治後期を中心とした長野県小県郡の蚕種業の分析であった。採用試験の口頭試問の際に、大石先生には私の応募論文について「大変興味深く読みました」と評価していただき、山崎広明・西田美昭先生らとともにいろいろ立ち入った質問をされ、私が返答に窮すると助け舟を出していただいたことなどを昨日のことのように覚えている。まだ駆け出しの大学院生であった私にとっては、研究対象の蚕種業の構造や業態は、思いのほか複雑で多様と感じられ、個別経営史料の収集や蚕種業者の子孫の方々からの聞き取りに精力を注ぎ、あれこれと推測をふくらませていた。大石先生が、近世以来蚕種業が高度に発達した福島県のご出身で、また一九五〇年代に同県伏黒村蚕種業の共同研究に参加され、その成果である『養蚕業の発達と地主制』にも論文を執筆されていることなどはもちろん私も承知していたが、ご実家が醸造業などを営む旧家で、福島大学時代には家業も継承されていたとはその時は存じあげなかった。しかし私がまもなく社研の助手に採用された時、大石先生が私の論文のことにふれて、「自分の福島県保原町の実家では以前はいろいろと商売をやっており、蚕種も売っていたよ」といわれ、大いに面食らってしまった。史料から浮かび上がってくる蚕種商人の性格などをあれこれと論じた私の論文を審査された大石先生ご自身が蚕種商のご出身であることを知って、私はすっかり小さくなってしまったのである。

その後、私は自分の興味関心が向くままに研究対象を拡散させ、農業・農村分析そのものからやや遠ざかっていったが、二〇〇〇年になって、大石先生が一九九〇年代前半以来主宰してこられた近代都市構造史研究会に参加させていただくようになり、再び大石先生に間近でご指導を受けられる機会が訪れた。私の担当は旧城下町金沢の分析であったが、都市社会を分析するということは、他方で農村社会にも思いをめぐらせることでもあることを大石先生の折々のさまざまなお話やお仕事から教わったように思う。大石先生のご指導のもとにこの研究会が都市社会分析の軸とした地方自治・地方財政という領域は、それまでの研究が産業史の域を出なかった私にとっては未経験の分野ではあったが、それはほとんど地域社会研究そのものであることに私はその時まで十分気付いていなかった。それがこの研究会への参加によって大石先生たちから教わった大きな収穫の一つであると思っている。

またこの時、大石先生はすでに七十歳を越えておられたが、先生は、金沢についての具体的な史実の細かいところまではご存じないはずなのに、私の疑問に対して、ご自身のこれまでのさまざまなお仕事で蓄積した膨大な知識を動員して、合理的な推論をしてゆくそのお姿にも感銘した。私など、勉強した端からどんどん忘れていってしまうのに対し、優れた研究者とは、外見上はお年を召されても知的にはまったく衰えない人のことをいうのか、という思いがしたものである。

この都市構造史研究会の際に、大石先生にもう一つ驚かされたことがあった。久々に先生らと酒杯を傾けた折に、先生が年齢的にうんと違う私の生年生月を正確に知っておられることに気付いたのである。それは、かつて私が社研の助手に応募した時、書類をみて、先生のご長男さんと同じ生年生月だったのでよく覚えていたということであった。しかも、学部時代、学年が違ったので面識はなかったが、先生のご長男さんと私はまったく同じ学部学科だったのである。ということは、先生は私と最初に接して以来、ずっと私を息子と同じような感覚で見ておられたに違いないということである。私はまたもや小さくなってしまった。

8 土地制度史学会

大石さんとの交遊

保志　恂
（東京農業大学名誉教授）

大石さんには知り合ってから厚遇を得、いろいろお世話になった。これにはお互いの酒好きということもあるが、同郷の誼みということもあったろう。福島県といえば、自由民権運動と会津白虎隊がある。大石さんは、前者とかかわり、醸造業、「豪農」の旧家である。私は後者とかかわる。保志という姓は、旧会津藩主保科と縁がある。福島大学で学会大会が持たれたとき、近在に「仏壇の保志」という看板が目立ち、大石さんは嬉しそうに話題にしていた。むかし御殿医だったという我が家との関係は不明であるが。愛郷心の強かった大石さん、今は故郷の土に静かに眠っておられるだろう。

大石さんについては我が家に語り草がある。大石さんが酔って拙宅に泊ってゆかれたことがあるが、娘達とも顔を合わせることになった。後日娘達の感想は「ああいうお父さんだったらよかったのに」。これには私もがっくりだった。好男子ということもあるが、酔って騒いで泊まってしまった家の娘達に好感をもたれるとは。大石さんとの酒席はともかく楽しい。無邪気に善意をもって人に接し、思いやりの優しい心を見せる。列席する者も安心して自分を曝け出せるのである。

大石さんは三年先輩であったが、ほぼ同一世代として似た様な生き様があり、共感があった。私達は旧制の学制最後の世代だった。

大石さんは中学四年修了、二高、剣道部寮生活。私は四修、静高、一般寮生活。自由自治の生活のなかで、やや野放図な気性が育てられた。八・一五直後には、戦犯教師追放運動など、アナーキーの空気があり、よく飲みよく遊び、若干社会科学入門的な勉強もした。

東大経済学部を志望した動機も同じだった。山田盛太郎『日本資本主義分析』に憬れてだった。山田先生の東大教授復職は、時代を象徴する事件だった。社会科学への信頼感もあり、日本の未来をそこに尋ねたかった。だが山田ゼミには入らなかった。大石さんは大内力先生のゼミで、農業問題をやりたかったという理由は確かであろうが、謹厳にして酒どころではない山田先生を敬遠したのでは。私のばあいには明らかに噂に聞く山田ゼミの厳しさに恐れをなし、未だ若く、兄事出来る日本経済史、安藤良雄先生のゼミに入れていただいた。

大学時代は逆コース時代、私の卒業時は、朝鮮戦争で、レッド・パージの嵐が吹き荒れていた。二人共、大学卒業後地方での実証的な研究から出発する。事実の積み重ねの中に真実を求めるという姿勢は生産的であったが。大石さんは郷里の福島大学で日本近代史研究、私は北海道立農業研究所で農業問題研究と、学生時代とテーマは入れ替わっているが、相互に関心はあり、共通の話題たり得た。

一九六三年、大石さんは東大社会科学研究所に招かれ、私は農林省農業総合研究所に移り、共に上京し、学会事務局ではじめて顔を合せ親しくなった。

東京での研究には一つの飛躍が要求される。切磋琢磨する研究集団も欠かせない。大石さんは山田先生指導下の土地制度史学会を選んで、事務局長の労も惜しまなかった。私も北海道時代山田先生の指導を得る機会があり知遇を得、上京して同学会、関連研究会に参加し、学会幹事も務めることになった。大石さんは醸造業経営主としての才腕も生かして学会の経理の整理、円滑なる運営のために力を尽くされた。学会役員会の終わったあと、事務局の若手を引きつれての酒席は楽しかったが、時に二次会、三次会と本郷界隈をほっつき歩いたりしたことには私の責任もかなりあり、悔いも残る。

大石さんの推薦に感謝しているのは、一九六七年大会農業部門の共通論題の報告者に選ばれ「地代範疇と土地国有論」を論じたことである。大石さんの懐の深さには感銘を受けた。大石さんは七〇年代「戦後改革と日本資本主義の構造変化――その連続説と断絶説」「農地改革の歴史的意義」などの論文で戦後改革の位置づけに取り組まれた。戦後改革を画期とする日本資本主義の変化について、国家独占資本主義体制の発展成熟という連続面に本質をみる大内力説と構造的特質の変化という断絶面に本質をみる山田盛太郎説について、この対立をたんなる対立に終わらせることなく、正確な事実の認識の上に、両見解の統一をはかる必要があると問題提起された。「資本主義論争」においては、政治との絡みもあり、正統と異端という排除の論理が先行していたのに対し、超克して統一という総合的止揚の論理を打出したことは評価されよう。これは学会運営において理事選挙制など民主的改革を推進されたのと同じ精神であろう。科学の世界では「真理は少数派から」が保証される必要があろう。またこれらの論文は、歴史的方法と理論的方法との突き合せの上に、論点を掘り下げる契機ともなった。ただし、どう統一するかということになると、継続説寄りの大石さんと、断絶説寄りの私とで意見の違いがあったが、一緒に飲む酒が不味くなることはなかった。

二〇〇三年「土地制度史学会五〇年史」をまとめるため、いろいろ疑問の箇所について伺うべく、石井寛治さんと共に御自宅を訪問した。この時期、筆談によるしかなかったが淡々と明晰な応答であり、後日さらに文書で答えて下さった。また折柄『日本資本主義百年の歩み』の校閲をしておられ、病いに打克っての努力の様子は感動的だった。私は胸を突かれる思いで動揺していた。お宅を辞去する際玄関先で靴がうまく履けずによろけてしまった。玄関まで送りに出て下さっていた大石さんは、心なしかにこりと微笑んだ。「しっかりしろよ」と逆に励まされた感じだった。最後まで大石さんには兄貴分としての優位を保たれてしまった。真似できそうにない美事な終りの日々である。

大石先輩、お願いします

島崎　美代子
（東京大学経済学部一九五三年卒、日本福祉大学元教授、
現在・同大学福祉社会開発研究所客員研究所員）

「お見舞いに行きましょうか、意識ははっきりしているそうよ」と、西川純子さんと話し合っていたその矢先に、訃報を聞きました。残念でなりません。

大石先輩――年齢は私の方が一年ほど上だと思いますが――は、旧「土地制度史学会」事務局で苦労した仲間でした。何年前になるでしょうか、岡田与好氏が総会のときに、恐る恐る「この会計は問題があるのではないでしょうか？　学会の赤字を他の研究費で補塡するのではなく、収支決算をはっきりして会費値上げを考えるのが、よいと思いますが！」と、発言されました。それをきっかけとして、当時の事務局理事であった大石さんに、私が手伝って、学会の会計整理を始めることになりました。私は会計整理は苦手なのですが、山田盛太郎理事代表からも声をかけられたので、仕方が無い、お手伝いすることにしました。大変な作業でした。毎日、夕方五時に東大社会科学研究所の大石研究室へ日参し、収支計算書を作成するための作業を行いました。会計簿の整理だけではありません。学会誌の在庫、寄贈された文献、その他の「資産」確定をはじめとして、毎晩一〇時ころまで、作業が続きました。約二週間かかったと記憶しています。毎夕、夜ご飯の支度をしてから、四時ころに家を出て帰宅は一一時頃という毎日でした

が、島崎は文句を言うことはありませんでした。ぼそっと、「土地制度のことなら、仕方が無い」と一回だけ、言ったのをよこ耳に聞きましたが……。

その結果、いまの会計報告の形式が始まったのでした。山田先生はひとこと、「これはいい」とおっしゃったので、私はほっと安心しました。

この間の大石先輩の徹底した作業ぶりと整理の確かさには感服させられました。私は言いつけを実行するだけでしたが、大石先輩は一冊も見逃さず、一行もとばさずに、ひとつひとつ、確かめる作業を進めました。その間は一言も無駄な言葉はなく、あの豪快な笑い声をきくこともありませんでした。大きな組織が長年をへて、大改革の必要にぶつかったときには、何時も、あの大石先輩の姿を、まざまざと思い出します。もちろん、研究会でも多くの討論、報告、批判的発言などから、大きな影響を受けたことを省くわけにはいきません。でも、大石先輩というと、何よりも、〝つまらないことでも、必要なことは徹底的に、黙って実行する〟意思と行動力とを教わったことが、まず一番に頭に浮かぶのです。

大石さんにもう会うことができません、と悲しむことは止めましょう。「千の風になって……」、研究会、その後の本郷三丁目の地下酒場での話のやりとり、もさることながら、あの〝必要な作業〟への集中力・作業実施の意思を、私に思い出させてください、お願いします。

土地制度史学会を通じて

石井　啓雄
（旧）土地制度史学会幹事・理事、元農林省農地課・駒澤大学勤務）

亡き大石先生にお知りあいをいただいてから、四〇年とはいわないまでも、すでに三〇年以上の歳月を経ている。「偲ぶ会」でいただいた先生の御略歴によれば、一九六三年という年は先生が福島大学から東大社研に移られた年であるが、この年は私にとっては、土地制度史学会に後記するような経緯でかかわりをもつようになった年であり、それから日ならずして大石先生のお顔とお名前を私は知ったのだから。

その後しばらくして先生が福島大から来られたと知った時、私は、東大経済学部を出た親友から「やむなく家業のため福島に帰りながら学問も続けられた立派な人」と聞いていたのはこの方だったのかと思ったことだった。

一九六三年、私は当時勤めていた農林省の統計調査部から農地局農地課調査班という部署に配置換えをして貰い、以後転職までの一五年間そこにいることができた。そこは例えば『農地改革顛末概要』や『農地制度資料集成』の編纂《さん》などを所管した組織で、農地問題に関する調査・研究を担当し、私の転属当時の担当調査官は五十棲藤吾氏、調査班長は中江淳一氏であった。そしてそこはまた農林省内で山田盛太郎先生や細貝大次郎先生が日常的においでになれるところでもあった。その年の夏に山田先生のお供で中江班長と一緒に兵庫県下に調査に行ったのを契機に、私は秋の学会で報告するよう仕向けられ、そして幹事まで仰せつかったのであった。

以来私は決して学会の会議について出席良好でも、学会の仕事（たとえば学会誌の校正など）をきちんとしたわけでもないのに、定年までずるずると土地制度史学会の幹事から理事まで続けさせていただいたのであったが、ご上京、東大助教授ご就任後、たぶんほどなくして同学会の理事になられた大石先生は、会議に私が出席した時には、ヨーロッパご留学中を除いて、ほとんど必ず出席しておられた。

学会の理事代表に就任された大石先生の、会議の裁き方は美事なものであった。意見を言いたい者には全部発言させ、しかし無駄なお喋りはさせず、然るべきタイミングで全体をまとめる手腕に私は一再ならず感心したものだった。いつ頃からか、先生はご著書をご恵与下さり、私も拙い論文の抜刷りなどをお送りするような間柄にはなったが、今にして思えば残念なことに、私は先生をまじえて二〜三人で赤暖簾をくぐるというようなことをした思い出がない。そういう意味では先生との縁は細かったのかもしれない。しかしおつきあいいただいた期間は長かった。春と秋の学会の研究会と大会の後の懇親会の場や、大会が地方で行なわれた際の宿舎のロビーなどで、また先生が農林省に来られた折などに、日本の社会と農業・農村の問題をめぐっていろいろお話をしあったことは多かった。いわば私事のお子さんのことについて伺ったこともある。お互いの癌についてお話ししあったこともある。とりわけ、農地改革における断絶と連続の問題、農村における自治と財政の問題、そして沖縄の復帰に伴う農地法適用と米軍事基地の土地問題、とくにその耕作問題、日本の畜産と土地の関係の問題などについて、教示をうけ、またお話ししあったことなどが懐しく思い出される。

大石嘉一郎さんを悼む

原　朗
（東京大学名誉教授）

私にとっての大石さんは、何よりもまず土地制度史学会事務局の総大将としての大石さんだった。はじめてお目にかかったのも、私が一九六七年に土地制度史学会の幹事を命ぜられ、理事会に陪席した際のことである。数えてみるとそのとき大石さんは四〇歳、私は一回り下の二八歳だった。大石さんの名を知ったのはそれより前、学生時代に「農民層分解の論理と形態」という論文を読んで感心したときで、大学院に入って安良城盛昭ゼミで古島敏雄編『日本地主制史研究』を読んだ際には『土地制度史学』第六号に載った大石さんの書評がたいへん力強い頼りになった。

一九六八年当時の学会は、山田盛太郎理事代表のもとに、総務理事の横山正彦、会計理事の安藤良雄の両先生がおられたが、日常の会務を処理していたのは保志恂さんと島崎美代子さんを中心に、総務担当の幹事の二瓶剛男さん、会計担当の幹事として私が参加し、事務局を統括するのが大石嘉一郎さんと岡田与好さん、というチーム編成だった。東大社会科学研究所の研究室で、また大会開催校の会場で、大石さんは常に先頭に立って指揮された。

その指揮ぶりはまことに見事なもので、とかくこまごまとした会務から理事会での議事の進行、会誌の編集、発行所との交渉にいたるまで、手さばきも鮮やかに颯爽と手腕を発揮された。私がまず指導を受けたのは学会の会計処理の方法である。大石さんは一九六四年に学会の会計に簡易複式簿記を導入し、幹事として会計報告をされ、一九六六年に理事となられてからも一九六八年まで報告を続け、翌一九六九年からは私が幹事として会計報告をするように命じられた。

学会の経理を明確にしたことは大石さんの大きな功績のひとつだが、学会に対する最大の功績は学会の改革を企画し、それを実現されたことであろう。まず、理事の選挙制や定年制の実施が大きな改革だった。大石さん自筆の役員選出方法改革の基本原則や組織運営改革案など、当時のさまざまな改革案の書類を前にして、あらためて感慨深いものがある。前年度役員全員が選挙人となり会員全員を被選挙人とする、いわば役員が役員を選出するというそれまでの方法では、「会員の全体の意志、とくに若い世代の会員の意志を学会運営に十分に反映できないのではないか、もしそうであるならば、学会それ自体のあり方にかかる重大な問題がふくまれることになる」という観点から、大石さんは「全会員直接選挙」の原則をまとめ、一九七〇年五月の理事・幹事合同会議をへて同年の総会で実現をみている。

それまでは主として秋季学術大会共通論題や春季総合研究会の内容などを検討する理事会の議事が終わると、そのまま編集会議に移っていくという、両者が未分化な状態だった。大石さんは一九七九年に理事代表になられたが、ここでも案を練られて、理事会から研究委員会と編集委員会を独立させ、幹事を廃して委員とし、研究委員会・編集委員会・事務局の三者に理事・委員が分担してあたるという、現在の学会の運営体制の基礎を築かれた。この改革は保志さんを初代編集委員長に、島崎さんを初代研究委員長として一九八二年から実施されたのである。

事務局委員として大石さんに仕えてみて、私は実に多くのことを教わった。昼間は普段の講義や会議などの仕事があるから、学会の仕事は夕方から夜にかかることが多い。大石さんは実に丹念に仕事をなさる。あり得るさまざまな事柄を想定して、その対策を十分に練る。そして決してあきらめない。一つひとつの仕事を仕上げるまで、どんな手順で難しい問題を解決するかの実地訓練を、夜更けの大石研究室の灯りの下で私は受けた。

問題を何とか解決できて研究室を出ると、大石さんの足は自然に酒亭に向かい、私も自然にお供する。学会の仕事から一時解放されて、話題も自然に学問そのものに向かう。「農民層分解の論理と形態」の話、自由民権、地方自治、日本資本主義、日本帝国主義。お酒の力も加わって、なんとも豪華な講義である。私は当時「学問そのもの」と「学問ニ関スル件」とを内心区別しており、自分が平生とかく「ニ関スル件」の方ばかりに時間をとられて終始することを苦にしていたので、いわば最大の「ニ関スル件」である学会事務が済んで「学問そのもの」に近付ける、大石さんとのこの時間は大事だった。

お酒がやや進まれると、大石さんは「そうだ、頑張れ」「よし、頑張れ」と私たちを激励されるのを常とした。ある時、夜更けてご自宅にお送りしたとき、背の高い大石さんを半分肩に背負って、やや上り勾配に感じる道を歩く間も、大石さんは頑張れ、頑張れと繰り返し言っておられたが、耳元で間近く聞くと、「がんばれ・大石・がんばれ」、「がんばれ・大石・がんばれ」、と聞こえることに、私ははっとした。それまで私は大石さんの「頑張れ」をわれわれ年下のものを激励する意味のものとばかり受け止めていたのだが、大石さんにとっては自分をも励ます意味だったのだ、とはじめて知ったのである。

大石さんが病の床に伏され、語り合うことはおろか、お目にかかることすらもずっとできなくなってしまっていた間、私は大石さんから一種の壮絶な気迫を受け取り続けていたように感ずる。峰々を越えて遥か前方に高く聳えている槍のように感じたこともある。

思い返せば大石さんにお近づきを得てから四十年もの歳月がたった。どっしりとした、石のように大きな人の大きさを、私はまだ受け止めかねている。はっきり感じられるのは、私の中の大石さんがどんどん大きくなり続けていることである。

大石さんは最後まで自分を励まして、あらたに二冊の著書をわれわれに贈ってくれた。われわれも大石さんの精神を受け継いで、一人ひとりの個性にあった最善の仕事をするように頑張り、大石さんの激励に応えなければならないと思う。

（二〇〇七年七月一九日）

大石嘉一郎先生の時代と遺稿

久保　新一
（関東学院大学教授）

正面中央に座る山田盛太郎理事代表に三歩下がって向き合い、左右に島崎美代子、保志恂の両先生をしたがえた大石嘉一郎先生を中心に議事が進むというのが、土地制度史学会・委員会の原風景である。その後高橋幸八郎理事代表を経て、大石理事代表時代に学会は最盛期を迎えた。この幸せな大石時代に、石井寛治研究委員長、権上さんと並んで研究副委員長を務めた。一時期社研の所長を兼務し多忙であったはずだが、会の運営はとどこおりなく、学問分野では、戦前・戦後日本資本主義の継続・断絶論争をしかけ、時として孤立しがちな理論・現状部門と経済史部門の橋渡しをされるなど、理論的感度の良さと高い管理統率能力を示された。

研究会や理事会終了後には決まって飲み会があった。もっとも、山田先生をはじめ下戸が主流の理論・現状組は、喫茶店でコーヒーということになるのだが、まれに大石組に合流して談論風発の輪に加わることもあった。「コーヒーを飲んで何が楽しい、何を話しているんだ」とからまれたりもした。しかし「一杯のコーヒーから理論の花咲くこと」も多かったのである。

一九九〇年代、ソ連・東欧社会主義の崩壊と構造不況によって、社会科学と学会は一転して激震に見舞われる。社会主義への移行と結節して理論を構築してきたマルクス経済学が動揺したことはいうまでもない。九八年の「論文審査問題」も、基底には冷戦体制と社会主義の評価をめぐる理論的亀裂があった。この問題の受け止め方と評価はさまざまであろうが、大転換期を何事も無くやり過ごしてしまうより、はるかに意味があったと考える。表面的には論文の形式上の問題であったが、内実は理論の行き詰まりとその突破口を求めての苦闘に他ならなかった。いまだ誰も明確な答えを出してはいないが、それぞれ問題を受け止め、生みの苦しみを続けているに違いない。

経済学は今大きな転換点に立つように思われる。近代は古典力学の応用として展開した工業をベースとする国民経済を基礎単位として形成・発展してきた。二一世紀は、量子力学の応用として展開する生命科学の論理に立脚する経済の時代への転換を迫られている。これまで資本による工業化を起動力として経済活動を進めてきたのだが、これからは自然と生命に適合する経済構造に転換せざるをえない。理由は二つ。一つは地球環境問題、もう一つはその帰結としての種絶滅の危機である。後者は人間の劣化・消滅の危機に直結している。

工業化は資本の下で効率化と画一化を極限まで推し進める。他方、生命の原理は多様性にあるから、過度の工業化（グローバル化と効率化）は、生命の原理と矛盾し後者を滅びに導く。生命の一環としての人間もその例外ではありえない。生命の多様性を保証するのは、土地の自然に適合した経済である。今や、人間は滅びたくなければ、自然と共生し循環する社会への転換を迫られている。この経済の基礎単位が地域経済であることはまたいうまでもない。

大石先生は遺稿（『近代日本地方自治の歩み』大月書店、二〇〇七年四月）で、工業化段階における地方自治とその歴史的意義についてまとめられた。今や、工業化段階の議論を超えて、次の理論的位相への旋回をせまられている。〇七年六月のドイツG８サミットが提起した二〇五〇年温暖化ガス（九〇年比）五〇％削減案は、旋回の緊急性と不可避性を示している。答えを出すには遠いこの難問への取り組みを、大石遺稿は、せまっているかにみえる。

改革者、大石嘉一郎先生を偲ぶ

権上　康男
（横浜商科大学教授、横浜国立大学名誉教授）

大石先生のお姿をはじめて目にしたのは、歴史学研究会の大会（一九六三年五月）であった。当時私は学部の四年で、誰がどのような報告をするのかも知らずに、いわば興味本位で大会会場にやってきたのである。階段教室に入ると、報告はすでに始まっていた。報告者は、一つひとつ言葉を選ぶように、丁寧に報告をされていた。会場入口でもらった資料には日本産業革命の編別構成と思われるものが細かくびっしりと書き込まれていた。こんなにたくさんのことを話せるのだろうかと、学生の身も省みず、いぶかりつつ聴いていた。報告終了の時間が近づいてもいっこうに本論に入る様子はなく、また急ぐ気配もうかがえなかった。終了まぎわになってようやく判明した——報告者は日本産業革命の「序論」部分を話していたのである。この報告者こそ、大石先生であった。

一九七〇年八月、レニングラード（現サンクトペテルブルグ）のホテルで、先生と親しく言葉を交わすことになった。この地で開かれた国際経済史会議で、私の師である高橋幸八郎先生と共同報告をするために、先生は日本からツアーを組んでやってこられた。私の方は、高橋先生のお奨めで、留学先のパリから現地に飛んだのである。具体的な内容は失念してしまったが、実にいろいろな話をしたように思う。五月の薫風のようにさわやかで、オープンで、押しつけがましいところがいささかもなく、故事に登場する「有徳の士」とは大石先生のような方を言うのかもしれない

——こんな印象をもってパリに戻ったことを記憶している。

あれから実に長きにわたり、ほとんどもっぱら土地制度史学会という研究と研究交流の場にかぎられてはいたが、すばらしい仲間たちとともに、先生の周辺で多くのことを経験させていただいた。今、振り返って、つくづく思うのは、自分がこれまで何とか研究をつづけてこられたのは先生のおかげではなかったか、ということである。

私が西洋経済史研究を志し、その修行に励んだ一九六〇年代後半から七〇年代にかけては、戦後日本の社会科学にとって大きな転換期であった。それまでの社会科学を支配していた広い意味におけるイデオロギー状況——そこでは、真実は一つであり、また一つでなければならず、それゆえ研究課題の選択にも自ずと制約があった——は次第にリアリティーを失いつつあった。それにともなって、戦後に堅固な土台が築かれた経済史研究、そしてこの経済史研究にとって大切な学会組織、土地制度史学会もまた、きしみ始めていた。そうした状況が背景にあったためか、大学院生時代の私は言い知れぬ息苦しさを感じていたし、フランスから帰国した後にはある種の居心地の悪さすら感じていた。そうした私にとって大きな心の支えになったのは大石先生の存在と行動であった。

土地制度史学会は当時、重大な岐路にさしかかっていたように思う。選択肢は二つあった。一つは、歴史的使命を終えたとして学会自体を解散する道である。実際、そうした道を選択することの意義を説かれる先生もおられた。いま一つは、学会を時代の進化に適応させる道である。大石先生は第二の道を選び、事務局長、次いで理事代表として、学会を時代の進化に適応させるために尽力され、制度とその運用の両面でこの課題を達成された。時代の本質的な問題をそのもっとも深い部分において捉え、常に正面から自らの存在をかけて格闘するという、今日の目で見れば「リゴリズム」と言ってもよいような学会の伝統と、変化する現実が求める「柔軟化」ないしは「自由化」の必要とを、先生は上手に按配しながら調和させ、学会を新しい環境のなかに軟着陸させたのである。これを可能にしたのは、先生のリベラルな精神、鋭く、かつ柔軟な感性、見事なバランス感覚、そして「徳」という言葉がぴったり当てはまるような独特の人柄であった。もしも、土地制度史学会が昔のままだったとするなら、あるいは土地制度史学会が解散していたとするなら、自分の研究生活はどうなっていたであろうか。こう考えると、先生は私にとって、土地制度史学会を再生させることによって刺激にみちた研究と研究交流の場を保障してくださった、まさしく恩人と言わねばならない。

最後に大石先生と比較的長めのお話をしたのは、先生が明治学院大学を退職される少し前であった。大学構内の一隅で、薄暮に浮かぶ先生の風貌は、若々しく、端整で、髪に白いものが多くなっていたことを別にすれば、あの歴史学研究会でのご報告当時と変わらなかった。最近、ブレンターノのすばらしい自伝の翻訳をいただいて読んだ。日本でこれに匹敵するような自伝を書くにふさわしい研究者は誰か、と思いをめぐらせば、真っ先に頭に浮かぶのは大石嘉一郎先生である。あのとき、ぜひ自伝を書いてくださいとお願いしなかったことが、今になって悔やまれる。

大石嘉一郎先生についての二つの思い出

永瀬　順弘
（桜美林大学教授）

私が大石嘉一郎先生のお名前を知るきっかけになったのは、先生が今から約四〇年前に書かれた「『世界史の基本法則の再検討』によせて──橡川論文を中心に」（『歴史学研究』第三一一号、一九六六年）でした。大石論文は橡川一朗「世界史像の再検討のための試論」（同、第三〇九号、一九六六年）を全面的に批判したもので、それは衝撃的なものでした。というのも、私は当時都立大学の学部生で、他学部の橡川先生の演習に参加し、『資本論』の「地代論」を原典で読むなかで大石先生の論文に接したからです。

大石先生の歯に衣を着せない批判は激越なもので、橡川論文は「ある意味では画期的な労作である。──わたくしは、橡川氏のこのみずからの専門分野をこえた大胆な問題提起に敬意を表するが、しかしその立論には、根底から疑念を抱かざるをえない」とし、「橡川氏は全く恣意的に『ドイツ型』を日本に輸入してはばからない」、「およそ歴史家に似つかわしくない非実証的な推論をしている」、（地代をめぐる）「橡川氏の労農派批判は講座派以下である」など、厳しい口調で橡川論文を批判されたのです。私は、ここに学問の厳しさの一端を垣間見たような思いがしました。大石先生の批判については、橡川先生からの反批判もあったとは思われますが、その後の論争を同誌上で目にすることができなかったのは残念です。

ところで、大石先生が批判の対象にされた橡川論文の「比較史的方法」が大塚久雄先生のそれと相通じるものがあったのかどうかは私にはわかりませんが、現役時代の大石先生の大塚史学に対するお考えや大塚先生との「論争」などについては、是非知りたいことの一つです。

もう一つの思い出は、一九七二年度秋季学術大会での共通論題「日本資本主義確立期における諸階級の編成」の中で、大石先生が「資本蓄積の諸形態に規定された労働力群の編成と農民の階層分化」を報告され、私が「労農同盟の展望」について質問した時の大石先生の答えでした。加藤幸三郎先生の「まとめ」（『土地制度史学』第五八号、一九七三年）では、「労農同盟も極めて難問であって、地主制確立と農民層分解をふまえての労働力群の編成の型が定置されたのが明治四〇年ごろで、以後変わらない。労働力群編成には分断性、重層性があるため、労働運動と農民運動との結びつきが困難で、両者を結びつけるためには、政治的意識的指導が必要であった、と答えられた」とありますが、この時大石先生が触れられた一言が、私の研究に大きな方向性を与えてくれたのでした。それは「この問題の研究にあたっては、隣接社会科学としての『社会政策』などとの協力関係が必要である」ということを付言されたことでした。私は、これを契機に社会政策学会に所属することとし今日に至っていますが、大石先生には、同学会で生きた労働問題や労働運動を学ぶ契機を与えていただいたことに感謝しております。

地域公共性論の継承

田代　洋一
（横浜国立大学国際社会科学研究科教授）

大石先生とは師弟関係にはないが、恩師の暉峻先生の同門であることや、土地制度史学会に属したことから、いろいろな局面で声をかけていただいた。公的には先生の主導で設けられた同学会の研究委員会の初代の副委員長と何代目かの委員長を務めさせていただいた。私は老けて見えるが実はまだ四〇代の若造で、偉い先生方のわがままを調整するのは骨が折れた。思いあまって深夜に大石先生に電話したりしたが、先生はいやがらずに親身に相談にのってくれ、思いがけないアイデアや人選をさずけてくれた。

先生に一度だけ心底嫌われたことがある。何かの酒の席で「天皇制社会主義もありえる」と口走ったら途端に先生の顔がくしゃくしゃと歪み、「君はそんな人間か」と吐き捨てられた。隣にいた暉峻先生も「白馬にまたがった天皇に戦争に行かされたのだぞ」と大石先生に同感された。戦後民主主義の権化達を挑発してやろうという気持ちが多少ないではなかったが、時代を大切にする人たちであることを再確認することになった。

追悼会のスピーチから、先生が多くの若手を指導していくつもの共同研究をものされつつ、個人研究との両立をみごとに果たされたことを改めて知らされた。暉峻先生は放牧主義でそれも今日のノマドの世界にはあっているし、私も世の片隅の一人親方の仕事しかできないが、一時代を築く研究教育者のあり方はかくあるべしとは思う。

最近は特定の共同研究に限定して大型予算がつくようだが、そういう自由競争的・機械制大工業的な「共同研究」はいかがなものか。遠くから見て先生の共同研究はマニュファクチャー段階ぐらいではないかと思うが、こと社会科学の共同研究は工場よりも工房くらいがいい。こういう面での先生の後継者を斯学のために心から期待したい。

一度は嫌われたにもかかわらず御著書はほとんど贈っていただいた。最後の『日本資本主義百年の歩み』には、農地改革関係について御病気がもたらしたであろう些細なミスがあった。第二次農地改革が強制買収ならぬ強制譲渡だったり、農地法制定が一九五二年でなく五〇年だったりしている。気分を害されるかも知れないと思いつつも、御礼かたがたそのことを申しあげたら、折り返し「ありがとうございました。その前の拙稿『農地改革の歴史的意義』では誤っていなかったのに、拙速でした。再版の折――といっても何時再版されるか分かりませんが、訂正させていただきます」とのご返事をいただいた。厳しい病状にあってなお再版を期する先生の学問への情熱に胸打たれる思いだった。

二〇〇七年度の政経史学会の秋季大会の共通論題は「地域再編過程における協同と公共性」に決まった。立案者の一人として、先生が生涯をかけて追求されてきた地域的公共性の成長という水脈を継承しうる企画たりたいと密かに願っている。

感謝の気持ち

荊田　久実子
（土地制度史学会　元事務局員）

大石先生と初めてお会いしたのは一九八八年の土地制度史学会（現、政治経済学・経済史学会）事務局員採用試験の面接の時です。当時先生は理事代表としてそこにいらっしゃいました。緊張感一杯でガチガチになっていた学生の私でしたけれど、目の前でやさしくほほえんでいらっしゃる先生に接し、その緊張感もいつの間にかほぐれていったのを覚えています。

当時、事務局は東京大学社会科学研究所の西田美昭先生の研究室にあり、大石先生もたびたびいらっしゃいました。廊下でたくさんの方とすれ違われたのでしょう。先生がいらっしゃるとなんとなく廊下が賑やかになり、西田研究室の扉をたたかれる前に先生のご訪問に気づきます。そんな時も先生はいつもやさしく声をかけて下さいました。とても印象的だったのは、私の旧姓は三枝（みえだ）といいますが、先生は他のどなたも呼ばないイントネーションで私の名前を呼んでくださいました。その声は低くよく響き私の脳裏にいまだに焼き付いています。

先生はお酒とも仲がよろしかったようで、いろいろな方のお話では、お酒を飲まれると「がんばれ、がんばれ！」というのが酔ったときの先生の口癖だったらしいのです。私は直接にはその光景に出くわすことはありませんでしたが、想像するととてもほほえましい感じがします。私はその言葉をかけていただけなかったので一度その言葉を言って欲しかったな、と心残りがしています。

また、私が主人の仕事の都合でボストンに長期滞在している際にも日本から暖かいメッセージを下さいました。ボストンではなかなか見ることのできないきれいな桜の花の絵葉書でした。

そんなやさしくて暖かい大石先生。素敵な声を長年患われていらっしゃったとのこと、とてもつらい日々だったのではないでしょうか。お元気なご様子しか記憶に無く、そのことはとても想像できませんが。

そして長年のご研究、お疲れ様でした。また、若輩者の私に嫌な顔一つせず接してくださったこと、本当に感謝しております。先生のその素敵な声とやさしさが私の心の中にずっとあります。

9 学問と思い出

大石嘉一郎さんの学問と人柄

常盤　政治
（慶応義塾大学名誉教授）

面識を得るようになったのは、大石さんが東京大学に迎えられて土地制度史学会の事務局を担当されるようになってからのことであるが、それ以前にその存在を知ったのは福島大学経済学会編『寄生地主制の研究』においてであった。

この著作は、第一章　寄生地主制分析の基準――イギリス絶対王制成立期の農民層「分解」（吉岡昭彦）、第二章　寄生地主制成立の前提――地主手作の成立（山田舜）、第三章　寄生地主制の生成Ⅰ――手作地主から寄生地主への移行（庄司吉之助）、第四章　寄生地主制の生成Ⅱ――自由民権運動と寄生地主制（大石嘉一郎）、第五章　寄生地主制の再編――耕地強制と耕地整理および交換分合（星埜惇）という五章五氏による共著なので、一人で論評させるのはムリと判断されたのか、筆者の恩師小池基之教授は、慶應義塾経済学部の助手・副手の四人に分担させたのだった。半世紀以上も昔のことなので誰がどの章を担当したのか今となっては定かでないが、各人各様に専ら自分の立場から書いたので、四人によって提出された原稿をそのまま合体しても学会誌に掲載できるような代物ではない。さりとて徹底討論してもまとまった原稿になるとも思われないと考えられたのでしょう。それぞれの原稿をどのように取捨選択して削除・加筆してもかまわないことを前提に、一応読み下りのよいように調整して統一原稿にするようにと、私にその責務が課されたのである。

そうなると、自分の担当の章だけを読んで済ますわけにいかない。この著作を初めから通して精読せざるをえない。その際、初めからかなりの抵抗感をもって読み始めたのであるが、大石さん執筆の第四章になるとスムーズに読み進むことができた印象が鮮明に残っている。それはなぜだったのか。

記憶を確かめるべく当時の関連文献を繙いてみると、岡田与好氏がその点を明確にしてくれている。「吉岡・山田両氏が、絶対王制成立期においては『いわば寄生地主的「分解」を措定し、ブルジョワ的発展（＝［資本関係形成を展望する」近代的分解――岡田氏註）は寄生地主制の内部矛盾として始めて顕現すると見做す』立場を明確にしており、星埜氏もこれに同調的と見られるのに対し、大石嘉一郎氏は、逆に、自由民権運動の基礎過程を、小ブルジョア的発展とし、この運動の衰退と寄生地主制の成立を、小ブルジョワ的発展の圧殺によるものと見なし、……従来の通説を継承しつつ、研究を深めようとされてい」た（『歴史学研究』第一八九号、四二頁）からである。これに対し「吉岡・山田両氏は従来の通説を全面的に批判し、絶対王制成立期の段階規定を更新しようとするもの」であった。また、それが同書の大勢であり特徴をなしていたといっていい。そこでわれわれも同書を「紹介」するに当たり〝世界史的発展法則の「再検討」――福島大学経済学会編『寄生地主制の研究』をめぐって〟と題し、次のように書いている。〝従来、寄生地主制は、封建的生産様式の内部からの商品経済の発展に基づく農民層分解＝小農民経営のブルジョア的発展に対する封建的支配層の対応体系＝封建反動の形態として把握されていた。このような我が国経済史学の方法論的研究成果に対して、本書は「寄生地主制を必然的に生み出すところの、いわば寄生地主的『分解』を措定し、ブルジョア的発展は寄生地主制の内部矛盾としてはじめて顕現するものと見做す」立場を提起する。したがって、このことは、社会発展の、少なくとも封建社会の発展に対する、従来の「世界史的発展法則」の再検討を要求しているものといえよう〟(『社会経済史学』第二三巻第一号、七八頁)。

このような大勢と特徴を持つ『寄生地主制の研究』の中で、大石さんはその大勢に流されることなく「通説を継承しつつ、研究を深めようとされてい」たのである。そこに、流行や大勢に動じない大石さんの学問の手堅さと重厚さが端的に示されているように思う。土地制度史学会で面識を得るようになったとき、そのことに触れ、農民層分解とはどういうことかについて正面から改めて論じたい、と話し合ったのだったが、ついにその機会を得ることができなかった。『寄生地主制の研究』が公刊に至る過程で、どのような討論や議論が行われたのかも聞いてみたかったのにまことに残念というほかはない。

このように書いてみるといかにも頑固・堅物のようにきこえるが、酒好きのこともあって、大石さんは人付き合いの極めていい人だった。一時は居を柏の方に移したこともあったが、学会の後、酒席で充分に付き合えないと再び文京区に居を戻したほどである。酒席といえば、日時、場所も今となっては定かでないが、学会の会合の二次会でのこと、忘れられない想い出がある。酔いが相当にまわった頃、暉峻衆三さんが横になりながら右手だけのジェスチュアで、ピンキー&キラーズの「恋の季節」を歌い出すと、それに呼応するかのように、大石さんが森昌子の「先生」の一節、初恋の人〝それは先生〟というところを〝オレはせんせい〟とやったのである。酔眼ながら〝オカシイのでは?〟と居合わす数人が顔を見合わせたとき、浅田喬二さんが〝ちげェーねェ!〟と応じて一同爆笑したのだった。学問と違い、学者にとって歌謡曲なんか正確に歌う必要なぞない、そのときの気分で歌いたいように歌えばよい、という豪放磊落な一面をのぞかせた瞬間であった。

大石さんは人を批判するときも堂々としていた。福島大学での同僚羽鳥卓也さんに〝あんたの師匠(小池基之教授)を批判するがよろしいか〟と断って批判した、と本人から直接聞いたことがある。どのような内容のことだったのか、これも是非聞いて置きたかったことの一つである。健康体に戻られたら、いろいろとじっくり話し合いたかったのに実に残念である。今は只ご冥福を祈るのみ。合掌。

大石嘉一郎　ラードの如き「人物」——経済史学界〝福島グループ〟の雄

大江　志乃夫

拝啓　「大石嘉一郎先生を偲ぶ会」に出席できなくてまことに残念です。

確か、若いころに大石さんについて私が書いた小文があったと思い、探してみましたら、『日本読書新聞』昭和三九（一九六四）年六月二二日付の記事が出てきました。古い昔のことなので存知ない方が多いと思い、コピーを同封いたします。

古い紙面のこととて、紙が傷み、コピーが撮りにくく、読みにくいものになってしまいました。幸いに写真の方は大石さんの若いころの面影をうかがうことができます。文章は、以下に再現しておきますので、ご披露願えれば幸甚に存じます。

大石嘉一郎　ラードの如き「人物」——経済史学界〝福島グループ〟の雄

◇…土着の郷士を思い起していただければよい。武士の風格と東北の土のにおいとをあわせ持っている「人物」である。福島県の産、福島では大学勤めと、家業の醬油醸造の若旦那と、二足のわらじをはいていたが、近年、家業の方を整理して上京し、昨年から東大社会科学研究所の助教授をつとめている。

野球でたとえれば連投のきく剛速球投手である。コントロールもよい。へたに変化球やチェンジ・オブ・ペースにたよらずに、ビシビシとまん中に投げこむ。論争の相手とすれば、これほど手ごわく、しんの疲れる相手はいない。着実な史料と論理のつみかさねでもって、三振奪取をねらってくる。球筋は単調であるが、自信をもっておなじコースに三球つづけて投げこむことができるのが身上である。

◇…故藤田五郎という名監督のもとに、庄司吉之助という名コーチをえて、吉岡昭彦、山田舜、星埜惇らの諸氏と強力なナインを組み、福島事件の本拠地をフランチャイズとして、経済史学界にいわゆる福島グループとよばれる強力なチームを出現させたが、その中でも、自由民権運動を専門とする氏は、福島グループの本命的存在であった。今は吉岡氏が東北大に移り、氏もまた東京に移ったが、福島グループはさらに拡延し、東北大の岡田与好氏らもくわって日本資本主義研究に総力を傾注しているようである。昨年の歴史学研究会の大会で、岡田与好氏と報告者コンビをくみ、山田舜氏ともども、産業革命論の論陣を張ったが、最近沈滞気味の歴史学の理論戦線において、久びさの大物クリーンアップ・トリオの登場として会場をわかせた。

◇…専門は財政学。著書『日本地方財行政史序説』は、戦後の自由民権運動史研究のみならず、明治維新史研究の発展に、貴重な一里塚を築いた。ガッシリとした理論構成は、いわば球質が重いという感じである。近刊の『福島県史』資料編の福島事件の解説にも見られるように、史料にも強く、打ってよし、投げてよし、というところである。

◇…先日、名古屋でわが師塩沢君夫先生とともに痛飲したとき、すでに一足先におなじ酒場で、氏もまた旅の一夜をすごしたことを知った。酒場のマダムいわく、「あら、大石さんを御存じですの。あの方は油にたとえればラードのような方ね」。けだし、適評というべきか。それにしても、一夜にして、他国のマダムに強烈な印象を焼きつけたさむらいぶりを驚歎する。さしずめサラダ・オイルにあたる私は、この投手の重い速球を三遊間をゴロで抜く安打に打ち返したいと思い、打席に立っているところである。

大石嘉一郎

ラードの如き「人物」

経済史学界〝福島グループ〟の雄

人物スケッチ

大江志乃夫　歴史学者

◇…土着の郷士を思い起していただければよい。武士の風格と東北の土のにおいとをあわせ持っている「人物」である。福島県の産、福島では大学勤めと、家業の醤油醸造の若旦那と、二足のわらじをはいていたが、近年、家業の方を整理して上京し、昨年から東大社会科学研究所の助教授をつとめている。

野球でたとえれば連投のきく剛速球投手である。コントロールもよい。へたに変化球やチェンジ・オブ・ペースにたよらずに、ビシビシとまん中に投げこむ。論争の相手とすれば、これほど手ごわく、しんの疲れる相手はいない。着実な史料と論理のつみかさねでもって、三振奪取をねらってくる。球筋は単調であるが、自信をもっておなじコースに三球つづけて投げこむことができるのが身上である。

◇…故藤田五郎という名監督のもとに、庄司吉之助という名コーチをえて、吉岡昭彦、山田舜、星埜惇らの諸氏と強力なナインを組み、福島事件の本拠地をフランチャイズとして、経済史学界にいわゆる福島グループとよばれる強力なチームを出現させたが、その中でも、自由民権運動を専門とする氏は、福島グループの本命的存在であった。今は吉岡氏が東北大に移り、氏もまた東京に移ったが、福島グループはさらに拡延し、東北大の岡田与好氏らもくわわって日本資本主義研究に総力を傾注しているようである。昨年の歴史学研究会の大会で、岡田与好氏と報告者コンビをくみ、山田舜氏ともども、産業革命論の論陣を張ったが、最近沈滞気味の歴史学の理論戦線において、久びさの大物クリーンアップ・トリオの登場として会場をわかせた。

◇…専門は財政学。著書『日本地方財行政史序説』は、戦後の自由民権運動史研究のみならず、明治維新史研究の発展に、貴重な一里塚を築いた。ガッシリとした理論構成は、いわば、球質が重いという感じである。近刊の『福島県史』資料編の福島事件の解説にも見られるように、史料にも強く、打ってよし、投げてよし、というところである。

◇…先日、名古屋でわが師塩沢君夫先生とともに痛飲したとき、すでに一足先におなじ酒場で、氏もまた旅の一夜をすごしたことを知った。酒場のマダムいわく、あら、大石さんを御存じですの。あの方は油にたとえればラードのような方ね」。けだし、適評というべきか。それにしても、一夜にして、他国のマダムに強烈な印象を焼きつけたさむらいぶりを羨望する。さしずめサラダ・オイルにあたる私は、この投手の重い速球を三遊間をゴロで抜く安打に打ち返したいと思い、打席に立っているところである。

☆大石嘉一郎（おおいし・かいちろう）氏は経済学者。一九二七年（昭2）福島県生れ。東大経済学部卒後、福島大学助教授を経て現在東大社会科学研究所助教授。著書は「日本地方財行政史序説」御茶の水書房他

写真は東大社研で＝香山一郎撮影

『日本読書新聞』1964年6月22日

この記事の後日談。記事を読んだ大石さんが、「大江君、ラードよりサラダ・オイルの方が高価なんだぞ」。旧制高校の理科を卒業した私は、酒場のマダムの比喩を利用して油の粘性の比較の問題として、私自身の粘りの無さを表現したつもりでしたが、さすがに根っからの経済学研究者の大石さん、価格の問題として切り返すとは、一本参りました。

改めて、棺を覆うはるか昔にその名が定まったという感がある、大石さんに深い敬意を表します。

二〇〇七年三月三日

正統な資本主義分析者を偲ぶ

宮本　憲一
（大阪市立大学・滋賀大学名誉教授）

地域研究は戦前の研究者には泥臭い仕事として敬遠されていた。しかし、戦後改革で民主化がすすめられると、日本の政治経済が実はその泥臭い地域の政治・経済によって動かされ、その深部を解明しなければ、日本資本主義は解けないことが明らかになってきた。五〇年代から六〇年代のはじめにかけて、画期的な地域研究があらわれた。その中でも、今日もなお、光り輝いているのが、大石嘉一郎『日本地方財行政史序説』（御茶の水書房、一九六一年）であろう。当時、私も島恭彦教授と共に日本の地方行財政の特徴である市町村合併史を研究していたので、この本をよみ感動し、大石さんと交流をはじめることになった。とはいえ、その後私は六〇年代半ばから、現状分析に重点をおくようになり、歴史研究から手をひいたので、彼と共同研究した経験はほとんどない。わずかに共同編集をした『日本資本主義発達史の基礎知識』（有斐閣、一九七五年）ぐらいであろう。

研究分野がはなれたが、日本資本主義論という点では共通しており、業績はおたがいに交換していたので、彼の研究には常に注目し、参考にさせていただいた。私が明治・大正の行財政研究をしていた時に、彼と共通していたのは、日本地方行財政の発展の基盤についての理解であった。先の彼の古典的名著は、地主制を基礎にしているが、彼の叙述は、従来のように戦前日本資本主義を半封建的な地主制で展開しているのでなく、地主・ブルジョアの展開としていることであった。これは、いわゆる講座派の理論をのりこえるものであった。しかし、では、いわゆる労農派の理論との折衷であったかというとそうではない。大石理論の基礎には国家権力として天皇制という政治機構のもつ戦前日本のレジュームをみすえているという点では、講座派の伝統が生きているように思う。

大石さんの日本資本主義発展史論で忘れてならないのは、自由民権運動とそれにつらなる民衆運動が政治変革の原動力になるという視点である。地方自治は国と地方の事務・財源配分関係の理念でなく、地域的公共関係を維持発展させようとする住民の自治理念である。この点では、大石さんと私とは全く同じ立場で、日本の地方自治の歴史をあつかってきた。

今日の日本の経済学界は、新古典派それもシカゴ学派系の「市場原理主義者」が優勢という危機的な状況である。それが日本の学界の進路をあやまらせている。たとえば彼らの日本経済史の数量分析は必要だが、そこには資本主義論、そして日本資本主義の基底にある寄生地主制や天皇制という枠組みが無視されている。財政学は国家論なき経済政策論・公共経済論に偏している。このような危機的状況を打開するには、大石さんの系列にある若い研究者が、大石さんの理論を発展させ、日本資本主義論を今日的に体系化し、財政学を政治経済学としてよみがえらせる必要があるのではないか。期待したい。

「星座」の中の古在由重

川上　徹

古在由重（一九〇一～九〇年）は二〇世紀とともに生きた思想的巨人であった。

一般的には肩書きなどで「哲学者」と記されることが多い。だが、自分が「哲学者」と呼ばれることに違和感があったようだ。

――哲学っていう言葉は、日本では名前ぐらいにしか使われないんじゃないの。〈哲夫〉や〈哲治〉とか、単に〈哲〉とかさ。あまり日常語としては使われない。「きみの哲学は何ですか」なんて、普通は言わないでしょ。急にあらたまっちゃう。けれど、きみ、イギリスなんかではフィロソフィーという言葉は日常語なんだ。「この家の家主のフィロソフィーはどんなものか」といった会話は自然なんだ。いわば〈考え方〉〈生き方〉みたいな感じなんですよ。ボク？〈生き方学者〉かな。ワッハッハッ。

六〇年安保世代の私にとっては、八〇年代に至るまで、古在はまさに人生の師ともいうべき存在であった。平和運動にとどまらず広く学生運動や社会運動の場面で、時にはオピニオンリーダーとして、あるいは直接運動の現場に姿を現し、ぼくら若者を激励し、ときには一緒になって行動することもあった。

古在は〈あの時代〉の一つの星だった。それは宙天にひときわ輝く星というより、それぞれの星が距離をたもちながら形成された星座の中の一つの星のようなものであった。七〇年代から八四年に至るまで、古在と中野好夫（一九〇三～八五年）は、外部から持ち込まれる分裂の危機から平和運動の統一を守るために、協力して骨を折る

評論　No.163

2007. 10

日本経済評論社

ことを惜しまなかった。古在はまた、身を挺して教科書裁判をつづける家永三郎（一九一三〜二〇〇二年）を右翼の暴漢から守るのだと言って、ボディーガードを自ら買って出たこともあった。長年日本原水協理事長を務めた草野信男（一九一〇〜二〇〇二年）は、医学者として被爆直後の広島を訪れ、人体への放射能障害に関する人類初めての調査記録を残した。その草野を古在は、平和運動における盟友として「ジェネラール（将軍）」と呼んだことがあった。いまどき珍しい〈総合的知識人〉の意として。古在のあとを追うようにして亡くなった丸岡秀子（一九〇三〜九〇年）。その丸岡を古在は「彼女はボクのペイン・フレンドなんだよ」と言ったことがあった。晩年の二人は互いに長時間電話をかけあった。寝転がったまま延々と一時間に及ぶこともあったという。そんなとき、互いに病気による痛み（＝ペイン）から気を紛らわしたのだろうと思う。古在は全ての人を「さん」づけで呼んだ。その例外として敬称抜きだったのが吉野源三郎（一八九九〜八一年）と戸坂潤（一九〇〇〜四五年）の二人だった。「ヨシノ」と「トサカ」を語るときの言いしれぬ〈気安さ〉からは、それぞれの間の友情と信頼の関係の深さが想像された。

ここ十数年のあいだに、星座の星々は全てこの宙天から姿を消した。若い人たちの間では、もはやこれら知的群像の存在自体を知らぬ者も多いだろう。まるでこのときを見透かしたかのように、一国の首相がはばかることなく「戦後レジーム」の清算などと叫びだしたのは故ないことではないのだ。思うにこれらの先達が形成した星座は、戦後民主主義の思想的内実を一貫してリードしてきた群像であったといえるだろう。

＊

古在は、ある特定の歴史的な事象や人物について語るとき、いつも同時代に起きた他の事象や人間群像との関連で説明してくれた。歴史を〈横軸〉との関係で理解すること、そのことの大切さを私たちに教えてくれたのだった。古在が最晩年に至るまでつづけてくれた読書会の一つに「版の会」というのがある。高校生から会社員、主婦など一般の人たちを対象とした喫茶店での読書会である。たとえばそこではこんな風に話をした。三浦梅園（一七二三〜八九年）の『三浦梅園集』（一九五三年、岩波文庫）をテキストにしたときのことだ。

――三浦梅園の同時代の人といえば、

研究交流の回想——地方自治の比較類型・行政村と自然村の二重構造・地域公共関係など

山田　公平
（名古屋大学名誉教授）

大石嘉一郎先生と私との関係は、近代日本地方自治史の研究交流上に全く限られたものであった。それは私が、名古屋大学大学院で日本政治史研究を始めたときに、大石先生の『日本地方財行政史序説』と出会ったことにはじまり、その後、文部省の科研費による「日本近代化研究会」への参加から、日本地方自治学会の理事会出席や研究会報告などの機会をへており、この間に先生の『近代日本の行政村』と私の『近代日本の国民国家と地方自治』が全く同時の一九九一年二月末に刊行されて、相互に書評を交換したことをはさんで、先生が病気になられるまでの時期に至っている。

大石先生と私の研究交流上の課題は幾つかあったが、その最初は、日本の地方自治を、国際的比較の視点から、共同体の公私分化の歴史的関連構造によって捉えることであった。その点を大石先生は前掲の『序説』において、「たとえば『自然村』と呼ばれる自生的発展段階を表示する地方自治の構造は、イギリス絶対王政成立期の、近代地方自治の萌芽と見られている『治安判事制』の如きものと対比されて、その発展段階がまず明らかにされねばならず、その上に絶対王政成立期の構造を底辺に持ちながら同時に産業資本の成立せる段階における機能と形態をも兼ねもつ、複雑な重層段階規定が明らかにされて、始めて積極的に日本の地方自治の構造的類型が可能となるであろう」とされる。そしてこの比較史的視点から、近代日本資本主義の生成・発展過程における寄生地主制の生成を前提とする行政村と自然村の分離、公私二分化によって地方自治制の成立を根拠づけたのである。その過程は「旧来の村落内部で幕末維新期に農民的商品経済・事実上の農民的土地所有が、したがって農民層の分解が一定程度発展し、公私の分裂の基盤を萌芽的に成立せしめ、しかもそれが地主的土地所有――零細小農経営という関係に帰結することによって、共同体的関係を温存しながら同時に私的所有を契機とする公的法人たり得る町村の成立基盤が形成されていった」と説明されている。

この大石先生の類型把握に対しては私は、一九七五・七六年の論文「近代日本地方自治研究序論（一・二）」で、日本の地方自治は、一九世紀の産業資本確立期のイギリス都市団体法を先頭とする西ヨーロッパ諸国の近代地方自治確立の世界史的段階において、イギリス・フランス・ドイツなどと日本の同時的な制度継受の国際関連において成立したと見るべきであって、我が国の場合は、絶対主義の官権的自治（半封建的共同体基盤）が資本主義的国際条件のなかで近代的形態において再編成され、展開したものであって、地方自治の構造的契機をなす「部落共同体＝自然村と近代的形態の行政村の二重構造」と「行政村が自然村によって補完される関係」という関連構造にその特質があるとみた。同時にそのような特質が、部落共同体＝自然村の自治的機能の発達において、私的所有を公法人に媒介していく共同体の公共的契機の生成のなかにどのように現れてくるかが明らかにされねばならないのであるが、大石先生の場合は、私的土地所有の展開による共同体の機能的発達を、共同体における私的事項（Realgemeinde）と全体的事項（Wohngemeinde）の分離過程から捉えるという点が明確でないために、町村公法人の成立を共同体の自治機能の公私分化から説明する根拠が不明瞭であるという問題点があった。この点は、後に先生自身によって共同体の公私関係の発展構造把握として補充されている。

大石先生と私の研究交流上の最も重要な課題は、地域公共関係概念の設定に関する事柄である。私は、前記七五年以降の諸論文のなかで、その理論的、実証的展開を試み、其の結果を九一年の前記著書に集約した。これらのなかで私は、地方自治の比較研究において、発展段階を異にし、地域的な多様性をもつ諸国の地方自治を、世界史的＝同時代的に比較研究する基準として、自治体と住民・地域共同社会・社会的自治組織の全体的歴史複合的構造を把握する、地域公共関係という比較類型概念を設定し、近代行政村を、天皇制権力による国家的公共の支配・統制のもとで、固有に発達してきた地域的公共関係の公権的制度化の所産としてとらえた。この地域公共関係の概念は、これまでの自然村と行政村の二重構造を、右の歴史複合的全体構造へと拡充するものでもあった。大石先生は、その編著『近代日本の行政村』で私の概念提起を入れつつ、さらに独自に地域公共関係の展開過程を追求され、その後の都市史研究の編著（二〇〇三年）において、近代都市自治体＝「行政都市」における国家的公共と地域的公共の対抗と連携の把握、そのせめぎ合いを通して市民的公共関係が成立する過程の追求という、注目すべき研究方法を、あらたにうちだされた。この共同研究では、嘗ての行政村研究の方法が都市の本質的属性を踏まえながら新展開され、その分析の焦点が、地方行政都市における公共政策＝行財政機能の展開におかれた。だがそこでは、都市的公共関係の形成・発展を基礎づける地域経済基盤（都市的土地所有）それ自体の分析とともに、都市の公共政策の現代化・合理化、それを根本的に規定する国・県の官権的規制と国策のリードによる都市の公法人的発達・公共政策展開の制約とゆがみ、都市政治の政党化と都市自治に関する公論の形成、地域の伝統的共同社会基盤の再編成などの都市的公共関係発達の全体関連を、行政村と自然村の二重構造の都市地域での展開によって把握する方法論がなお、課題とされていると思う。

私が大石先生に、最後に地方自治学会でお会いした時、先生から、私が前著で示した諸国の近代地方自治における地域公共関係の制度化された構造の比較類型について、二〇世紀末の現段階での展開をまだ書かないのかと尋ねられたことを思い出す。私は先生のこの問いかけに、はやく応えたいと願ってきた。そこでは、これまでの近代化過程における共同体の公私二分化から、二分化した公私関係の共同社会への推転の過程が、展望の基本線となるべきであると、私は考えている。

断ち切りがたい「措別」の情

金原　左門
（中央大学名誉教授）

大石さんとは実に不思議な出会いであった。言葉だけが、ある人を介してわたしに伝わってきたからである。時は溯って一九六〇年代そうそう、大石さんが福島大在職中のことで、わたしを大学で「採用すればよかった」という一言であった。そう知らせてくれたのは、中国近代史を専攻し、中国のボイコット運動史研究で名を馳せ、大石さんたち経済史仲間と親しかった菊池貴晴さんであった。

と、いうのは当時、福島大学教育学部で政治学の公募があったからである。大石さんの発言は、東京大学法学部出身のIさんとわたしの二人が最終候補に残って教授会で決着がつかず暫く凍結するという通知を受けとり一年ぐらい経ったころである。こんな話を持ち出したのははじめてであるが、わたしはそのころ中央大学法学部の若手から引き合いがあり、ちょっと路頭に迷っていた。中大も確実に採用してくれるという保証はない。さてどちらに下駄をあずけたらよいのか当事者でないと、その贅沢な悩みはわからないかも知れない。

わたしは、福島大に引かれていた。というのはこの大学の経済学部は一九五〇年代をつうじて経済史のメッカとなっていたからである。同大学の『商学論集』は若手の間で引っ張り凧であったことを今でも思い出す。たしか一九五五年に福島大学経済学会編『寄生地主制の研究』（御茶の水書房）が刊行され注目されていた。この本には論文を量産し、小学校出のユニークな庄司吉之助さんをはじめ、吉岡昭彦、山田舜、星埜惇さんと同世代の若手のホープ大石さんも「寄生地主制の生成――自由民権運動と寄生地主制」を執筆していた。きら星のごとき論客たちである。同書が脚光を浴びていたのは、日本経済史にとどまらないで国を越えて広い視野で地主制を対象にしていたからである。

当時、福島大に魅力を覚えていたのは、わたしだけではない。ここが理論と実証の面で一頭地を抜きでていた府であること、しかも庄司さんや大石さんが実証にあたって地域のデータを発掘し続けていたからである。そのいきさつについては、当時すでに世を去っていた藤田五郎氏の先達ぶりもふくめて大石さんの『日本近代史への視座』（東京大学出版会）が実によくまとめている。

理論と実証のしかたの結びつきをうまく深めえたのは、中村常次郎、小林昇、「いちゃもんつけ」型の羽鳥卓也さんというお歴々がいたからである。また「ゆとり」をもった研究スタイルを堅持していたことも福島大の雰囲気のとりこになりやすかったのかも知れない。「ゆとり」といえば、公募の時、二回ほど福島を訪れたが、当時は夜行で行くより手はなかったけれど、ある夏の日の昼下がり、信夫山《しのぶやま》下の草ぼうぼうの経済学部グランドで内衣《ゆかた》を端折って自転車を漕いでいた羽鳥さんの姿をみかけたこともある。

大石さんにとって見れば、その複眼的な研究スタイル、他者からの抜群な吸収力と咀嚼力をもつ福島大時代は生涯にわたる研究の「原蓄」期ではなかったかなと思う。後日御本人から聞いたところによると、昼日中、日銀福島支店の入口の階段で人だかりがするほど酔い潰れたり、深夜飯坂線のレールを枕に寝込むというはでなエピソードを大石さんはばらまきながら、この人にとっては、学問は常に「バッカスの神」と同居していたのである。福島大経済学部は酒席でも研究を中心に回転木馬のようにまわり続けていたらしい。

そのうち、わたしはなんとか中央大に採用され福島大には後ろ髪を引かれながらも辞退した。中央大法学部の教員になって数年後、大学紛争前であるが、わたしはカリキュラムを抜本的に手直しする委員になり、政治学科を社会諸科学の一環に位置づけようとした。とうぜん「日本経済史」も新設した。この講義は「非常勤」でまかなわなければならない。まっさきに頭に浮かんだのは、大石嘉一郎さんであった。というのは、大石さんが福島大から東大社研に移られていたからである。早速お願いした。大石さんに面と向かっての出会いはこの時がはじめてであった。

大石さんは、わたしの申し出に「東京に出てからは研究に専念したいので……」と暗に否定的であったが、ねばりにねばって昼夜二齣の講義を引き受けていただいた。あのころ、わたしたちは「一流の兼任講師を」ということで新カリキュラムを生かそうと心がけていた。ちなみに、若い大石さんと並んで双璧をなしたのが教養科目の「社会科学概論」を担当されたこの道の泰斗高島善哉さんであった。

その後、大石さんとはよく話をした。大石さんは東大教授のスケールをはるかに越えた「裃」を脱いだ人物で、関心事も広かった。大石さんはわたしに政治や法律もやっているのに「経済」に関心があるのはなぜかと、いわれたが、わたしは逆に大石さんほど「政治」等に興味を持っている人は珍しいと思ってきた。その無尽蔵で底深い能力をきわだたせていたのが、数々の酒エピソードである。大石さんの酒伝説に難癖をつける人がいる。善意な発言者の中にも、大石さんは酒さえ無縁であればどこまで力を出せたかわからないという指摘もある。しかし、汲めども尽きない仕事ぶりは、まっとうな酒力の持ち主だったからこそ可能であり、大石さんの研究のエキスになっていたと、わたしは見ている。大石さんを偲ぶと、あの福沢諭吉の「酒」にまつわる話を連想したくなる。

大石さんとは故飛鳥井雅道さんとの鼎談と対談が一つずつと二、三の寄稿があるだけで、『水戸市史』の執筆や啓蒙的な原稿でお断りしたことが多い。まことに申し訳なく思っている。泉下でしょうがない奴だと笑っておられるでしょうが、貸借を仕訳すると、どうもわたしの方が不利である。とても借金を棒引きにしてくれと願い出ることはできないが、「遠き別れ」に耐えかねていることだけは申し添えておきたい。

大石氏と「近代的絶対主義」問題

芝原　拓自
（大阪大学名誉教授）

大石嘉一郎氏の偉大な学問的業績については、多くの方々がすでに論じられているでしょうから、私がここでなにか書いても屋上屋を架することになるだけですので、省略させていただきます。ただ私は、大石氏より十年前後も年少で東京の人間でもないのに、ふしぎにあれやこれやと大変親しくしていただいたので、そのお礼をかねて、大石氏とからむ忘れがたい一つのエピソードだけを披露させていただきます。

もう三十数年もまえ、月刊雑誌『科学と思想』が、野呂栄太郎を特集するシンポジウムを計画し、それに、研究者としては若い山本義彦氏（当時、静岡大学に在職中）と私とが参加させられました。私はそこで「野呂栄太郎の天皇制論」というテーマで報告し、討論に参加したのですが（新日本出版社刊『科学と思想』一九八四年四月号に所収）、これに出席していた「社会科学研究所」（日本共産党系）の方が、シンポジウムの休憩時間に、同研究所が所蔵する資料の一部を見せて下さいました。その中に、戦前の一九三〇年代、大弾圧を受け非合法化されていた当時の共産党の最高幹部の一人だった岩田義道氏がだした書状の類いが含まれていました。岩田氏の学生時代の師は有名な河上肇で、同教授が亡くなられた後も、未亡人とひそかに文通が続いていたらしく、同夫人あての書状のいくつかを拝見しました。そこで驚くべき一文を眼にしたのです。完全に正確な記憶とは断言できませんが、岩田氏は河上夫人にたいして、たしか「猪俣津南雄をはじめ労農派の連中は、近代的絶対主義というものがわかっていない」と述べ、講座派の論敵である労農派を批判していたのです。山本義彦氏と私とは、これを見て、まるで論理矛盾の「近代的絶対主義」という用語にびっくりしたことを、いまもはっきり思い出します。

最近の若い方々は、もう「労農派」といってもピンとこないかも知れませんが、戦前から彼らは、簡単にいえば、明治維新はブルジョア革命で、すでに近代的帝国主義国になっている日本では、直接の社会主義革命だけが問題だ、と主張していたのです。これに対して、非合法下の共産党系だった野呂栄太郎・山田盛太郎など、いわゆる「講座派」の論客たちは、これも簡略にいえば、明治維新は絶対主義的変革であり、いらい今日までの日本の国家権力は、まさに軍事的・警察的な専制的・絶対主義的権力だと認識し、その権力が他方では近代資本主義的利害をも担って帝国主義的対外膨張をかさねてきているのだ、と評価していました。そこで、きたるべき革命は、まずこの専制的・絶対主義的天皇制を打倒する民主主義革命が不可欠で、これをそのまま社会主義革命につなげるのが歴史的使命だ、と論じつづけていたのです。

だから、理論的にはまさに論理矛盾の、岩田義道がいう「近代的絶対主義」という文言も、かれら「講座派」的立場からすれば、天皇制国家の現実の歴史的矛盾であって、これを端的に規定するには、こういう概念も止むをえなかったのだろう、と私たちは推測しました。それにしても、この書状には軽いショックをうけました。

さて、それから間もなくのことですが、なにかの会合と夕食のあと、なぜか大石氏と遠山茂樹氏と私の三人だけが神田の小さなバーで飲むことになり、その場で私がお二人に、かの岩田氏の手紙のことを紹介したのです。御両人とも、非常に興味深げに聞いて下さいました。ともあれ、私は話はそれで済んだと思っていたのですが、大石氏にとってはそうではなかったようです。

といいますのは、その後しばらくして大著である大石嘉一郎編『日本帝国主義史』全三巻（東京大学出版会）が公刊されましたが、その編者である大石氏が、御自身の執筆部分のなかで、この「近代的絶対主義」という概念を用いられたのです。ただ、これには十分な論証や説明を伴なっていなかったからか、共同執筆した他の研究者たちからクレームがついたようです。そのためかどうかは不明ですが、以後は御本人もこの概念には一切触れなくなったと聞いています。しかし、以上のエピソードは私に強い印象を残して、いまも大石氏のお顔が頭に浮かぶたびに、なつかしく追想されます。

それにしても、あの明るく温厚で、しかもお酒が強かった大石さん。学問的には鋭敏で質量ともに第一級だった大石さん。率直にいって私をも可愛がって下さった大石さん。御生前には壮絶な執念で、最期まで研究・執筆活動をつづけられた大石さん。いまは、ただもうくやしくて残念だというしかありませんが、この駄文をもって追悼の言葉にかえさせていただきます。

追悼の想い

松元　宏
（横浜国立大学名誉教授）

あれは七、八年前のことだったと思う。友人の西田君から手術後の大石先生の痛みがとれない、様々な試みをしているが伝えきく横浜の鍼灸師を紹介してもらえないか、という電話があった。その頃私の所属する大学で同僚教授が食道切除後に鍼灸治療を受けていたことを知ってのことであった。私は先生の手術後の経過が大変困難な状況にあることを察したが、急ぎ鍼灸師へ治療の仲介をしたほかは何のお役に立つこともできなかった。先生はその後も多くの著書をまとめられており、御著書の恵贈を受けるたびに先生の学問にかける強い執念に深い感動を覚えてきた。昨年一一月の訃報も突然で、今もって先生のつぎの御著書を待つ気持を絶つことができない。

かつて一九六〇年代初めの頃、学部ゼミで経済史の勉強に興味を引かれはじめていた私は、ゼミ仲間たちとよく議論に熱中することがあった。恥ずかしながら私たちはお互いに生半可な理解で、専門書の受売りを著者になり切って主張することが多かった。そんな時私は「おれはカイチロウ」といって、発刊されて間もない『日本地方財行政史序説』を台本に論じていた。まだ『分析』・『発達史』・『機構』の三古典が入門書であった時代、私にとってこの書は新たな構造論研究を拓く颯爽たる印象を与えるものであった。私が若き大石嘉一郎先生に出会った最初の日々であった。

一九七〇年代財閥史研究をはじめていた私は、大石先生が所属する東大社会科学研究所の共同研究「ファシズム期の国家と社会」に誘われ、幸いにも直接先生と研究会で議論を交える機会がえられた。日本経済史研究者の道を歩みすでに大学の職をえていた私は、それまでにも研究会や学会で先生に接する機会はあったが、共同研究の一員に加えていただいたのは初めてであった。私の報告に適切なご教示をいただいたのはもちろんながら、とくに細かい数値の表を不十分な整理のままのせた原稿等に逐一目を通されながらのご助言は本当に忘れ難い経験であった。

その後、一九八〇年代以降、私が土地制度史学会の委員・理事・監事を務め先生とのおつき合いはさらに続いた。高橋理事代表を継いで理事代表に就かれた先生は、時代の転換期に当たり学会の運営にご苦労されていたように思う。九七年秋の大会は横浜国立大学で開催された。あの頃の先生はお元気で、控室の待時間に裏方へ労いをご自身でなさる気くばりを見、改めて先生のお人柄に感じ入ったことを思い出す。

鬼籍入りを早過ぎると悔いたところで詮ないが、先生が一番ご無念であったにちがいない。大変なご闘病のなかでなおご執筆を継続されていたことに、先生が日本資本主義研究、日本経済史研究で解明されてきた多くの成果から学び教えを受けてきた後学の一人として、追悼を込めて敬意を表すると共に心からご冥福をお祈り申し上げます。

大石嘉一郎先生、野呂栄太郎、私

山本　義彦
（静岡大学副学長）

1　大石先生との出会い

大石先生と私の接点は何だろうかと思いめぐらすとき、まず先生の「日本資本主義確立期に関する若干の理論的問題――実証的研究の発展のために」『歴史学研究』第二九五号、一九六四年一二月号を読む機会を持った学部二年生末のことであった。同年に柴垣和夫『日本金融資本分析』という山田盛太郎『日本資本主義分析』への対抗論が登場した時期であって、私には柴垣氏の明晰な論理に傾倒するとともに、しかし大石先生の強靭なまでの山田分析の成果を継承しようとされる真摯な作品にもっと心揺さぶられた体験をしたのであった。当時の私はむろん経済史のいかなる意味と役割があるかなどと理解すべくもなかったが、多少感性的であったとはいえ、日本資本主義の帝国主義化の歴史を解明したいという恐しく壮大な課題意識のなせる技で、戦前の資本主義論争はもとより戦後の帝国主義論争にも興味を持ち始めた時期であった。

その後、私は全国学生経済ゼミナール大会（大会実行委員長でもあった）で、日本経済史部門において日清戦争の歴史的意義を共通課題として大阪市大で共同討論会を行ったが、その時の一橋大学生であった森武麿氏、東京大学学生田付茉莉子氏などと論議したのも、実は大石先生のあの問題論文に触発されてのことであった。そして遅々として進まぬ私の卒業論文作成過程で、まず柴垣氏の著書の検討を行って学内学生雑誌に発表して後、山田—大石問題の解明を行いたいとの認識で、日本資本主義論争に興味を覚え、学習しようとしたものの、ようやくやりとげたつもりになったのは、野呂栄太郎に関する整理に過ぎなかった。

2　私の研究端緒と大石先生

さて大学院での私の作業は、野呂栄太郎の論理をベースに、当時まだほとんど議論対象になっていなかった戦間期日本資本主義史研究であり、その一つの小さな作業として、日本型産業合理化論の実態分析とその批判を通じて、山田分析に批判的継承を図る作業であった。この時の作業は、静岡大学赴任直後の一九七三年秋の土地制度史学会での私の報告であり、これに対して大石先生が極めて適切な批判的評価を下す発言をされたのが、実は最初の大石先生との邂逅であった。私はこのとき、大石先生にもっともっと学びたいと思ったのである。その後先生からは私の学会報告の拙い論文を東大大学院演習で利用されているとのお便りを受けたとき、私は率直に言って問題の多いこの論文に恥ずかしさと面はゆさを感じざるを得なかった。先生のお仕事は当時、日本産業革命史の共同研究のまとめをされていて、なお戦間期について積極的なお仕事をされていたわけではなかった。

土地制度史学会の三〇周年にあたる一九七八年には猪俣津南雄と野呂栄太郎の現段階論争を報告させていただいたが、この時も大石先生は終始変わらぬ学問的態度で、コメントを下さった。当学会とは毛色の異なった人物を取り上げただけに、好意あふれるご批判をいただけたのは望外の喜びであった。

3　社会科学研究所での学習と大石先生

一九八二年から八三年初めの一〇カ月間、私は文部省内地研究員として大石先生に教えをいただく時期があった。

当時先生は東京大学社会科学研究所長としてご多忙の時期であったが、快く私をお迎えいただき、何とも自由な研究三昧にあけくれる幸せを持つことがあった。もしもこの時期がなければ、私は今までの小さな仕事さえ達成できなかったことを、しばしば思い返すことがある。実は私は学部・大学院時代の恩師山崎隆三先生の下での共同論文集『両大戦間期の日本資本主義』上・下を一九七八年に刊行した直後でもあり、金澤史男氏などの計らいで、歴史学研究会でも、戦間期日本資本主義論を執筆する機会が二回あったが、私の思う以上に、注目された時期でもあった。大石先生はご多忙の合間を縫って、柳沢遊・故能地清君（同君の痛ましい飯豊《いいで》山中での不明死事故を朝日新聞で最初に報じてくれたのは奇遇にも私のゼミ生であった長典俊君であった）ら大学院生諸君と共に、酒を酌み交わしながら、私におつきあいいただき、私の未熟な議論の意味を捉えてくださろうとしたことは痛いほどわかった。もっとも今もそうであるが、私は下戸なので、先生たちがほろ酔い気分で議論をされているのを視るのは心地よいものであった。これはその後の、先生をリーダーとする『日本帝国主義史』第I巻の序章で先生が法外な取り上げ方をしてくださったことは今も覚えている。先生は率直で飾らず、私の未熟な論理に対してご批判を下さったことに対して、いまなおそのご批判に応えきれないでいる状況に忸怩たる思いを持ち続けている。

4　大石先生と野呂栄太郎

私のこの大石先生とお近づきになれたことの中でとくにうれしく記憶しているのは、私が内地留学から静岡に戻った夏のある日に、先生からお電話をいただき、野呂栄太郎『日本資本主義発達史』の再編集への協力を要請されたことである。先生は野呂のことなら、というわけで私を選んでいただいたのである。この作業はまず野呂のあの不朽の名著を、引用出典を原著にまで、さかのぼって点検すること、そして若い世代に理解されない表現や歴史的事実について注釈を付けるのが私の作業内容であった。このときのように喜びに満ちた時期はそれほど多くあるわけではない。

一九八三年夏は全てこの作業に明け暮れて、今日に伝えることができたのである。周知のように一九六四〜六七年にはある出版社から『野呂栄太郎全集』上・下として公刊されていたので、わたしはこれを超える作業を、との意気込みの下で、引用出典の確認と注釈に力を注いだのであるが、ひとえにこの機会を作っていただいた大石先生への敬慕の念を深くし、今なお、感謝するほど、わずかな注釈の仕事とはいえ、勉強の機会を大変与えていただいたと思っている。しかも注釈の与える用語や内容について一切お任せ下さったことは、私にとってうれしいことであった。実は野呂栄太郎は、高校生時代に、先輩から一読を勧められていたものであったので、学生時代から、何度も読む機会を持ち、あの編集作業でさらに深めることができたと思う。二〇〇六年一〇月から〇七年一月までカリフォルニア大学バークレー校に再訪した際に、Andrew E. Barshay 教授（*The Social Sciences in Modern Japan : The Marxian and Modernist Traditions* の著者）から、大学院生に野呂のこの書物を学習させておられること、拙い私の注釈が理解に役立っていることを教えられてなお驚きであった。

もっとうれしいことは先生が病床で出版された『日本資本主義百年の歩み』で、先生がこの著作をものされる大きな動機がこの編集作業に端を発しているということをしっかりと明記されていたことである。先生は偉大な仕事をされてきたことは言うまでもないが、野呂栄太郎への私の関心の持ち方とも重なる思いをもって居られたことは、私には破格の喜びである。なお本書に関する書評を、『経済』第一四四号（二〇〇七年九月）に執筆させて頂く機会を持つことができた。

一九八八年土地制度史学会で、私はそれまでの日本資本主義史の中で、一九二〇年代の経済政策体系の意義について報告したが、この時も大石先生は、温かい批評を下さったことが忘れられない。

5　私の中の大石嘉一郎先生

私はその後不遜にも、先生の共同作品である『日本帝国主義史』や『戦間期日本の対外経済関係』について論評する機会があり、先生のお仕事は体系的展開を残されていない点が問題だと述べたが、これに対して先生はご丁寧なお便りを下さって、「この年では、体系的展開は困難」と率直に語られていたのである。しかしその後、ものの見事に私の表層的批評の限界を知らされたのが、一九八〇年代末からご逝去前までの一連のご業績であろう。先生は一切の権威主義的振る舞いを好まれず、かつ率直なご意見を私のような若輩にまでいただくなど、研究活動をまさに個人の取り組みに帰することなく、研究者コミュニティの共同の営みとお考えであったろうと信じている。一九九八年には土地制度史学会も創立五〇周年を迎え、私はそれを意識して、日本資本主義論争の今日的意義を読み解く報告をさせていただいたが、思いの外多くの参加者で手に汗握る思いであった。その時も先生は優しく今日的意味を問いつつ、私の報告に極めて適切な批評とアドバイスをいただいたことは忘れられない。

このように、私にとっての大石先生とは、土地制度史学会を抜きには考えられないし、また、そのご指摘をなお解決できずにいる現状には、あらためて恥じ入るばかりである。末筆ながら、大石先生とのこのような出会いと、その後親しくおつきあいさせていただけたのは、実は大阪出身の「田舎学徒」でしかなかった私に、当学会への参加を慫慂していただいた静岡大学名誉教授上原信博先生あってのことである。今年、先生没後一年の二〇〇七年秋の当学会が静岡で開催の運びとなったのも偶然と言えば偶然であるが、一九八三年に静岡大学で開催して以来であることも、先生の御霊にご報告しておかねばならない。

大石先生、先生の生前の私たちへの心配りと真摯に真実を極める作業では年齢に一切の差別はない扱いをいただいたことに、感謝しています。どうぞ先生、これからはそうしたお気遣いのない、求道に努めていただければ幸いです。

大石先生と私の「肉体労働」

西成田　豊
（一橋大学大学院経済学研究科教授）

私と大石先生との関係は、それほどつよいものではない。ただ、ひとつだけ忘れられない思い出がある。

私が龍谷大学から一橋大学へ移った二年ほど後（一九八五年ころ）、龍谷大学で土地制度史学会（現在の政治経済学・経済史学会）の大会が開かれた。龍谷大学には当時、土地制度史学会の理事を務めていたN先生がいた。私の方も、一橋大学へ移るとまもなく学会の編集委員に就任することになった。大会の前日、開催校の準備状況をみるために、当時、土地制度史学会理事代表の職にあった大石先生をはじめ私たち各種委員や学会事務局を担当していた委員など一行が、龍谷大学を訪れた。大学では、N先生の指導のもとでたくさんの学生たちが準備に追われていた。準備状況が少し遅れていると判断したためであろうか、大石先生は、「西成田君、きみ、手伝ってやりたまえ」と、私に言った。大石先生から指導を受けたのは、このときが初めてである。職業柄、頭を使うことばかりしている私にとって、「肉体労働」はけっして嫌いではなかったし、N先生や龍谷大学への恩返しという気持ちもあって、学生に混じって準備の手伝いをすることになった。

その日はそれで終わった。「悲劇」がおきたのは、つぎの日である。大会初日の自由論題の発表も、そのあとの懇親会も終わったあと、大石先生や大会関係者やN先生らで、大学近くの居酒屋で二次会がひらかれた。大石先生とN

先生は、私から離れたところで飲んでおり、旧交を暖めていたためであろうか、飲むピッチがかなり早かったようで、一～二時間もすると、すっかり出来上がってしまった。その後まもなく大石先生は私のところへやってきて「西成田君、N君の家で一緒に飲もう」と、かなり酔った口調で言った。大石先生とN先生の酩酊ぶりをみていた大会関係者は、「西成田、きみ、この両先生の面倒をみて帰してやれよ」と私に追いうちをかけるように言った。いくら酒に強いといっても、私とてだいぶ酒が体にはいっているし、酒を飲めば体力も落ちる。しかも泥酔した人の体は重い。私ひとりで相当酔った大石先生とN先生を両肩で担いで連れて帰るのは、たいへん辛いとおもった。それに、私にはひとつ心配する事があった。N先生にはたいへん失礼なことを言うことになるが、京都人は他人を自分の家に上げることを好まない。

しかし結局、「N君の家で飲もう」という大石先生の言葉におされて店を出て、私は二人の先生を両肩に担いでヨロヨロしながらも歯を食いしばってN先生の家へ向った。家に近づくと、一軒飲み屋があり、N先生は急に「ここで、もう一度飲もう」と言いはじめた。ここでも一～二時間飲んだ。店を出たあと、もう大石先生もN先生もほとんど歩けない状態になり、道路に倒れこんでしまった。幸い、その道路は車道ではなかったため、車にひかれる心配はなかったが、私には両先生を助け起こす体力も気力もほとんどなくなっていた。紙数が尽きたので、そのあとのことは御想像におまかせする。

しかしともかく、龍谷大学での土地制度史学の大会は、私にとってほとんど「肉体労働」で終始したようにおもう。大石先生には「肉体労働」での「指導」を受けたような気がするが、その後、学問的頭脳面での指導をほとんど受けられなかったことは、私の非力にその理由があるとはいえ、かえすがえすも残念である。

先生の御冥福を心からお祈り申しあげたい。

大石嘉一郎先生が最後の著作に託されたものは

中川　進
（株式会社大月書店代表取締役）

これは永遠の「謎」として残されている。病床で最後の気力をふるわれてお書きになられた著作を、なぜ小社に託されたのかということである。

その思料されたところはもはや推察の域を出ない。二つの著作編集に関わった者として、大石先生が期されたところをどうしても探りたいものだ。

『日本における地方自治の探究』の最後のまとめは、「こうして、戦後日本の地方自治制は、ほぼ一九五五年ないし六〇年頃に、資本蓄積と民衆統合のためのナショナル・ミニマムを全国的に確保する中央集権的「地方自治」（「中央志向型」地方ボス支配体制）として確立するにいたる。この戦後地方自治制が、五五年頃から開始される日本の高度経済成長を地方において支えることになるが、同時に、戦前から脈々と流れてきた地域住民による地方自治の確立を求める底流は、決して消え去ることなく、起伏をもちながら流れ続けていくのである」と、されている。実は、最後の著作（『近代日本地方自治の歩み』）もここで「止まって」いる。

前共著の著作タイトルは、「近代的地方自治の歴史と限界（傍点筆者）」とある。この著作は、文字通り（タイトルのように）近代日本の地方自治制の歴史を概観し、その限界を明らかにし、現在につなげたものである。しかし、

「はじめ」の中で「地方自治の本旨に基づいて」制定された地方自治法等によって法的に担保された戦後の地方自治に対比して、戦前の地方自治制は多分に前近代的要因を含む独特な構造をもっていた、ことを指摘しながら、「その明治の地方自治制の独特な構造を掘り崩し、その再編をよぎなくしていった（そして第二次大戦後の地方自治改革を支える内発的要因となった）地域住民をめぐる動向こそが問われているのである」と、現在の課題も提示されているかのようにみえる。

最後の著作の「序章　視角と課題」でもこれらをめぐる研究成果のより詳細な検討をされている。これまでの研究史に対する反省にたって、「大正デモクラシー期から昭和恐慌期にかけて、さらには戦時体制下のファッショ的統合の中においても、市民的公共化の動きは脈々と生きつづけ、戦後への展望をはらんでいたことを、積極的に明らかにしなければならない」。また、「近代日本の地方自治制の成立と構造、その変容・危機・再編の展開過程を実証的に明らかにすることにある」と、われわれの課題も提示されている。

こうみてくると、二一世紀となり地方自治・自治体に大きな「危機」があらゆる問題で生じている時、大石先生が私どもに目を向けられた意味がおぼろげにわかるような気がする。

と、勝手な「推察」をさせていただく失礼をお許し願いたい。これからも同時に与えられた大きな課題を、出版という形でかなえたいと念じている。

最後のお仕事

大江　治一郎
（元東京大学出版会）

一九七〇年、『講座日本史』第五巻の編集委員であった大石先生の社研の部屋に執筆者のA先生をお連れした時、A先生の原稿についていくつもの問題点を厳しく指摘される先生を見て、怖い人だなと思ったことが、最初の思い出です。あのころ先生はまだ四〇代前半だったのに、自分が同じ年頃になったとき改めて先生の凄さを実感しました。

先生は歴研や土地制度の大会会場で若い研究者の報告についていつも発言されていたし、いろいろな方から送られてくる抜刷に目を通して必ずコメントを返されていました。産業革命研究会や帝国主義史研究会でもメンバーの報告や原稿について論点を整理し、位置づけ、意見を述べるというスタイルは一貫していました。

帝国主義史研究会では、いろいろなところで見解を異にするメンバーの間で激しい議論が交わされるのを、これでまとまるのだろうかとドキドキしながら聞いていましたが、各巻のはしがきに表れているように、それぞれ相異なる論理も先生は深く読み込んで整理し、位置づけられているので、他人がどう言おうと大石流にはきちっとまとまっていました。

ところで一九八〇年代の先生は東大社研の所長や土地制度史学会の理事代表、学術会議会員を務めながら、五加村研究会や地方史の編纂など、それぞれに責任を全うしようと頑張っておられたため、原稿執筆は進まず、日本帝国主義史の三冊目も含め東大の最後の頃はなかなか本ができませんでした。明治学院に移られてから編著書が相次いで刊行されましたが、そういう中で先生から若い頃からの論文をまとめて論文集にしたいとのお話があり、四巻本を出すことになりました。うち二冊は順調に進みました。補注にも力が入っていました。とくに福島時代の重厚な論文は私自身初めて見るものも多く、それまで先生からもらった原稿は「序論」や「はしがき」が多く少々ものたりなさも感じていたので、先生のバックボーンとしての実証研究の厚みに感服したものでした。きっと、若い人の間では大石先生は編集者あるいは他人の成果をまとめる役回りの人であるかのような印象をもたれつつあるようだが、自分はこのような実証研究をふまえて議論しているのだということを示したいという気持ちがあったのではと思います。後の二冊は難航しました。結局一冊目からは十年以上かかって完成したことになります。

実はこの企画は大石嘉一郎『日本近代史論集』全四巻として企画提案したのですが、社内会議での、「できなかったとき困るから、シリーズ名はうたわず単行本の集合として装丁を揃えることで結果として四部作であることを示すのがよいだろう」とのアドバイスを受けてあのようなスタイルにしたという経過があります。完成までにあれだけ時間がかかったのだから、結果としてこれでよかったと思っています。

全四巻の完結を期して本郷学士会館で合評会兼祝賀会が開かれました。このとき石井寛治先生から、ぜひ大石流の通史をまとめてほしいとの発言がありました。おそらく多くの方が同じ期待をもっておられたと思います。一方でその実現はとても無理だろうというのがみなさんの実感だったのではないでしょうか。ところが先生ご自身はこの注文を真摯に受け止め、ずっと構想を練っておられたことが後でわかります。

先生と初めて飲んだのは、目白から巣鴨への引越しを手伝った際お礼にということで新居でご馳走になったときのことでした。いろいろな話をしましたが、最初の怖い人だとの印象はすぐに消え、とても気さくで楽しい方であることがわかりました。それ以来数え切れないほど楽しい酒席をともにしました。とくに日帝史の研究会のあとはみなさんとの食事会の後、高村・橋本先生と四人で二次会に行くのが定例になっていました。酔っ払ってくると「ヨーシ、よし」という言葉が連発されるのが記憶に残っています。最後に飲んだのは出版会の同僚と谷中の料理屋でのことでした。それから数カ月後先生の発病と手術のことを知りましたが、あのよく通るバリトンの声をもう聞けないのかと、とても悲しくなりました。

一度目の手術を終えて退院されたころ、もう一冊本を出したいとのお話がありました。先生のお気持ちは、自由民権運動から地方自治さらに産業革命へと、自分の研究活動の原点を明示することを通して、若い人たちに近代史研究の今後の視座を指し示したいということだったと思います。この本についてはいろいろな先生からこういうことを入れてほしいとの注文がついたのですが、先生はなかなか聞き入れられませんでした。後から振り返ると、このときすでに『日本資本主義百年の歩み』を計画されていて、みなさんの注文についてはその本で応えるということだったようです。『日本近代史への視座』ができた時には、とても喜んでいただけたし、自分としては最後のお仕事を手伝うことができてよかったと安心したものでした。

ところがその後、通史を書いたから本にできないかとの意向が石井和夫さんを通してもたらされました。すぐに飛んで行きましたが、大学ノートに横書きでびっしり書かれた原稿を見て感激しました。明治学院時代の講義ノートをもとに毎日少しずつ書いておられたと聞き、自分の不明を恥じました。『視座』の時はお元気で長文のお手紙やメモを通じて意思疎通に不都合はなかったのですが、今回はお宅にうかがっての筆談での打合せしかできず、あの声を直接聞くことさえできればと、もどかしさを感じました。苦労しましたが、柳沢さんはじめ石井・原・武田先生にもご協力いただき、この本を私の東大出版会での最後の仕事にできたことをとてもありがたく思っています。

先生にとってもこの本が最後のお仕事だと思っていたのですが……。参りました。

10 弔辞

弔辞

友人代表　保志　恂
（東京農業大学名誉教授）

大石さん

いまこういう場でお別れの言葉を述べることになろうとは何とも残念です。

もはや大石さんの豪放磊落な立居振舞い、笑顔に接し得ないかと思うと、寂しさは言葉になりません。

大石さんは年齢も大学卒業年次も私より三年の先輩で、学生時代には直接の接点はありませんでしたが、旧制高校から東大経済学部にかけて、八・一五をはさむ激動期に苦しみ悩み、悲しみを共有した者としての共感を胸に、心を通い合わせた畏友でした。

大石さんは旧制二高では剣道部で活躍されたと伺っております。抜群の好男子の大石さんは、みごとな剣士ぶりだったと思いますが、まじめにまっすぐ踏み込む剛直さが表の顔なら、男伊達というか、どういう立場の人に対しても深い思いやりの心を持ち、誰もが親しみ、敬愛して已まないお人柄でした。

東大経済学部を志望されたのは、山田盛太郎『日本資本主義分析』にあこがれてでしたが、演習は大内力先生のところを選ばれました。自分の学問研究において「山田盛太郎　大内力両先生を師と仰ぎ　両先生を如何にして超克するかを目標にしてきた」とは大石さんの終生変わらぬ学門地図であり人生地図であったといえましょう。

大石さんは卒業と共に家庭の御事情もあり、福島大学で研究生活に入られました。そこでの一三年間の近代史研究で、山田・大内両先生を超克する自立して独自の大石史学の基礎をきづかれたと思われます。

この間の研究が高く評価され一九六三年に東京大学社会科学研究所に迎えられます。実は大石さんとの直接のお付合いはこの時点から始まりました。私は東大経済学部では日本経済史の演習におりましたが、卒業後は北海道で農業研究に従事し、同じ一九六三年に農林省農業総合研究所に移り上京いたしました。そして大石さんとは土地制度史学会という場でお会いしました。

大石さんの偉いところは――もちろん日本経済史の分野で産業革命から帝国主義へと研究を発展させ学会において指導的役割を果してこられましたが――、誰もが嫌がる縁の下の力持ち的な仕事、事務局長的な仕事を労を惜しまず引受けられたことです。会員全員による理事選挙制、やがて理事定年制をとり入れ、体制の民主化と円滑なる世代交代の体制をつくられました。私はこの事務局の中で大石さんの下でお手伝いさせていただきましたが、役員会の終わったあとには一緒に飲んで私の生涯の中でも大変楽しいときを過ごさせていただきました。しかし今思うと自分は悪友だったなと悔やまれます。

思い出に残るし大石さんに感謝したいのは、一九六七年大会農業部門の共通論題で報告者に選ばれたことです。あとで「君を山田先生に推薦したのは俺だよ」と聞かされました。与えられたテーマは「地代範疇と土地国有論」で、山田先生にきびしくしごかれ地代理論を勉強したことは――批判も浴びましたが――、私にとって貴重な財産となりました。

大石さんは七〇年代独自路線をさらに発展させ、「戦後改革と日本資本主義の構造変化――その連続説と断絶説」

などの論文で歴史学の領域ばかりでなく、理論・現状分析・農業の分野にも大きな影響を与え、発展に貢献されました。また大石さんは一九七九年から一九九〇年にかけて約十年間にわたり土地制度史学会理事代表をつとめられ、自らの研究活動への負の影響も厭わず、学会会員の研究活動の発展と後進の育成に多大の貢献をされました。

大石さんに最後にお会いしたのは三年前、「土地制度史学会五〇年史」ヒヤリングで石井寛治さんと共に御自宅にお伺いしたときです。

大石さんは病いと戦いつつ『日本資本主義百年の歩み』の最後の仕上げに取組んでおられました。この著作は大石史学を通約する通史として内容・文章ともにきびしく吟味されたものです。病いを乗り越えて力を振り絞っておられる大石さんの姿に、また支えておられる奥さまの姿に、私共深い感動を覚えました。

いまは「政治経済学・経済史学会」と名称を変えましたが、学会の進むべき方向について御意見を伺ったところ、「理論　歴史　現状分析　農業の総合という学会の独自性を生かし、批判的科学的観点、国際的関連の中での構造的把握の視点を失わずに社会科学の発展につくしてほしい」と述べられました。

命の限り社会科学者として自己を燃焼し尽くした大石さん。

誠に素敵な立派な生涯でした。

心からその生涯を称え、有難うと、感謝の言葉を捧げます。

今はどうぞ　安らかに　ねむって下さい。

二〇〇六年一一月二三日

弔辞

東京大学大石ゼミナール　第一期生
長谷川　信
（青山学院大学経営学部教授）

大石嘉一郎先生、先生が入院されたことをお聞きし、ご回復を祈りながら五カ月近くが過ぎました。一昨日、先生の訃報に接し、われわれの学生時代にもどって、先生のお元気であったころの姿をあらためて思い起こしました。先生に教えを受けた学部ゼミナール生のひとりとして、弔辞を述べさせていただきます。

先生に初めてお会いしたのは一九七二年に本郷に進学し、経済学部のゼミナールを志望したときでした。研究室にうかがったとき、午後の日差しの中で先生が、経済思想史というゼミナールのテーマについておだやかに語られたことを記憶しています。社会科学研究所におられた先生が、はじめて経済学部のゼミを担当されたときであり、偶然にもわたしたちは大石ゼミの第一期生となりました。いま考えればたいへん幸運なめぐりあわせだったのですが、不勉強な学生であった私にとって、思想史ということばになんとなく引かれた結果でした。これも後で考えれば、私のような学生もなんとか学問的な雰囲気のなかに引き込んで教育しようという、先生のご配慮だったのかもしれません。

学部ゼミナールでまず驚かされたのは、これまでの研究史、研究の流れに関する先生の講義でした。とくに用意をされるのではなく、ゼミナールのなかで、必要に応じて、経済史研究の先人たちの業績を簡潔に説明しながら、それを特徴づけ、また異なった学説相互の関係について触れながら、とうとうと語られました。さらに、一見異なった学説の双方の利点を取り入れながら自説を展開する、いわば「大石史学」の方法をわれわれはかいま見ることができたのです。

ただし、先生は学問だけでなく、ゼミが終わってからの飲み会にもよく付き合われました。飲むほどに、先生は学問研究のお話から、時事問題にいたるまで幅広く語られ、ゼミナールのときとは異なり、ご自身の体験を含めて、また信念にもとづいて、ざっくばらんなお話を聞くことができました。とくに、福島大学時代、そして家業であった醸造業の経営について思い出を語られるときは楽しげなご様子でした。家業に携わりながら研究を続けたこと、そして福島大学における諸先生との交流、研究など、お話はつきることがありませんでした。

その際、先生がめずらしく、なかば自慢げに語られ、またこだわりを隠さなかったことがらがありました。それは、みずからの出自が「豪農」であることでした。一九六一年に先生が著した『日本地方財行政史序説』に登場する、自由民権運動の担い手としての「豪農」です。先生のご研究からすれば、「豪農」は「自生的」な経済発展をになう主体であり、みずからの出自が「豪農」であることは、先生の誇りでありました。

並はずれた酒豪であった先生は、飲むほどに酔い、酔うほどに飲み、周囲のゼミ生たちに「ガンバレ」「ガンバレ」と声をかけて激励するのが常でした。それは学問、研究に対しての激励というよりも、これから社会に出ていくゼミ生たちへのエールであったのでしょう。あまり、学生たちの考え方、そして研究分野にこだわらない先生の気風のためか、ゼミ生たちの進路や、研究者の道を選んだ人たちの研究領域もまたさまざまでした。いまみずからが大学教育に携わる立場になったとき、先生が示した教育のあり方は、ひとつの理想のように思われます。

二〇〇〇年に先生が明治学院大学を退かれたとき、阿部武司さん、柳沢遊さんらの尽力によって、大石ゼミのOB会が開かれました。ひさしぶりに先生のお元気な姿に接し、ゼミ生の近況や昨今の大学教育のあり方まで、夜が更けるまでお話はつきませんでした。そして、先生の研究教育への情熱はいささかも衰えていないようにお見受けしました。

ところが、それからしばらくたって、おもいもかけず、先生は病に倒れられました。しかし、その後、先生は病を抱えつつも、執筆作業を続けられ、昨年には、『日本資本主義百年の歩み』を、教科書として刊行されました。幕末開港から戦後改革までの日本資本主義の通史を書き上げるという先生のかねてからの構想を実現した著作といえましょう。さらに、今回の入院の直前には、地方行財政史の原稿を書き上げられたとお聞きしています。もういくばくかの時間が大石先生に残されていればという思いは、私だけのものではないでしょう。

大石先生が最後まで情熱を燃やし続けた日本近代史の研究と教育という課題は、今後も多くの研究者、教育者によって時代を超えて受け継がれていくことでありましょう。

先生、ありがとうございました。心より、先生のご冥福をお祈りいたします。

弔辞

東京大学社会科学研究所　所長　小森田　秋夫

大石先生、

先生が四半世紀にわたり、その多面的なご活躍の足場とされた東京大学社会科学研究所を代表して、お別れに参りました。

先生は、東京大学経済学部を一九五〇年三月に卒業されたのち、直ちに福島大学経済学部に採用され、同学部に一三年間勤務された後、一九六三年一〇月、三六歳で社会科学研究所に赴任されました。それ以来、一九八八年三月に、定年により退官されるまでの二五年間、研究、教育、大学行政のいずれもゆるがせにせず、自らを律するという姿勢で一貫されました。

研究者としての先生は、極めて精力的でありました。先生は、明治初期の自由民権運動や農民層分解の研究で、夙にその名を知られておられましたが、研究所に赴任されるとほぼ同時に、若手研究者とともに精力的に共同研究を開始され、その後のわが国における経済史研究の中核となる多くの俊英を育てられました。研究領域も急速に拡大され、日本経済史研究の牽引車として、明治維新期研究、自由民権研究から、産業革命研究、日本帝国主義研究へと、研究対象は大きく広がりました。そして、晩年に至るまで、新しい著作を次々に世に問われ、問題提起を続けてこられました。

社会科学研究所の一員としての先生は、研究所の特徴であり伝統である共同研究を一貫して重視されました。研究所のグループ研究の成果として、『産業革命の研究』、『日本帝国主義史』、『近代日本における地主経営の展開』、『近代日本の行政村』などの共同研究を纏め上げるとともに、研究所の全体研究、今日の全所的プロジェクト研究にも力を注ぎ、とりわけ『戦後改革』の研究においては、主導的な役割の一端を担われました。

一方、一九六〇年代末の学園紛争期には、東京大学の改革準備調査会において、全学の研究所を代表する委員として『東京大学改革準備調査会報告書』の取りまとめに加わり、大学の自主的改革の構想を提起するうえで、重要な役割をはたされました。先生のお立場は、一言でいえば、大学の長期的展望を見据えながらその民主的改革をめざすというものであり、そうした見通しの中で、大学附置研究所のあり方についても積極的に発言されました。このような実績を背景に、一九八二年には社会科学研究所の所長に選出され、懸案であった研究所の増築問題を手がけられるとともに、全国研究所長会議の会長として、組織の強化に努められました。さらに、一九八五年からは、日本学術会議会員として活躍されました。

大石先生、

先生は、還暦を記念し、退官を前にして行われた座談会において、後進の研究者と社会科学研究所に向けて、次のようなご助言を残しておられます。第一は、ある特定の分野、特定の産業部門、特定の時期のことだけに視野を限るのではなく、「構造史的把握」を重視すること、とりわけ、世界史の中の日本、アジア諸国と日本という視点を見失わないこと、です。

第二は、さまざまな分野、さまざまな時期を対象とする研究者からなる社会科学研究所の共同研究においては、いたずらに参加者の規模を追求するのではなく、学際的なグループ研究を重視し、深い議論を積み重ねることが重要だ、ということです。

第三は、研究所ならではの役割として、文献資料の系統的な整備や、実態調査にもとづく第一次資料の蒐集とその分析を重視することです。

このときから、一八年。先生のご助言は、驚くほど今日的な意味をもつメッセージとして、後進の私どもの胸に響いてくるという思いを禁ずることができません。

また、先生は、飾るところのないお人柄で、世代、職種を問わず、所内の誰とでも親しくしておられました。今では、先生を直接には存じ上げないスタッフが増えておりますが、先生のお人柄とお仕事とは、今日でも多くのスタッフの記憶に鮮やかに残っております。

最後に、先生のお志を引き継ぎ、社会科学研究所の一層の発展のために尽力することをお誓いして、お別れの言葉とさせていただきます。

二〇〇六年一一月二四日

弔辞

政治経済学・経済史学会理事代表　伊藤　正直
（東京大学大学院経済学研究科教授）

大石嘉一郎先生にお別れを申し上げなくてはならなくなりました。

思い起こせば、一九七一年に大学院に進学して以来、大学院ゼミ、社研助手、岡山県牛窓研究会、日本帝国主義史研究会、そして土地制度史学会。三〇年以上にわたって、さまざまの場で、先生のご指導をあおいできました。思い出は尽きないのですが、ここでは、先生と土地制度史学会、現在の政治経済学・経済史学会との関わりを中心に、お別れを述べることといたします。

ご存知の方も多いと思われますが、土地制度史学会は、一九四八年六月、戦後の民主主義的変革過程なかんずく農地改革の世界史的段階と日本の歴史的画期の本質を解明し、それを「科学的に処理していく」ための学会として創設されました。

当初は、経済学のみならず、農学、農制史、法学、法制史、法社会学、政治学などの研究者も参加し、その後、経済学関係の学会となってからも、理論・現状分析、農業、日本経済史、外国経済史の研究者を包摂する学際的学会として光彩をはなってきました。

「東大に来てから大きかったのは土地制度史学会とのかかわりだった」、「生活の中で大きかった」。先生は、一九八七年の東京大学社会科学研究所退官記念座談会で、こう述べておられます。

先生が、福島大学から東大に移られたのは一九六三年のことでした。先生の言葉通りに述べれば、当時、土地制度史学会は「機関紙赤字返済問題でガタガタしており」、この問題の解決に携わったのが、「学会にずるずる嵌まり込む」始まりだったということです。最初に会計幹事となり、それまでの大福帳方式から複式簿記方式に変更したこと、その後、理事の選出に選挙方式を導入したことなど、学会運営のいわば「近代化」を中心になって推進されました。

私が、東大社研の助手に採用されたのは、一九七六年のことですが、当時は、長く代表を勤められた学会創設者の山田盛太郎理事代表が退任し、高橋幸八郎理事代表、大石事務局長の時代でした。

三四郎池の向かい、弓道場の向かいにある研究室には、多くの先生方が頻繁に出入りし、当時のさまざまな学問上の論点、学会の共通論題などについて侃々諤々の議論が行われ、必ずといっていいほど夜の酒席へとつながっていきました。

また、当時は、学会誌の発送を自分達でやっており、学会誌が出来上がって研究室で梱包作業をしていると、下の奥平先生から「もう少し静かに作業していただけないか」と苦情がきたことなどが、なつかしく思い出されます。

さらに、先生が誇っておられる複式簿記方式も、実態は、日々の帳簿はあいかわらず大福帳で、予決算のみを複式簿記とするので、我々下働きの会計担当泣かせでした。

先生は、一九七八年の学会三〇周年の翌年、一九七九年に理事代表となられ、理事会のもとに編集委員会と研究企画委員会を置くという機構改革を実現されました。この枠組みは現在も続いており、現在の学会の制度的礎石は、この時代に築かれました。

学会名称の変更も先生の理事代表時代に検討の俎上に上りました。この問題については、先生の代表時代には決着がつかず、二〇〇二年一〇月の会員総会において、学会名称を「政治経済学・経済史学会」に変更すること、さらにそれに伴い機関紙名を『歴史と経済』に変更することが決定され、現在に至っております。ちなみに、先生は、「現代資本主義史学会」が名称として望ましいというお考えをもらされたこともありました。

「学問的総力を凝集し、研究水準を高度化し、当面の変革過程に対応し、さらに日本民族と世界史の進展に貢献する」という創立時の課題は、現在でもいささかも色あせていない、否、むしろ現在こそ、その現代的な再提起が必要な時代となっているといえましょう。先生の志を引き継ぎ、学問と学会の一層の発展に尽力することをお誓いして、お別れの言葉とします。

どうぞ、安らかにお休み下さい。

二〇〇六年一一月二四日

弔辞

友人代表　大島　民義
（第二高等学校　昭和一九年入学文科の会）

大石君　君と出会ってから六十年余、この様な形で君と向きあうなど、考えたこともありませんでした。君は、この五年程、病気に苦しめられて過されました。

はじめに病因究明に手間取り、その揚げ句に解ったことはかなり進行した舌癌ということで、主治医の先生からは咽頭の摘出手術を行うか、それとも現状のままで放射線及び抗癌剤治療を行うかの二者撰一を示されたが、君はたとえ声が出なくなり味覚を失ったとしても日常生活が保たれて簡単な研究・執筆など仕事ができる道ならば手術を選ぶ、としたとのこと。この話を君から伺った時、私は君の強い気持ちをひしひしと感じ君を励ましたことを想い起こします。その時の筆談メモは今でも手許にあります。その後、病状は一時安定した時もありましたが、転移拡大することとなります。

その間にあって著述の構想を練り原稿を書き進め、二冊の著書をあらわされました。その一つは『日本近代史への視座』、その二つ目は『日本資本主義百年の歩み』です。病中不自由な体でこれだけの本を書くのは大変なことだと思います。体調のゆるす時は一日一時間位ということであったようですが、この六月に入院する前まで少しでも時間がゆるすと、こつこつと『近代日本地方自治の歩み』の原稿の筆を進めていたとの奥様のお話でした。

この二つ目の本『百年の歩み』を読んだ同級の或る友人が、「この本の全編からかつて二高時代に私どもが論じあった人生論、歴史論の集大成の一つを見る思いがする。大石君はあの若い日の思いを今日持ち続けているのではないか……」とその感想を述べています。

私達が君と出会ったのは、昭和一九年四月、第二高等学校入学の折でした。君は福島の伊達郡保原町（現伊達市）の味噌醤油醸造業の旧家の出身で保原中学四年の折、当時難関とされていた二高を試しに受けたところ合格となり、家業を継ぐという周囲の期待とは別に君の人生は一転することになります。

当時の二高は戦時下であり勤労動員や学徒出陣など騒然たるものでしたが、君は剣道部に入りその寮で二高生活を送られます。旧制高校の歴史は古くその伝統は根深く残され、その校風の中で旧来の価値観を改め自己を掘り下げ互いの交遊を深めてゆく三年でありました。終戦後、二高の中に扇畑忠雄先生指導の下に短歌の会が生まれ、その初めての歌集の中に一九歳の頃の君の歌が残っていますが、その一つ、

〝炬燵べに　居眠りたまふ　たらちねの　母の白髪の　目立つこの夜半〟

この歌には周囲の反対を抑えて、二高進学を支えてくれた母上に対する慕情がこめられている様に思えます。

東大経済学部での大内力先生の演習生ＯＢの集まりが「たにし会」という名で呼ばれているということを、大内先生米寿記念の『経友』の中で知りました。二高ではコンパの時などによくこの「たにし踊り」を唄い踊りましたが、まさか君が大内ゼミのコンパで酔っぱらってこれをやったなど、少々はずかしい思いもしました。

しかし本当によく酒を呑み、また深夜まで大きな声で議論が尽きず静かにさせて帰らせたり、寝かせたりするのに苦労したことを思い出します。

二高の時から六二年。君が亡くなったことは私達にとって貴重な灯りが消えた様な寂しさを覚え残念です。どうか

今迄に残された学問上のお仕事の積重ねの上に安らかにお眠り下さい。　さようなら。

平成一八年一一月二四日

弔辞

東京大学経済学部大石ゼミナール　第二期生　柳沢　遊
（慶應義塾大学経済学部教授）

大石先生。先生の訃報に接する前日に、私は、先生のさいごの研究書『近代日本地方自治の歩み』の初校校正を行なっていました。先生は、今年の五月はじめにさいごの力をふりしぼってこの本を書き上げ、金澤史男さんと私にその刊行を託して、そして六月一一日に東大病院に入院されたのでした。

大石先生とはじめてお会いしたのは、一九七三年四月、今から三三年前になります。たまたま東大の社研から出講されて「近代日本経済思想史」のゼミナールを開講されていた大石ゼミに入ったことが、その後の私の職業をきめることになりました。先生は、有斐閣の『近代日本経済思想史』や『野呂栄太郎全集』の輪読を通じて、近代史研究の奥深さとむづかしさをゼミ生に実感させて下さいました。学部四年生になり、大正デモクラシー期の廃税運動を議論した時に、都市の酒屋・米屋などの中小商工業者がはたした歴史的役割を質問したことがあります。その時先生は、少し考えたあとで「彼らは帝国主義国家を地域社会でささえる上層部の民衆で、米騒動などの打ちこわし対象になるが、その反面、営業税反対運動の主力にもなる、その意味で実に複雑な性格の階層で、これからもっとこの階層を実証的に研究する必要があるのです」と説明されました。近代日本の都市中間層をめぐる大石先生のこの発言は、大学院進学後の私の研究に深い影響を与え、やがて植民地に進出した移住商工業者の研究に一歩を踏み出すきっかけの一つとなります。

大学院修了後、私は四つの仕事を通じて大石先生からご指導を受けました。その過程で、先生の研究の職人的手法とねばり強さを目のあたりにすることができました。たとえば、オーバードクターの時代、復刻版『日本資本主義発達史講座』の「刊行事情」執筆をお手伝いさせていただいたときにも、先生の論文執筆姿勢は私にとってとても新鮮であり驚きでした。東大の社会科学研究所の所長をされていた先生は、その仕事が一段落した夕方から、私と友人の戸塚喜久君が用意した文献・資料に直接目を通して文章を執筆・推敲され、その途中で『プロレタリア科学』の原文をみつけてほしいなどとさまざまな提案をされました。もちろん、戦後の日本資本主義論争についての研究史も参考にはされましたが、あくまでも『講座』の執筆メンバーの直接書いた文章や発言内容を徹底的に重視して『発達史講座』の当初構想とその現実態をリアルに復元されようとしたことがとても印象的でした。しかも、大石先生のこうした執筆姿勢は、原稿提出の期限がすぎて岩波書店の方が連日のように催促に来られている中でも、一貫したものでした。

歴史研究に対する、きびしい非妥協的な姿勢を貫かれた先生が、わたしたちをご指導して下さる機会は、もう永久に失われてしまいました。私は、先生の学問姿勢を忘れることなく、流行や時代の風潮に迎合しない歴史研究をつづけていきたいと思います。

先生、安らかにお休み下さい。

III　日本資本主義史研究の歩み

西ドイツの農家にて（1977年冬）

わたくしにとっての同時代史

大石嘉一郎

一九二七年、福島県の田舎町で味噌醬油醸造業を営む旧家の長男として生まれた私は、家業を継ぐことを期待されて育った。しかし、昭和恐慌の嵐がとりわけこの蚕糸業地帯に吹き荒れ、わが家の家業経営も悪化して、三四年小学校に入学した頃には、借金が増えていた。三七年日中戦争が勃発し、受持の先生が応召する経験を経て、四〇年「紀元は二千六百年」の歌を聴きながら中学校に入学したが、四一年一二月三日、太平洋戦争突入の五日前に父が病没した時には、親族会議で「限定相続」が話題となるほどであった。

一九四四年、当時かなりの難関であった旧制第二高等学校を四年修了で受験し、期待されないままに合格してしまった。大学への進学が予定されている旧制高校への入学を、親戚に反対の声が多い中で母は許してくれたが、この旧制二高入学が私の人生の一大転機となった。高校時代は農村勤労動員から工場動員とつづき、群馬県渋川のマグネシウム製造工場への動員では、強制連行された朝鮮人労働者と同一職場で親交する貴重な体験をしたが、同級生が次々と応召される中で、四年修了の私は一年違いで兵役につくことなく敗戦を迎えた。四五年八月一五日の「玉音放送」は、仙台空襲で焼け残った寮の玄関前で聞いた。敗戦の屈辱感と言い知れぬ虚脱感、それにいささかの安堵感とが入り交じった複雑な心境の下で、西田哲学やヘーゲルなどを読み漁ったが、戦争への社会科学的認識を得ることなく高校を卒業した。

一九四七年、半ば経済学への興味、半ば郷里東北地方の農村問題の解明への望みをもって、私は東京大学経済学部へ入学した。食料事情は厳しかったが、大塚久雄、大内兵衛、山田盛太郎、大河内一男などの諸先生の講義は、私にとってまぶしいほど新鮮であった。二年目からのゼミは、私の問題意識にそって躊躇なく、はじめて開設された大内力先生の農業問題ゼミを選んだ。大内ゼミで日本資本主義の農業問題を学ぶとともに、当時豊田四郎氏、浅田光輝氏、中村秀一郎氏など経済機構研究所派の影響が強かった社会科学研究会に入って、レーニン『ロシアにおける資本主義の発達』を読み、国家論論争（志賀・神山論争）などを学んだ。こうして私は日本資本主義論争に熱中していった。ときに、ドッジ・ラインが強行され、レッド・パージが吹き荒れるさなかにあり、東大学生自治会も、法学部を除いて全学ストに突入していき、私も争議団の一員に加わっていた。

一九五〇年三月東京大学を卒業した私にとって、母が一日千秋の思いで待つ郷里に帰り、統制経済下で生きのびてきた家業を継ぐことは既定の道であった。しかし、すでに研究者への願望を抱いていた私は、家業だけではあきたらず、卒業前に福島大学経済学部に中村常次郎学部長を尋ね、採用を頼み込んだ。幸いに採用が決定され、こうして私は、大学教員と味噌醤油屋との二足の草鞋をはいて、福島大学時代を迎えることとなった。

当時、福島高商＝福島経専から新制大学になったばかりの福島大学経済学部には、豪農マニュ論の藤田五郎さん、経済学説史の小林昇さん、近代経済学の熊谷尚夫さんなどの秀れた先達がいたが、新たに山田舜君、星埜惇君、吉岡昭彦君など、若い研究者が次々と就任して活気を呈し、その中で私は、多忙だが充実した毎日を送ることができた。研究生活で特筆すべきことは、藤田五郎さんや小学校卒業で大学教師になった庄司吉之助さんに従って、次々と県内各地の史料探訪＝調査を行ったことである。その中の会津調査での自由民権運動喜多方事件との出会いが、その後の私の研究の原点となった。

福島県令三島通庸の会津地方三方道路開設の強行に対する、自由党派豪農層の指導する「権利恢復同盟」の闘争が、当時の日本の近代化をめぐる総対抗の底辺を形作る闘争であったことは徐々に明らかになったが、地方自治制成立史の解明を課題としていた私は、まずそれを福島の自由民権運動の研究と結びつけて、明治地方自治制を諸階級の政策的対抗の所産として明らかにした『日本地方財行政史序説――自由民権運動と地方自治制』（御茶の水書房、一九六一年）をまとめ上げた。ときに、私もそのデモに参加した日米安保条約改定反対の国民的運動のさなかであった。

一九六三年、東京大学社会科学研究所から転任の誘いがあり、私は家業をたたんで上京することを決意した。戦後の醤油醸造業は、キッコーマン、ヤマサ、ヒゲタ、マルキンの四印を頂点に資本の集中が激しく、わが家のような零細醤油屋の先は目に見えていたからである。母もそれに反対しなかった。

上京して間もなく、当時経済学部助手の水沼知一君の肝煎で、まだ大学院生であった石井寛治君、中村政則君、高村直助君などを集めて産業革命研究会を組織し、すでに福島時代から開始していた日本産業革命の研究を本格的に進めることになった。間に東大紛争をはさんで、約十年間の歳月をかけてまとめ上げたこの共同研究の成果『日本産業革命の研究』上・下（東京大学出版会、一九七五年）は、日本産業革命研究の戦後の新しい水準を表わすものとなった。さらに七九年から、両大戦間期の研究に着手していた橋本寿朗君、伊藤正直君、武田晴人君などの若い研究者に促されて、第一次大戦以後の日本資本主義の帝国主義的展開過程を対象とする日本帝国主義史研究会を発足させた。この共同研究の成果は、(1)第一次大戦期、(2)世界大恐慌期、(3)第二次大戦期の三巻から構成される『日本帝国主義史』（東京大学出版会、一九八五・八七・九四年）として公刊したが、この最後の巻を公刊したのは、私が東京大学を定年退官し、明治学院大学に就職してからであった。

それと並んで、西田美昭君とはかって大規模共同調査研究を計画した。その最初が、独特な大本家制度をもつ岡山県牛窓町の西服部家の地主経営の調査研究である。岡山大学の坂本忠次君や神立春樹君などの協力を得て、膨大な未公開史料を整理・分析して取りまとめた『近代日本における地主経営の展開――岡山県牛窓町西服部家の研究』（御茶の水書房、一九八五年）が、その成果である。

その成果が公刊される前の一九七九年、東大・一橋大・東教大の大学院生であった金澤史男・大門正克・林宥一・安田浩等の諸君を大学を超えて糾合して、長野県埴科郡五加村を対象とする共同研究を組織し、同村にほぼ完全な形で残されていた膨大な役場文書および区有文書の整理・分析に向った。一二年間におよぶこの史料の分析によって、一八八九年の町村合併により誕生し、一九五五年の町村合併で終わりをつげる近代日本の行政村の構造と展開を、政治・経済・行財政の三局面にわたって総合的に明らかにしたのが、『近代日本の行政村――長野県埴科郡五加村の研究』（日本経済評論社、一九九一年）である。この共同研究によって、国家的公共政策とせめぎあいながら成長してくる地域住民による自主的な「地域的公共関係」を検出したが、それは、自由民権運動喜多方事件を原点とする私の地方自治史研究の到達点でもあった。

この村落レベルの地域住民による「地域的公共関係」の成長を、大都市と農村を結ぶ地方都市について検証しようとして発足したのが近代都市構造史研究会である。この研究会は、五加村研究会の主要メンバーに、新たに柳沢遊君や沼尻晃伸君などを加えて九四年に発足し、一〇年におよぶ調査研究を経て『近代日本都市史研究——地方都市からの再構成』(日本経済評論社、二〇〇三年)を取りまとめた。これが私の主導する共同研究の最後となるが、新たな自主的かつ民主的な「地域的公共関係」の創造は、今後の地方分権化にとって中心的な実践課題となるであろう。

〔おおいし・かいちろう/東京大学名誉教授〕

〔『評論』第一四〇号、二〇〇三年一二月、日本経済評論社〕

戦前期日本資本主義——その構造と段階

大石嘉一郎

このたび私は、これまでに発表してきた自由民権・地方自治・日本資本主義に関する小論文・講演記録等のうち、私の研究視点をよく表現していると思われるものを選んで一冊に取りまとめた『日本近代史への視座』を公刊した。それは、さきに公刊した『自由民権と大隈・松方財政』、『近代日本の地方自治』、『日本資本主義の構造と展開』、『日本資本主義史論』の日本近代史論集四部作を補完するものである。これらを通じて日本資本主義の研究を進めるなかで大きな問題点の一つは、日本資本主義の構造的特質と段階的変化をいかに理解すべきかということであった。

山田『分析』の衝撃

日本資本主義の構造は『日本資本主義発達史講座』（全七冊、岩波書店、一九三二～三三年、以下『講座』と略す）ないしそれに発表した三つの論文を取りまとめた山田盛太郎『日本資本主義分析——日本資本主義における再生産過程把握』（岩波書店、一九三四年、以下『分析』と略す）にもっともよく表現されているが、その『講座』と『分析』は、マルクス主義理論戦線だけでなく、当時戦争とファシズムへの道へ大きく転換しつつあった日本の現状に対して危機感を抱いていた多くの知識人・学生たちに大きな影響を与えた。

たとえば、大学入学後『講座』を熟読することとなった政治思想史家の丸山眞男は、「三二年テーゼもコミンテルンもへったくれもないんです。全く日本資本主義の科学的分析という意味で、目からウロコが落ちる思いがしました」、「一方では世界に雄飛する、第一級の技術水準を誇る日本資本主義が、他方では紡績機械さえ自給できず、しかもあんなにひどい農村の労働力にたよっている、そういう進んだ要素と遅れた要素の相互補強関係の歴史的由来が、

『講座』の分析で実に見事に解明されている……。政治状況からいっても、経済発展の点でも、ぴったりきたんですね」(『昭和思想史への証言』改訂新版、毎日新聞社、一九七二年、四四～五頁)と述べている。

同じく西洋経済史家の大塚久雄も、一九八一年六月の「山田盛太郎先生追悼講演会」で、『講座』および『分析』から受けた「あの衝撃の大きさ」を語り、衝撃を真正面から受けたのはマルクス主義理論に立つ日本経済論者であったろうが、「その衝撃の輪はそれよりぐんぐん広がってまいりまして、社会科学のさまざまな分野や、それからマルクス主義とは思想的立場の異なる人々にまで及んでいったように思います」と述べている(「山田理論と比較経済史学」『土地制度史学』九三号、一九八一年十一月、のち『大塚久雄著作集』第十一巻所収)。

そして、丸山も大塚もともに、その「衝撃的」であった点は、急速に発展した資本主義的関係と広範に存続する半封建的諸関係とが相互に相補うような日本資本主義の構造とその歴史が初めて明らかにされた点にあった。丸山は「そういう進んだ要素と遅れた要素の相互補強関係の歴史的由来が、『講座』の分析で実に見事に解明されている」と述べ、大塚も、「山田理論」の特徴は「日本資本主義の内部では、封建的な関係と資本主義的な関係、抽象的な一般理論からしますと、とうてい相容れないはずの二つのものが、互いに助けあい補い合う関係になっている……この二つがお互いに相補うような関係で、一つの『構造』に編成されている」ことを明らかにした点にあったと述べている。

それでは、丸山も大塚もともに指摘している日本資本主義の構造は、山田の『分析』ではどのように把握されていたのか。

山田『分析』の意義

『分析』の「序言」は次のように始まっている。「本書は、日本資本主義の基礎の分析を企図する。その基礎分析によって、日本資本主義の基本構造＝対抗・展望を示すことは、本書の主たる課題とする所である。本書は、これを、日本資本主義における再生産過程把握の問題として、いわば再生産論の日本資本主義への具体化の問題として、果すことを期している。」このマルクス「再生産論の日本資本主義への具体化」という方法論に問題があることは、すでに指摘してきたのでここでは立ち入らない(『日本資本主義史論』第六章を参照)が、ここで確認しておくべきことは、

「その基礎分析によって、日本資本主義の基本構造」を示すことを「主たる課題」とした『分析』では、何よりも日本資本主義の再生産過程の特質を解明する必要があったこと、そして、そのために産業資本確立過程を規定することに一つの重要な力点がおかれたことである。それは、「半農奴制的零細農耕をもつ特殊的・顚倒的・日本資本主義の、世界史的低位に基く特質は、その産業資本確立過程の規定のうちに構造的（諸範疇、諸編成）に凝集されている」（『分析』「序言」）からであった。

こうして、産業資本確立過程の構造的把握つまり「諸範疇」の編成の解明が課題となるが、それは、「軍事機構＝キイ産業の強靭な統一性を基軸として展開する所の、衣料生産の生産旋回＝編成替えにおける諸々の型」の検出としてなされる。そして、（1）養蚕業に表われた自作農中堅部分を破綻から救い支える「生計補充用副業の型」、（2）織物業に表われた貧農が生計の補充を得る「問屋制度的家内工業の型」、（3）製糸業に表われた貧農層から流出する「半隷奴的賃銀労働者」を再編成した「特殊労役制的マニュファクチュアの型」、（4）紡績業に表われた貧農層から流出する「半隷奴的賃銀労働者」を再編成した「インド以下的労働賃銀および肉体消磨的労働条件をもつ大工業の型」が検出され、さらに、これら一切の型を貫徹している法則、すなわち日本資本主義存立の地盤を規定している法則として、「半隷農的小作料と半隷奴的労働賃銀との相互規定」関係（「賃銀の補充によって高き小作料が可能にせられ、また逆に補充の意味で賃銀が低められるような関係」）が指摘され（『分析』第一編「後記」）、それが産業資本確立過程に成立してくるとされるのである。

私は、『分析』が「高率小作料と低賃銀との相互規定関係」を指摘することによって、日本資本主義の構造的特質をはじめて明確にしたことを高く評価するものである。それは、さきの丸山や大塚が述べた、進んだ資本主義と遅れた半封建制との相互補完関係の核心をなすものであった。しかし同時に私は、『分析』ではその相互規定関係の具体的分析が不充分であっただけでなく、相互規定関係の把握において資本主義と地主制との相互依存関係のみが強調され、両者の矛盾＝対立関係がほとんど無視されたことを指摘しなければならない。日本資本主義は、地主的土地所有―零細農経営を広範な基盤として成立し、そのためそれ自体のなかに半封建的諸関係を広範に内包したのであるが、同時に資本主義の発展は自らの成立基盤をたえず掘り崩し、その矛盾の解決のためにたえず新たな再編を図らねばならなかった。『分析』では、このことが理解されなかったために、とりわけ日本資本主義の段階的変化を見誤らせることとなった。

山田『分析』の限界

さて、『分析』では、第一次大戦の「一般的危機における構造的（諸範疇、諸編成）変化」が問題とはされるが、それは「一般的危機の前提条件としての型の分解」として捉えられる。日本資本主義興隆の絶対要件であった「高率小作料と低賃銀の相互規定関係」が、「型の分解」によってその靭帯を解体されて危機に陥る、というのである。たしかに『分析』でも、前にみた衣料生産の諸型について、たとえば養蚕業における蚕種業者を中心とする富農的発展や織物業における問屋制家内工業から零細工場への転化を指摘してはいるが、こうした発展＝「型の段階」を「型の分解」としてしか捉えなかったのである。そのために、第一次大戦後の段階的変化を充分に把握しえなかった点に、『分析』の第一の難点を認めることができる。

衣料生産の綿絹二部門に限ってみても、一九二〇年代には大戦期の好況を前提にして資本集中・独占が進展し、綿業独占体の確立と対中国資本輸出（在華紡）、対米生糸輸出の増大と巨大製糸資本による養蚕農民の組織化（特約取引）が進むのであり、また三〇年世界大恐慌下では、製糸・養蚕が解体に瀕するなかで、綿織業がそれに代る輸出産業として成長するのである。重化学工業においても、カルテルを結成しつつ対外競争力を強め、二〇年代後半には多くの分野で国内自給度を高め、一部は対アジア輸出を開始するのである。こうした変化を見ないで、二〇年恐慌と三〇年世界恐慌とをつなげて、「型の分解」＝「農村解体」による日本資本主義の危機だけを見ては、一般的危機下の内外対立の激化の基礎にある日本帝国主義の矛盾の成熟過程を見失ってしまうであろう。

『分析』の第二の難点は、その日本帝国主義の進展に伴う、第一次大戦後の日本資本主義の変容が充分に捉えられなかったことである。『分析』では、「金融資本の確立」を画期にして、衣料品工業の「型の分解」＝「農村解体」と「逆比例的」に、軍事工廠での生産の迫進とそれに促迫された重化学工業の展開、その下での労働力群の「序列―陶冶―集成」が進むことが指摘されている。私は、そこに示された資本蓄積の進展に伴うプロレタリアートの成長の析出という視角が、研究史上画期的意味をもったことを認めるものであるが、その過程において労資関係がいかに変化してくるかが、ほとんど問題にされていないのである。

第一次大戦以後、重化学工業の発展を基礎にして労働運動が急激に組織的に高揚したことを契機として、一九二〇年代には官営企業・財閥系大企業では、労働運動が企業内化され、企業別組合や工場委員会などの「協調的労資関係」が生み出されてくる。それだけではない。紡績・製糸など軽工業部門でも、第一次大戦以後の一般的な労働運動の高揚に支えられて、賃金水準が上昇し、「アジア的低賃金労働」からの脱却がみられるのである。さらに一九二〇年代には、先進的な農村では、自小作層が主導する大規模な農民運動の発生を契機に、「農村協調体制」が成立し、小作料の決定に当って村落内で一定の調整が行われることになるのである。もっとも三〇年代には、「協調的労資関係」は空洞化し、「農村協調体制」は崩壊して、激烈な階級対抗が表面化することになるが。

以上のような第一次大戦以後の日本資本主義の変容を捉えなければ、政党内閣制の確立と動揺、吉野作造の民本主義や石橋湛山らの『東洋経済新報』の満蒙権益放棄・国内市場拡大論を生んだ大正デモクラシーの背景も理解することができないであろう。

国家独占資本主義への移行

ところで、第二次大戦後にいたって、一九三〇年世界大恐慌を画期とする日本資本主義の段階的変化について、国家独占資本主義への移行という新しい視点が付け加えられた。日本資本主義の国家独占資本主義段階への移行をはじめて問題としたのは、井上晴丸・宇佐美誠次郎の『国家独占資本主義論』（のち『危機における日本資本主義の構造』）であるが、彼らは、構造的特質規定を繰り返すだけで段階的変化をみようとはしない『分析』を批判しつつ、第一次大戦期の戦時経済統制に国家独占資本主義の成立をみたレーニンの見地を継承して、世界大恐慌による一般的危機の深化への対応としての国家統制（一九三一年重要産業統制法～三八年国家総動員法）に日本の国家独占資本主義の成立をみようとした。

これに対し、戦後再編され高度成長を開始した日本資本主義を国家独占資本主義の成熟形態と捉え、その歴史的な移行・成熟過程を問題とした大内力は、その移行を同じく世界大恐慌による一般的危機の深化への国家的対応に求めながら、古典的帝国主義段階とは質的に異なる国家独占資本主義に特有の国家の経済過程への介入の方法を、管理通貨制度を基軸とする恐慌克服＝予防機能に求め、日本における国家独占資本主義への移行の画期を高橋財政による管理通貨制度の樹立に求めた。

現代資本主義の構造

その後、国家独占資本主義という概念が現実的でないとして、現代資本主義という用語が用いられているが、その現代資本主義論では次のことが確認されている。第一に、国家の経済過程への行政的介入（経済統制）も、管理通貨制度を基軸とする財政金融的景気調節機構と並ぶ現代資本主義の重要な機構であること、第二に、階級宥和政策による労資協調体制や失業救済・社会保障の展開による労働者の体制内化が、独占資本体制維持策と並んで現代資本主義の主要な内容をなすこと、第三に、右の二点を基準とすると、現代資本主義の世界史的な起点は第一次大戦であり、一九二〇年代には各国の現代資本主義化が雁行する「跛行構造」を示すが、世界大恐慌によってそれが「整列」するに至ることとである。

現代資本主義には、（1）独占資本体制、（2）階級宥和、（3）軍事体制の三つの側面がある――それはいわゆる「介入主義国家」の三側面、（1）経済国家、（2）福祉国家、（3）軍事国家に対応する――が、右の「跛行構造」のなかでもっとも遅れて現代資本主義化を開始した日本の場合、天皇制国家の絶対主義的性格と資本主義経済の軍事的・半封建的特質のために、軍事体制としての側面が先行し、階級宥和的側面は極端に遅れ、経済の組織化の面では旧中間層の組織化が重大な課題となる傾向をもった。それでも一九二〇年代には、国際的なワシントン体制と国内の政党内閣制の下で、大正デモクラシー運動と労働者・農民運動の高揚に支えられて、総力戦体制の構築は停滞し、階級宥和政策が一定の進展を示した（労働組合法・小作立法の未成立、治安維持法による弾圧強化、社会保障・社会福祉の貧困などの限界をもつが）。そして、経済過程への介入は金本位制停止下での資本救済策を中心としていた。

しかし、一九三〇年代に入ると事態は一変する。とくに三二年五・一五事件後成立した斎藤・挙国一致内閣（高橋蔵相）の下で、金輸出再禁止・管理通貨制度の成立（三一年）を前提に、恐慌克服と満州事変遂行を双翼とする本格的な現代資本主義化が開始される。階級宥和政策はむしろ後退して「産業報国」的労働政策への転換がはかられ、救農政策も後退して農村経済更生運動による農民の組織化が開始された。恐慌下に進展する社会福祉政策は間もなく軍事目的に従属した「厚生事業」へ転化していった。しかしなお高橋財政下では、恐慌克服策と軍事経済化政策が並存していたが、一九三六年二・二六事件後には、軍事経済化政策が基軸的位置をしめるに至った。日本の現代資本主義化は戦時経済へ帰結せざるをえなかったのである。

さきにみた丸山眞男や大塚久雄が危機感を抱いたのは、その軍事経済化＝ファッショ化による「戦争への道」であり、彼らはこの危機の克服を「近代的人間類型」の形成に求めたのである。しかし、「戦争への道」に抵抗する反ファッショ統一戦線は、厳しい弾圧のために成立せず、日本の近代化は戦後民主改革をまたねばならなかったのである。

（おおいし・かいちろう　東京大学名誉教授・日本経済史）

〔『UP』第三七二号、二〇〇三年一〇月、東京大学出版会〕

座談会　日本資本主義史研究の歩み——自由民権から戦後改革まで

語り手　大石嘉一郎
聞き手　石井寛治　佐藤昌一郎
　　　　中村政則　毛利健三
　　　　柳沢遊　山田舜
（司会）西田美昭

生いたち

西田　きょうは、お忙しいところを遠くからの方も含めて、大石さんの還暦記念座談会にお集まりいただきまして、ありがとうございます。

早速座談会に入っていきたいのですけれど、大石さんの育ったところは福島で、時代的にも生れた年が金融恐慌ですし、そのあと昭和恐慌、農業恐慌というのがあって、大石さんのお宅の家業である味噌・醤油の醸造業があまりうまくいかないという話も聞いています。そのあと東北の大凶作があって、すぐ日中戦争に入り、中学時代には、太平洋戦争が始まるという大変な時代なわけですけれど、この中学の卒業頃までの大石さんの育った環境とか、その中でとりわけ印象に残っているというようなことがあれば、そのあたりから話を始めていただければ、と思います。

大石　私は一九二七年（昭和二年）九月に、福島県伊達郡保原町というところに生れました。この地域は、ご承知の方も多いと思いますけれども、幕末以来養蚕業が大変発展した地域で、福島県と申しましても、どちらかと言うと、先進地域、極端に言うと、関西と似たような商品経済の非常に発展した地域であります。

私が生れた当時、うちは今話がありましたように味噌・醤油醸造販売業が中心でありますが、そのほかに荒物商をやっておりましたし、さらに、蠟燭製造から転化したびんつけ油の製造販売をやっておりました。さらに農業もかなり手広くやっておりまして、はっきり覚えておりませんけれども、一町歩以上手作りをやっておりました。醸造業のほうには当然、杜氏というのがおりましたけれども、そのほかに百姓親方というのがおりました。幸か不幸か、うちは貸付地をあまり持っていない、寄生地主になっていないのです。これが後に農地改革ではあまり影響を蒙らない理由の一つです。

ちょっと前のことに遡って触れますと、私の家は幕末の分家であります。本家は庄屋と呼ばれておりますから、恐らく村役人層であります。うちに残っている資料で面白いのがあります。慶応二年に有名な信達一揆というのがあるのですが、この一揆の指導者の金原田村菅野八郎、世直し大明神と呼ばれた人物ですけれども、この金原田村の八郎とうちの先祖がやり取りをした資料が残っているのです。それは、その地域の水利、砂子堰の改修をめぐって、うちの先祖が代表三人の一人なのですけれども、八郎がそれに文句をつけてきたのに対して、うちの先祖が、そういうのは全然根拠がないということなので、やり合って、最後は、八郎は詫び状を入れているという、大変面白い資料でありますす。これは今私の郷里の『保原町史』の中に入れてあります。恐らく、だから、分家筋ですけれども、幕末にかなり有力な階層に属していたのだろうと思います。

もっとも隆盛だったのは、祖父の時代であります。祖父は大変豪放な事業家で大酒飲みだったと言われ、お前は祖父に似ている面もあると言われますけれども、この祖父が、大体日露戦争前後の頃にいろんな事業をやります。まず共同揚返場、賃引き糸の揚返場を作ったのですが、うまくいかなかったので、その後は、輸出羽二重の会社を作ります。これは勿論共同経営なのですが、資料によりますと、力織機三百四十二台、女工三百、男子工三十と言いますから、かなり大きな会社であります。

さらに電力会社を興します。福島の褶上川、山田君がよく鮎を釣る川の奥のほうに茂庭というところがありますが、そこに発電所を作りまして、そこから電気を引いてまいりまして、電力でもって、羽二重工場の力織機を動かすと同時に、町に電灯をつける、ということをやるのです。伊達電力と言うのですが、これが間もなく米沢のほうまで進出しまして、奥羽電気という会社になります。しかし、これも、そのあと、あまり振わなくて、現在の東北電力に買収されてしまいます。ちょうどその頃、会津地方から蠟を仕入れまして、盛んに蠟燭を製造していたようですが、自分のうちで蠟燭を作りながら、電気を引くのは矛盾しているのではないかという話があったそうです。

さらに伊達蚕種合資会社を作ります。自作でもって、桑畑をたくさん作って、養蚕をかなり大きくやると同時に、蚕種製造もやっております。この蚕種会社の建物が現在も残っておりまして、大変大きな建物で、壊すに壊せず困っているところです。

こういう一連の事業をやりましたけれども、結局みんなうまくいかないのです。なぜうまくいかなかったかというのは、経済史の研究対象になると思いますけれども、いずれにしても全部潰れまして、最後に残ったのが、味噌・醬油醸造業です。これは大変堅実な商売だということで、それだけが残ったのです。

そういうふうに、祖父は大変事業家なのですが、父はちょっと病弱で、たいへん気がやさしい人で、事業が没落した中で、うちを支えていくのに大変苦労したようです。どちらかというと、文人で、絵をかくことが好きで、絵の会等を作ったり、ちょうど大正デモクラシーの時期ですから、町の有力者の子弟達が集まっては、いろいろ文化的なサークルをやっていたようであります。前に雑誌『経済』に「土蔵の中の『資本論』」という話を書きましたが、高畠訳『資本論』が土蔵の中にありました。あれは確か昭和二、三年、一九二七年、私が生れた頃に出た本ですから、その頃もまだその文化サークルがあったのだろうと思います。恐らく私のおやじは全然『資本論』には興味ないはずです。だれかが持ってきて、置いたのだと思います。

そういう調子ですから、家業を発展させる力がなくて、そういうところで、昭和恐慌の中に入ってしまいますから、不況に対応する力を持たないで、借金がだんだん増えていったようです。私の子供の頃には借金取りがよくうちにきて、座っておりました。

田畑を次第に手放してまいります。父は、最後は、養鶏組合長をやりまして、鶏を飼うのが大好きで、六百羽ばかり鶏を飼っておりました。バタリー養鶏という、戦後のゲージ養鶏のはしりみたいなことをやるのです。私が子供の頃、毎日鶏に餌をやるのが小学校の頃から中学校にかけての大変な仕事でした。

その先まで言いますと、父は、一九四一年(昭和十六年)十二月、太平洋戦争の勃発する直前に亡くなるのですが、私が中学二年の時です。この時には、負債が資産をオーバーしておりまして、限定相続あるいは限定承認という制度がありますが、その限定相続にしようという話が親族会議で起きます。ご承知のように、旧民法では、私が未成年で、母が親権者で、女の場合には、親族会議の決定に従いますから、その親族会議で、それが議題になりました。結局最後は、母が強く反対しまして、限定相続、言ってみれば破産ですけれども、そうならないですんだというふうな状況ですから、ちょうどこの時期、私が生れて中学までの時期に、うちはどんどん傾いていったのであります。

ところで私は、生れた時に、二ヵ月ぐらい月足らずでありまして、いわゆる虚弱児童であります。小学校から中学校にかけて、いつも級長だったのですが、級長というのは一番前に立っていなければいけない。朝礼で、校長先生の話が長くなりますと、必ず貧血でばったり倒れる常習犯だったのです。小学校に入ったのが、昭和九年（一九三四年）で、小学校四年の時に日中戦争が起きまして、受持ちの先生が出征するということもありました。言ってみれば、物心ついた時にすでに戦争の真直中でありますけれども、まだその頃までは、田舎で、それほど戦争の雰囲気が深く漂ってこない。ちょうど一九四〇年、いわゆる紀元二六〇〇年（昭和十五年）の年なのですが、紀元二六〇〇年祭で、非常に騒いでいた時期に中学に入ります。そして、中学二年の時（四一年、昭和十六年）に太平洋戦争に入ってまいります。そのためすでに中学時代から、出征農家に対する勤労動員ということを経験いたします。

そういう流れを申し上げますと、すぐお分りかと思いますけれども、小学校に入る頃までは、まあなんとなくうちも少しは裕福だったのですが、急速に貧乏になりますし、しかも恐慌から東北凶作の影響で、ちょうど私の小学校に入った頃は、周辺がかなり貧窮しておりました。同級生の中には、農家の者がたくさんおりますし、彼等は当時着物を着ておりますが、この着物がよれよれの着物であります。特に貧困児童に対しては給食があり、小学校の小使室には、昼になると、給食者に対する弁当がたくさん作られ、積まれたわけです。我々は子供で、なにも分りませんから、彼等はなぜ弁当を貰えるのだろうと、羨ましがったものですけれども、給食児童には特に農家の子弟が多かったようです。

ただ、あの地域は、先ほど言いましたように、いわゆる東北農村というよりは、かなり商品経済が発展している地域で、養蚕が非常に盛んで、養蚕が恐慌で駄目になったあとには、緬羊の飼育が普及いたします。この羊の飼育と、蚕糸業の商人精神が一緒になりまして、戦後に当時ホームスパンという織物生産を始めるのですが、間もなくそれがニット生産に変りまして、現在私の田舎は「ニットの町保原」ということを言っております。

中学時代は、時間もありませんので、簡単にいきますけれども、最後に中学四年生になりまして、旧制の高等学校を受験しようという気になりました。なぜそうなったのか、理由が今でもはっきり分りませんが、ひとつは受持ちの先生に二高と東北大を出た小川武二という先生がおられたためだと思います。あとで、福島大学の教育学部の教授になられるのですが、英語の先生です。この先生の影響があったのと、なんとなくなにかに挑んでみたいような感じで、受験してみようと思ったような気がします。

この中学は非常に田舎の中学ですから、およそ高等学校なんかにはほとんど入らない中学であります。まして四年から入るというのは滅多にない。しかも戦争中で、文科に入りますと、途中で兵隊に取られるのはみえみえの時期に文科を受けたいというのです。そこで、四年の時、一度だけ受けさせてくれということを母に頼みまして、どうせ受からないから受けてみろ、ということで受けたわけです。

私自身は、むしろ中学時代は、数学とか、物理とかが得意でして、一番苦手なのが地理と歴史です。これは暗記ものと言いまして、覚えるのが大変ですから。それでもなにか文科に魅力を感じて、文科を受験したわけです。たまたまそれが受かっちゃうのです。これが私の人生の最初の一番大きな転機のような気がします。もしこの時入ってなければ、そのあとは完全に変ったというふうに思います。

石井　中学生の時にはもう戦争が始まっていたという話でしたが、戦争についてば、どんな気持ちでみていたのですか。

大石　小学校に入った時、すでに満州事変が起きておりますし、それから日中戦争が進展していき、普通よく言われているような軍国主義教育が徹底しておりますから、我々の世代は、前の世代と違いまして、軍国主義に対する疑問をほとんど抱かない世代ですね。中学では、校長先生や受持ちの先生が、もし上を受験するなら、できるだけ軍隊の学校を受けろ、という勧誘をしていた時期です。もっとも、海兵とか陸士というのは難しくってなかなか入れないのですけれども。ちょうど中学四年の頃には、予科練というのができまして、受持ちの先生が盛んに勧誘していました。同級生で、予科練に四、五人いったのじゃないでしようかね。どうしても軍隊の学校に行けないやつは、理科に行って国家のために尽せ、という話もありましたね。

佐藤　先ほどなんか病弱だったという話がありましたね。それがもう中学に入る頃は？

大石　いや、中学に入った頃はまだ駄目です。そのあとめきめき変りました。中学に入った頃は、同級生で、背の丈が真中ぐらいですけれども、中学出る頃は大きな方になりました。二高に行って、剣道部に入った。中学の時から剣道をやっていて、初段でしたけれども、二高に行って剣道をやりまして、急速に丈夫になりました。

山田　海兵、陸士は勧められなかったのですか？

大石　それは勧められなかった。弱かったせいもあるのかなあ。

山田　家が旧家だと勧めないのですよ。サラリーマンの子とか、これは戦争中は貧乏ですから、そういうのはもう強引に勧められましたよね。要するに地主ブルジョアとして、没落してもやっぱり相当なもので、教師のほうも、恐らく敬意を表して、陸士、海兵は勧めなかったのだろうかな、という気はしたのですけれどもね。

大石　跡取りだからですね。

佐藤　それは十分に考えられますね。僕は数年あとだけれども、今でもよく覚えていますね。夏になると、学校に勧誘にきて、七つボタンの予科練じゃなくて、江田島の海軍兵学校が、非常にいいところだから、お前らもあとに続け、というような、それで入学試験は一番難しいというので、定評がありましたね。

石井　先ほどの話ですと、お父上は一九四一年に亡くなられるのですが、大正デモクラシーの影響を受けているご両親の教育方針とか、そういうことで、印象に残っていることがありますか。

大石　いや、ほとんどないですね。全く自由というか、「勉強しろ」と言われたことはまず一度もないですね。さっき言いましたように、むしろうちの仕事をやらされるのです。子供ですから、夜、暗くなるまで遊んで、帰ってきたら、鶏がみな眠っちゃうのですね（笑）。鶏を起こして餌をやった。そういう苦労した覚えがありますね。

中村　受験勉強はどのように？

大石　受験勉強は、先輩が持っていた参考書を譲って貰いまして、あの頃『代数の頭』とか、『幾何の頭』とか、いろいろ有名な参考書があるのですが、買って貰えないから、先輩のところへ行って、譲って貰いまして、それで、自分で、勝手に勉強しましたね。最後は中学校を休んで、受験勉強をやりまして、それで受持ちの先生に怒られまして、「学校へ出てこい」、「いや、受験勉強忙しくって」というふうな調子で、まあ、学校自身、そういう面ではのんびりしていたのかも知れません。まわりで、それほど受験態勢がありませんから、自分でやらなくてはならない。

第二高等学校生時代

西田　受験の話が出たところで、二高の話に移ります。二高時代というのは、太平洋戦争の末期の一九四四年四月入学で、卒業するのが戦後の四七年三月、二・一ストの直後ぐらいということになっていますけれど、この間あの有名な宮城県の南郷村での農村動員、それから渋川のほうの軍需工場での工場動員という大変な時期を過ごされ、それで敗戦ですね。その時のショックとか、いろいろあったと思うのですが、二高時代について、少し語っていただきたいと思います。

大石　さっき言いましたように、二高文科乙類に入るのです。乙類というのは、ドイツ語を主にするところなのですけれども、ただ、もう戦争の非常に激しい時期ですから、入って、まともに授業があったのは、一年の二学期までだったと思います。だから、ドイツ人の教師もおり、時間割には、語学の時間がかなり多かったのですけれども、私たちの時代は、高等学校で、語学を身につけ、教養を身につけるという、そういう経験の少ない時代であります。

入学した時に、剣道部に勧誘されて入り、剣道寮という寮に入りました。小さな寮ですけれども、不思議と自由な雰囲気の寮でして、剣道の稽古は、非常に厳しいのですけれど、寮にある書物は非常に軟弱な読みものが多い。そういう不思議なところでした。これは旧制高校のそれ以前からのお決まりなんですが、いろんな人生論的な本、倉田百三とか、阿部次郎とか、そういう類いのものは大抵読むわけです。ゲーテ全集をえらく感激して読んだことを覚えております。しかし、これはほとんど身につきませんし、そういうなかで、やはり戦争というのをなんとか自分に納得させる、意味づけるというか、そういう努力をしたように思います。

田舎の中学からポット出たわけですから、右も左も分らない。仙台というのは大都会だなあと思ったほうですから、非常に子供だったような気がしますね。そこで、いろいろ先輩が、そういう人生論的な本を読ませては、一種の自我意識の目覚めみたいなことをやらせるわけですけれども、同時に戦争を自分自身に納得させる、意味づける努力をしました。例えば、「大東亜戦争」の歴史的位置付けをやった、高山岩男など京都学派の書いたものは、今も覚えております。さらに、もっと激しい皇道哲学とか、あるいは神話哲学というのも読んだ記憶があります。

しかしなに分にも戦争が激しくなる状況ですから、高等学校一年の時から、勤労動員にまいりました。最初は農村で、宮城県の仙北地方の農村に、田植え、草取り、稲刈りと、ずっと出かけるわけです。そのなかの一つに南郷村がありました。この南郷村が、あとで東北大学の調査で、有名な村になるのですが、去年、宮教大の安孫子麟君が、『南郷町史』という本を呉れましたけれども、その町史のなかに、二高生の勤労動員の写真が入っているのです。農村動員は、もともとうちで農業をやっておりまして、百姓も手伝っておりましたから、私にとってはそう苦痛じゃありません。食糧がだんだん不足してきた時期ですから、農村に行くと、腹いっぱい食べられるし、ドブロクも飲めるというありがたい勤労動員だったのです。

ところが一年の三学期になって、工場動員に行きます。これは最初、群馬県の渋川にある関東電化という工場ですけれども、この工場は、当時、マグネシュームを作っておりました。マグネシュームを作るためには、まず、鉱石に塩素をぶち込んで、電気炉で溶解するわけです。そこが一番きつい職場でありまして、同級生の中で、体格のいいやつがまわされまして、私もそこの職場で働きましたが、ここには職制を除いては、学生と強制連行された朝鮮人労働者だけなのです。当時は勿論、強制連行の実態は我々には分りませんで、朝鮮人労働者が、いろんなことで、職制に文句をつけていたのをよく覚えております。彼らは僕らも強制連行されたと思いまして、もっともある意味では強制連行なんですが、大変親しみを感じたらしく、彼らとよく話をしました。日本語はそれほど達者でありませんでしたが、そこで聞いた話では、朝鮮で募集された時には、いろんな好条件で釣って、それで釜山から船に乗った途端に、まさに監獄部屋的に扱われて、工場にきてからも、工場からの送り迎えには労務課の屈強な男たちが脇についており、寮に入ったら、全部鍵で締められるという待遇でした。勿論逃亡する人もいたようですが、逃亡すればたちまち警察につかまって、ひどい目にあうということでした。そこで、三ヵ月ほど塩素ガスを吸いながら、かなりきつい作業をしましたが、たまたま伊香保温泉に寮がありまして、小暮別館と言う今は最高級の旅館ですけれども、そこに住んで、そこから、例の電車で、コトコトと通って、電車の車掌の女性がえらく威勢がよくて、上州カカア天下だなと感心しました。毎日、工場に通いながら、戦争の話などしておりました。というのは、次ぎ次ぎと同級生が戦争に取られてまいります。私は四修ですから、一番若いのですが、普通は五卒という五年卒業が多く、そのほかに浪人一年とか浪人二年とかがおりまして、次ぎ次ぎと出征しました。浪人二年は、その前に兵隊に行きまして、二人ばかり戦死しております。

その渋川工場は、大変仕事がきついので、三ヵ月ほどでクラスが交替になるのです。あとで終戦の時に、残った連中に聞きましたら、この朝鮮人労働者は、暴動を起こしまして、職制の家を襲ったようです。職制は、我々からみると大変親切な人だったのですが、やはり直接の責任者ですから、朝鮮人労働者に襲われるという、そういう悲劇を蒙ったようです。

群馬から仙台に戻りまして、今度は、仙台の苦竹というところにある陸軍工廠に勤めることになりまして、ここでは薬莢を作っておりました。薬莢の製作は、真鍮の棒を旋盤で切断し、それをだんだんプレスして伸ばしていく、いくつかの工程から成っており、私はそこの最初のプレス、熱間プレスを担当しました。この時はもうすでに四五年(二十年)の一番激しい時期になっておりますから、時々空襲もありますし、特にグラマンに追いかけられるとか、そういうことがよくありました。しかも、工場労働をやったことのない高校生ですから、作った薬莢にはおしゃかが非常に多かっただろうと思います。陸軍工廠ですから、軍人が威張っておりましたが、ついて行った高等学校の受持ちの先生が、位階勲等がその軍人より上だとかいうわけで、変な権威を笠に着て、我々がいろんな要求を出したりしたのを覚えております。食糧は非常に不足してくるのですけれども、軍工廠に行っている限りは、比較的食糧が多い。ただ、なに分にも毎日工場ばかり行っているわけですから、勉強してないのですね。そういう最中に、仙台空襲がありました。たしか四五年八月、敗戦の何日か前ですね。これで見事に仙台市中央部が全焼しまして、同級生で、空襲で死んだ人もおります。この時、高等学校が空襲で焼けてしまうのです。その頃、高等学校の校舎には、東北軍管区が入っていて、軍隊がいて、軍馬がいたのですが、その軍隊は全部逃げてしまう。我々は校舎を空襲から守るために盛んに水をかけたのですが、水をかけたくらいではとても消えなくて、高等学校の校舎はほとんど全部焼けます。そして間もなく敗戦です。敗戦はこういう状況の中で迎えるわけですから、非常なショックでもあるわけです。ただ、何日か前からすでに敗戦情報が流れておりました。例の有名な玉音放送は、寮の前で、ラジオをかけて聞きましたが、ガアガア言って、なにを言っているのか分りませんでしたが、まあ、負けたという話だけは分ったという状況です。

その敗戦のショックは、ちょっと簡単に言い表せないのですが、一面では虚脱感と言いますか、なにか今まで支えていたものが抜けてしまったような感じと、同時になんとなく解放感みたいなものがあったようです。前の日まで真暗だった寮が、次の日から電気が光々とつきますから。間もなく文化サークルみたいなものが動き出します。私自身はそれほどでもありませんけれども、そういう解放感的なものも高校生の中にはあったようです。

このあとは校舎がありませんで、秋保温泉に行く途中の三神峯というところの幼年学校のあとへ、高等学校は移ります。終戦後授業はなかなか再開されませんで、終戦後の授業というのはあまり記憶にないのですね。郷里に帰ってしまった人もおりますし、まあ、最後に記憶があるのは、ドイツ語の先生が、お前たち東大をドイツ語で受けるのに、その力ではとても駄目だ、特訓をしてやる、と言ってドイツ語の特訓を受けた、その授業の記憶だけは残っております。

終戦のあとに、私自身は西田哲学に非常に惹かれるのです。有名な田辺元の『懺悔道の哲学』が出たのですが、一億総懺悔論ですけれども、もともと戦争に批判心をそれほど持たなかったので、『懺悔道の哲学』を本気になって読みました。そのあと、特に柳田謙十郎の西田哲学に基づいた本を良く読んで、それで西田幾多郎自身の本もよく読みました。哲学に興味が出てきて、その頃カントを読んだり、ヘーゲルを読んだりして、友達二、三人とヘーゲルの『精神現象学』の読書会をやった記憶が残っています。敗戦後一番記憶に残っているのは、そういった哲学を盛んに読んだことです。従ってほとんど社会科学的なものは読まなかった。これは旧制高校、特に二高には、すぐれた社会科学の先生がいなかったためです。法政経済とかいう科目があったのですが、それはおよそつまらなかった。ただ、終戦後になりまして、あとで立教大学の学長になる尾形典男さん、南原繁先生の弟子で、政治学の人ですけれども、その先生がやってきまして、その人のうちを訪ねたりして、新しい雰囲気に触れて、南原先生の『国家と宗教』に感激した記憶もあります。それから、当時東北大にいた桑原武夫が講演にやってきて、ちょうど「第二芸術論」を書いた時で、日本の俳句は第二芸術だという話ですけれども、その桑原武夫の話を聞いて、この先生は偉いなあと思ったこともあります。そういうことで、社会科学のほうはほとんど高等学校では読みません。最後のほう、ちょうど大学を受験する頃に、僕は初めて「日本資本主義論争」なるものを知るのです。勿論その前に、この時期ですから、『ソ同盟共産党史』とか、マルクス主義の本も読んでいますけれども、たまたま仙台で買った向坂逸郎の『日本資本主義の諸問題』という黄土社から出た本、あの本を読み出したら面白くて、仙台から郷里まで帰る汽車の中で、一気に読んだような記憶があります。「日本資本主義論争」との出会いはそれが最初です。

ちょうどこの時期が、二・一ストの頃です。東大の受験の日にちは忘れましたが、二・一ストのあと、間もなくだったと思います。二・一ストの例の伊井弥四郎のスト中止のラジオ放送がありますが、あれは仙台の下宿で聞きました。全体に対する理解は、まだほとんどできておりませんが、そういった世の中の動きがひしひしと伝わってくる、そういう感じが仙台にいても、かなりありまして、それから急速に社会的な問題に興味を持つようになったように思います。

それで、東大の経済学部を受験したのですが、しかもドイツ語で受けて、たまたまこれも合格した感じであります。経済学部をなぜ受けたかと考え直してみたら、これもあまりはっきりしませんが、ひとつは、私の叔父に台湾銀行に勤めていた人がおりまして、この人が戦前の山田盛太郎の『日本資本主義分析』なんかも持っていて、経済のことをよく知ってまして、その人の話を聞いて、学問としては経済学が一番面白いのではないか、と考えたように思います。もうひとつは、特にこの時期に急速に経済的な問題に関心を持ち、とりわけ東北農村の問題は経済問題だ、というようなことを考えて、母は悪い奴をこらしめるため法律学をやることを望んでいたのですけれど、特に経済学部を受験することにしたように思います。

西田　二高に入って、六ヵ月ぐらいしか学校生活ってないわけですよね。一月には工場動員に行っちゃう、ということですけど、その間にゲーテ全集を読み、人生論を語り、京都学派の書いたものを読むとか、その間に全部やったのですか。その時にはマルクス主義に関係するようなものというのは、全然読まなかったのですか。

大石　一番大きいのはまわりにマルクス主義の本がなかったことですね。寮の中に本がたくさんあるのですが、その中には一つもなかったですね。勿論、持っていたら罪ですからね。話としては出ていましたけれども、マルクス主義とボリシェビズムはどう違うか、という話が出ても、全然分らなかったですよ。
西田　戦後の時代にはもう……。
大石　戦後は急速にそういう本が出てきます。もっとも紙がないので、出ると言っても、敗戦の年にはほとんど出なかったんじゃないかな。出てくるのは古本ですよね。例の西田幾多郎の『善の研究』が出るというので、行列ができたという話、あれだって翌年じゃないかな。だから、出てきても、それほどたくさんは読まないが、読み出したことは事実です。
西田　『資本論』は、大学で読んだのですか。
大石　そうです。
毛利　文乙で、ドイツ語と教養を主として、とおっしゃったけども、その授業科目のなかには社会科学関係の科目というのは、含まれてないのですか。
大石　一科目はありました。それはさっき話した法政経済とかいう科目です。
毛利　逆にゴットルとか、ナチス関係のほうの経済学を教えたり、読まれたりという、そちらの……。
大石　それはなかったですね。先生方にそういう力がなかったのでしょうね。ただ、ニーチェはよく読みました。ドイツ語の先生に、ドイツ人が一人おりまして、彼はナチスのようでしたが、ナチスの哲学や経済学は教えませんでした。彼は、終戦になった途端に行方不明になっちゃうのです。
毛利　それともうひとつ、東大を受けられた時に受験科目は、ドイツ語のほかに、どういうシステムだったのでしょうか。
大石　あの時は、語学と、歴史の小論文ものが……。
山田　語学と日本史。
大石　僕が覚えている問題は「一八四八年について論ぜよ」。それは世界史です。
毛利　一八四八年。
大石　共産党宣言の年であり、三月革命の年。
山田　思い出しました。今の言葉で言えば、世界史だったのですね。
石井　高等学校時代に歴史の教育はあったのですか。
大石　歴史はありました。あとで東北大学の教授になります西村貞二さんの西洋史は面白かったです。日本史はよく覚えていないなあ。
西田　皇国史観ですか。
大石　そうでもないですね。高等学校ですから、語学の時間は依然として多いのですね。そのほかに国文と漢文が多くて、論語・孟子など、四書は全部教わりました。国文学の教師で、扇畑忠雄という、アララギ派の歌人で、後で東北大学の教授になる先生から、万葉集を教わり、僕も和歌に興味をもち、扇畑さんの主宰する和歌のサークルメンバーになって、アララギに投稿したりしたこともありました。それはもう昔の話だけれども。

毛利 それを、一、二首ちょっとご披露下さい（笑）

中村 さっきの八月十五日の話を聞いて、僕なんかとは敗戦の受けとめ方がだいぶ違うなあと思って聞いていたので。僕は、東京の新宿生れで、とにかく全部空襲で焼け出されますけれども、焼けトタンのバラックで、食い物もまずないのです。だけど、学校へ行くと、なんかホームルーム民主主義、これはもう非常に鮮明に覚えているのですよ。ただ八月十五日の玉音放送は草津の山の中で聞いているのです。学童疎開で行っていますからね。でも帰ってきて、戦争に負けるというのは、こういうことなのだな、というのを、小学生でしたけれども、非常に実感としてあったのですね。

そこで、よくいろんな人が、敗戦を境に価値観が大転換して、騙されたとか、そういう印象ではないのですね。

大石 騙されたという印象ではないですね。むしろ、今まで自分で自分に言い聞かせてきた戦争へのアイデンティティがガクンと崩れるわけでしょう。騙されたという感じよりも、これはどういう意味を持つのだろうと悩みました。

中村 敗戦体験というのは大石さんにとって、かなり原点としてあったのですか。そうでなくて、もっとあとの大学に入ってからのいろんな社会的な体験とか、そういう中で……。

大石 直接的には、戦後の体験でしょうね。ただ、それが敗戦体験に絡まっているわけで、戦争というものをとにかく支持してきた自分自身、それが崩れたところから出発したわけです。

石井 大石さんの世代は、戦争に行った人間と、行かなかった人間と、いろいろあるんじゃないかという気がするんですが。

大石 山田君は一つ上だけれども……。

山田 一つ上は、遠くまで戦場に行かないで、大体内地ですよ。船がないのだもの。日本から出れないわけだ。

大石 岡田与好君がよく言いますけれども、九州でタコツボ掘りをしたそうですね。アメリカ軍が上陸してきたら、防ごうというタコツボを掘っていた。軍人ですから、一般の人よりはるかに待遇はいいのですよ。それで、彼等は、敗戦になって、毛布を担いで帰ってきた。こっちは、もう着るものもない。その毛布が羨ましかったですよ。もっと上の、つまり戦場に行った組はちょっと違うと思うのですね。

柳沢　虚脱感と同時に、解放感も出てきたということで、文化サークルも動き出したというお話なのですけれど、それは戦争直後なのですか。それともやはりかなりタイムラグがあって、二十一年頃になってからなのですか。

大石　半年ぐらいは混乱状況ですね。みんな学校に行かないですよ。しばらくは、満足な学生生活をやらなかったような気がするのですね。

柳沢　文化サークルが活動を開始して、それのどこかに入って活動をされたのですか。

大石　僕は、入らなかったですね。田舎育ちで、真面目に戦争を信じていましたから、そう簡単に転換できなかった。戦時下でもなるべく戦争から逃げるとか、勤労動員に行ってもなるべくサボるとか、そういう都会的な人たちがわりと早く文化サークルを始めましたね。

西田　話がちょっとずれるのですけれども、大石さんの家業のほうは、この戦争中どうなったのですか。

大石　それは簡単に言うと、統制経済の中で生き延びるのですね。企業整備というのがありまして、零細な業者は整理の対象になり、そこの働き手は、工場に取られるわけですけれど、うちは醸造石数がちょっと足りなくて、整理対象になったのですが、親戚から分けて貰いまして、なんとか家業を続けるようにしてもらった。母がかなり頑張ったのですけれども、姉と妹の二人もかなり働いたようです。統制経済ですから、一応原料は配給になりますし、製品は、配給でもって販売ができて、一応マージンが残るようになっている。まして、闇経済から言うと、そういう食糧関係のものを持っているというのは、他のと交換できるから、強味です。決して楽じゃなく、非常に限られた範囲だけれども、統制経済で、一応なんとか生きていける。しかも農業をやっていましたから、食べるものは一応あるという形です。

僕は、休みになると、とにかく早くうちへ帰って働かなきゃならないわけです。夏休みなんかは全くうちへ帰って、百姓をやったり、味噌・醤油を作ったりという生活ですね、学生の時は。

山田　ものすごく羨ましいですよね。食べ物の心配をしてないのですからね。ちょっと時代がずれるけれども、中村さんの場合もそうでしょう。僕らは、同じ世代だけれども、やはり食べ物は大変だったですね。

東大経済学部生時代

西田 東大経済学部に入学して、大内力先生のゼミに入られたということですけれど、この時期は、世の中全体としてみれば、下山事件とか、三鷹事件とか、松川事件というのが四九年に続いて起こりまして、そのあと朝鮮戦争、同時にレッドパージというのも起きて、大学の中でいろんな動きもあって、問題意識も多分その時にかなり本格的に養われたのじゃないかというふうに思うわけであります。大石さんの話では、この時に、本格的に日本資本主義論争に夢中になったと、こういうふうに言われたので、そのへんのお話をちょっとお伺いしたいと思います。

大石 今、食糧の話が出ましたけれども、この時は東京に出てきていますから、食糧に大変苦労しましたね。勿論、配給制度ですから、並んで、なにかを食べるのも大変なことでした。そういう惨澹たる話は、よく話されているのですが、僕は、経済的には苦しかったけれども、かなり活気に満ちた時代だったような気がしますね。

東大時代を簡単に要約して、幾つか項目だけ述べますと、一つは、経済学部の講義ですね。私にとって二高時代というのは、ほとんど社会科学が分らない時代でしたので、経済学部の講義というのは、大変新鮮な印象を受けました。そのなかで特に記憶に残っているのは、一つは、大内兵衛先生がやられた経済原論です。これは坦々とした講義ですが、なかなか面白かったのです。そのあと大内先生からは財政学の講義を聞きましたが、財政を財政問題として捉える方法は、今でも忘れられません。

それから一年生の時に山田盛太郎先生の経済政策総論という講義を聞きましたが、これも非常に印象に残っている講義です。これは法文経三十八番教室という経済学部としては一番大きい教室でやっていたのですが、よその学部からも聞きにくるため満員で、立っている人がたくさんいる。この中身は、例の「再生産過程表式分析序論」なのです。正直のところ、なにを言っているのかよく分らないのです。まだ『資本論』をまともに読んでいない時期ですから、再生産表式で、第一部門のV＋Mと第二部門のCがイコールだと言われても、初めから数字を合わせるように作ってあるのだから、合うのは当然だろうという感じがするわけです。再生産表式論なるものが分らなかったのですね。そこで、再生産表式論ののっている戦前の改造社の『経済学全集』を古本屋で買ってきて、読んでみて、なんとか理解できたような気がしました。山田先生からはそのあと農政学という講義を聞きました。それも要するに、表式論の上にケネー経済表が出てき、それからウィットホーゲルの例の中国の経済表が出てきて、その上に農地改革の意義づけをやるという内容なのです。これも印象に残っています。

経済学部の講義の中で、僕が一番印象深かったのは、大塚久雄先生の講義です。あの頃は「一般経済史」という形でやっておられましたが、これも一年の時から聴きまして、こんな話のうまい人がいるのかと感動しました。中身は『欧州経済史序説』です。『欧州経済史序説』を分りやすく、しかも興味深くさせるように話され、詳しいことは『欧州経済史序説』に書いてあり、この本は非常に読みやすいから、君たちは帰ってから、うちで寝転んで読めと言われる。それで、僕は下宿に帰って、寝転んで、こうやって『欧州経済史序説』を読んだ記憶があります。大塚先生は、間もなく病気になられ、高橋幸八郎先生がバトンタッチされましたが、先生は、黒板に英、独、仏の横文字をズラズラと書かれる。それで本当によく分らなかったのですが、とくに「農民層の分解」が「脳味噌の分解」と聞こえる。あの言葉は、よく覚えています。日本経済史は、ちょうど我々が入った年に土屋喬雄先生が公職追放になるのです。講義要綱だけは今でも持っていますけれども、結局、講義がなくなって、安藤良雄さんが急拠助教授になられて、日本経済史の講義をやるのです。それを私は聴きました。そのほか、わりと印象に残っているのは、川島武宜先生の民法、あの『所有権法の理論』ですけれども、それに、脇村義太郎先生の商業史、特殊講義で久留間鮫造先生の貨幣論、加藤俊彦先生の日本銀行史などです。

二年になると、それぞれゼミに入るのですけれども、私は、農業問題をやりたいと思っておりまして、たまたま大内力先生が、社研の助教授でしたが、ゼミを開くというので、それに応募しました。原稿用紙何枚かの応募理由を書かされた記憶がありますが、幸いにゼミに入ることを認められまして、大内ゼミに入りました。同期に十人ぐらいいたように思いますが、今研究者になっている人たちだけを言うと、農業総合研究所から千葉大に行った斉藤仁君、武蔵大にいる、さかんに大塚史学の批判を書いている大谷瑞郎君、当時農経の大学院にいた暉峻衆三君、それから文学部の哲学からきた日高晋君、そういった人たちがいます。これは社研のゼミで、法経両学部から入れるゼミです。ゼミのなかでは、有斐閣編集部に行った池淵昌君がリーダー格だったように思います。

最初は、大内先生が当時出したばかりの『日本資本主義の農業問題』がテキストでした。この本は、ご承知のように労農派的な立場から講座派を批判した、しかも理論と実証と展望という構成をもった、よくできた本だと思いますけれども、ただ、内容的には、あとに出てくるいわゆる宇野理論とは全く関係のないもので、ある意味では、講座派的な側面を持っている、そういう本なのです。ともかくその本をテキストにして、毎週ゼミをやる。ゼミで報告するには、本を山ほど読んで行って、なんとか先生の言っていることを批判しようという努力をして、時間が延々と経つわけですが、勿論、大内先生は屈伏せず、逆にやり込められるわけです。そのうち電気が消えちゃいまして、どこか電気のついている部屋を探して、移って、ずいぶん夜遅くまでゼミをやりました。恐らくここで、日本資本主義論争について一番鍛えられたような気がします。なんとかやっつけようと思って努力したために逆に大内理論についていけなくなったという、そういう変な関係にあります。

旧制大学は三年ですが、三年の時には、栗原百寿さんの本を読むことになり、栗原さんを尋ねていった記憶があります。栗原さんは大変愛想の悪い人で、ニコニコしない人でした。栗原さんの例の『日本農業の発展構造』が出た時で、その『発展構造』を読もう、栗原さんにもちょっときてもらって話を聞こう、ということになったわけです。

大内ゼミで、私は最後にゼミのレポートを書くのですが、これは今見ると非常に幼稚で、もう恥かしいものですけれども、内容は養蚕業の分析です。山田勝次郎氏が『米と繭の経済構造』で使っている、昭和九年度の『養蚕経済調査成績』というかなり分厚い何冊もある資料をいろいろ加工して、養蚕業について書いた論文が、今でも残っていますが、ちょっと人にお見せするようなものではありません。

ゼミのほかにも、いろいろありました。当時、学生運動が非常に盛んな時期ですが、私は、直接自治会の運動にはほとんど参加していません。仙台の二高出身者には田舎者が多く、なんとなく小さくなっており、私も小さくなっておりました。大きい顔をしていたのは、関西出身者です。そういう中で、社会科学研究会というものに参加しました。この時期に活発になる研究会ですが、私は、独りでポカッと入ったような気がします。ここでも私自身は、小さくなっていましたけれども、この社会科学研究会には、大変熱心に参加しました。前からやっていた宮川実の資本論研究会も、その一環に入っていましたが、当時の日本経済機構研究所（機構研派）の人達の影響が非常に強くて、そういう人達をチューターに呼んできて、やっていたのです。機構研派というのは、当時慶応大学にいた豊田四郎氏が代表で、その下の中村秀一郎氏とか、浅田光輝氏とか、そういう人達です。

僕が覚えているのは、中村秀一郎氏がチューターだった、レーニン『ロシアにおける資本主義の発達』の研究会、ここで当時初めて翻訳されたレーニンの「市場問題」を学びました。中村氏はレーニンによって、講座派批判をやっていたわけです。浅田光輝氏がチューターだった国家論の研究会も印象深いものがあります。当時、例の志賀・神山論争という国家論論争が起きてくる時期ですから。浅田氏は機構研派ですから、志賀よりも神山寄りなのです。

そのほかに、もう二つぐらい研究会がありまして、月曜日から金曜日までほとんど毎日研究会があるのです。そういう熱心な研究会でした。この研究会でも、やはり、『発達』とか、国家論論争とかですから、当然、日本資本主義論争の話が中心に展開されていましたから、私は、大内ゼミと社会科学研究会と、その二つで、ほとんど日本資本主義論争だけに熱中していたように思います。

大学時代で、もう一つ忘れられないのは、三年の時（四九年・昭和二十四年）のストライキです。ちょうどドッジ・ラインの年で、レッドパージが荒れ狂った時期ですが、この時に、東大は、東大始まって以来の全学ストに入りました。ただし、法学部緑会を除く、というただし書きがついているのですけれども。経済学部も勿論ストに突入いたしました。ストの理由は、大管法反対と授業料値上げ反対だったように覚えています。ストライキに入りまして、一種の争議団を結成するのですが、私は、あんまり勇ましいほうではないので、みんなのあとについて、争議団に参加して、いろいろやりました。ちょうど労働組合の闘争が非常に激しく燃え上がっていた時期ですから、自治会は、労働者と学生が提携して戦おうという方針を立て、争議団の中に幾つかチームを編成しまして、労働組合に提携申入れに行くわけです。私のチームのキャップは、大森実君といって、読売の鈴木東民氏があとで釜石市長になる時に、その秘書になって行く人で、なかなかの切れ者です。四、五人一組になっていたのですが、一人よく覚えているのは、今法政大学の財政学の教授の高橋誠君です。その行った先が、読売新聞と田端機関区、それから東通交の錦糸町支部です。三つとも当時としてはかなり強い労働組合で、争議が一番激しいところです。従って、我々が行って、提携を申し入れるなんて言っても、向こうが遥かに強いので、こっちはオタオタしているのです。挨拶して貰えるのがせい一杯、という感じでした。このストライキを経済学部で解く時に、いろいろ問題があって、学生大会の議長に、今専修大学にいる吉沢芳樹君と私が自治会から推せんされたのですが、結局、別の派から出た人が議長になって、ストライキを解きます。このストライキの経験というのは、ちょっと忘れられないですね。特にその時親しくなった高橋誠君とは、あとまでつき合うことになります。山田君は僕よりも遥かに当時学生運動では有名なのですけれども、たまたま君は病気をしていたんだね。

山田　肺結核で、広島で入院していたのです。

大石　四九年にそういう激しいストライキがあって、その後もいろんな問題が起きますが、それについては私より適任の人がたくさんいるはずですから、省略します。その次の年になると、朝鮮戦争が起きるし、いわゆる五〇年問題が起きるのです。あとで言いますように、私は五〇年三月に卒業して、福島大学にすぐ勤めるわけですが、一年間内地留学という名目で東京におりましたので、東京にいて、朝鮮戦争から五〇年問題の時期も経験しております。

私は長男で、うちがああいう状況ですから、大学を出たら、とにかくうちに帰ってこい、というのがおふくろの強い希望ですし、学生時代にすでにボイラーマンの資格をとっていました。当時の醤油醸造業では、従来の古い製造法だけでは駄目で、新しくアミノ酸醤油を入れなければならない。アミノ酸醤油というのは、大豆粕に塩酸をぶち込んで、加熱分解し、それをソーダ灰で中和して作るのですが、そのためにボイラーを必要とするのです。そのためには、ボイラーマンの資格が必要なのですが、自動車の免許より遥かに難しい試験がありますので、旧来から働いている人たちにはなかなか資格が取れないのです。学生の時にボイラーマンの試験を受けるように急拠帰ってこいと言うので、私は、ボイラーというのは見たこともなかったのですけれども、受験勉強はわりと得意ですから、「ボイラーマン必携読本」とかいうのをパッと読んで、福島地区で一番の成績でボイラーマンの試験に合格いたしました。そういうこともありますし、とにかく早くうちに帰ってくれというので、福島に帰らざるを得ない。しかし、うちに帰りましても、小さな醸造業ですから、とてもそれだけで生きていこうという気が起きないのです。

役人とか、銀行員とかにはおよそなる気がありませんでしたし、すでに研究者になろうという気もなんとなくあったので、福島大学にでも勤めることができればと考えまして、三年の夏休みに、ある人の紹介状を持って、経済学部長の中村常次郎先生を学部長室に訪ねて、「私を採ってくれませんか」ということを言いました。それで、いろいろ質問した挙句に、中村学部長曰く、「うん、そうだなあ、まあ、採ってもいいかなあ」と。非常にのんびりした話で、ちゃんとした履歴書を書いた記憶もありません。「とにかく小林と藤田に会って見ろ」と言われまして、たまたま藤田五郎さんがおられなかったので、小林昇さんに研究室で会いました。小林さんは、ご存じのように当たりは柔らかいのですが、大変きつい先生で、非常に緊張しました。その時、小林さんが、学者の条件について、いろんなことを話してくれました。

東京に帰って、しばらくしたら、福島大学から採用の通知がきまして、福島大学の助手になるのです。今のいろんな人事選考からみると、大変牧歌的な話なのです。そして福島大学へ行くことになりますが、一年間は遊んでいていいということで、一年間はまた大学にいて、この時はいろんなゼミに顔を出しました。まず宇野先生のゼミに出ます。これは『資本論』をやってまして、ちょうど宇野恐慌論のできる前ですけれども、第三巻をやってました。それから武田隆夫先生の財政学のゼミに入って、ここで財政学を少し学びました。それから加藤俊彦先生の日本金融史のゼミにも出させてもらいました。勿論、大内ゼミには、依然として出席しておりました。この年に今の社研の戸原四郎君が大内ゼミに入ってきます。この一年間というのは、参加したゼミは労農派のゼミですけれども、おそらく僕にとっては、一番よく勉強した年だったのではないかと思います。

こういうふうに、日本資本主義論争に熱中し、さらにいろんなゼミに出て、とくに労農派のいろんな考えを聞いておりますので、その後の私自身の学問が、大塚史学とか講座派とかからすぐに出てくるのではなくて、労農派との対話の中から出てくるという、そういう特徴を持つようになったと思います。

西田　最初に東大に入って、農業問題をやりたいというふうにおっしゃいましたけれども、日本資本主義論争は、勿論、農業問題が重要なテーマですけれど、そのほかにもいろいろテーマがあるわけで、農業問題をやりたいと思ったのは、どういう動機だったのですか、やっぱり農村の出身だということですか。

大石　非常に簡単に言うと、そうです。東北の農民の解放を考えたい、そういう気持ちでした。ただ、「上から」

ですけれどね。例えば、私のうちは没落していても、まだ百姓親方というのがいて、うちの屋敷の一部に住んでいるわけで、うちも貧乏なのですけれども、その人たち、あるいはその親戚たちも、みんな貧乏なのです。それで、僕に対する期待をもち、偉くなって、我々を助けてくれ、というようなことを言うのです。だから、こういう人達のいろんな期待に応えなければならないのじゃないか、というふうな感じですね。

中村　卒業論文はあったわけでしょう。

大石　経済学部は、今でも卒業論文というのは、選択なのですが、当時は卒業論文の制度自体がないのです。

中村　卒業論文は書いてないわけですね。

大石　そうです。ただ、大内先生のゼミというのは、レポートを出さないと単位をくれないのです。そのレポートも、製本したわりと大きいものを書くわけです。

西田　『養蚕経営調査成績』というのは、大きい版ですよね。

大石　それが何冊かあるのですが、あの対象農村の中にたまたま私の町の隣り村の伏黒村が入っているのです。

西田　山田さんは、この時はもう大石さんとつき合いがあったわけでしょう。

山田　ええ、知ってました。

西田　思い出でなにか。

山田　ところが肝腎の大石さんの活動的な時代を僕は知らないわけですよ。集会の議長に推せんされるのだものね。だから、そのとき僕はたまたまいなかったわけですけれども、特に社会科学研究会で、確か始めて知り合ったような気が……。

大石　コンパの時だね。

山田　しょうちゅうを一升飲んで、あなたが高田馬場あたりの省線を歩いて、危ないのに帰って行ったというのをあくる日聞いて、大変な豪傑だなあというふうに思ったのが最初だったのじゃないですか。

もう一つは、さっき福大への就職の話が出ましたけれども、大石先生は、「おれを採れ」とねじ込んだひとの第一号だったのです。

第二号が、吉原泰助君なのですね。これは山田盛太郎先生の紹介状を持って、ポツンときて、「採れ」といった第二号で、それ以後はちゃんと機械的に審査しまして、専門はなんだ、かんだ言って、ガチャガチャ議論して採った連中ばっかりです。「採れ」と言って、採った人は、非常に優秀な人だということで、一号、二号と称しまして、有名なのです。これは事実です。

石井　その時には、小林昇先生と藤田五郎先生に会うように、と言われて、藤田先生には、会わなかったとのお話でしたが、藤田さんとの出会いはもう少しあとなのですか。

大石　私が、「採ってくれ」と言いに行った時には、まだおられたのですが、間もなく広島大学に移られるのです。そして例の砂鉄の仕事をやられる。

山田　中国山地の……。

大石　藤田さんは、一年ぐらい広島におられて、また福島に戻られるのです。五一年に行った時にはいらっしゃらなかった。

山田　藤田さんとは、東京の学生時代ですね。その時に弥生町に広島県人会の古い寮があった。修道館という広島藩、浅野ですけれども、その財産だったようですけど、そこへみんな広島の貧乏学生がたむろしていたのです。今と違って、福島から相当時間がかかりますから、福島から東京へ着くと、修道館に現われまして、一晩だべって、それからまた広島の方へ向けて帰っていくという中継基地だったわけです。

大石　そこへ僕は訪ねて行って、初めて藤田先生に会って、その時に山田君と吉岡君に会った。

山田　その時が始めてかも知れませんね。あの時いたのは、吉岡君、星埜君、それから今広島大学にいる日南田静真君、そのほか理学部やその他の学部の人もいましたけれども、そういう中で、とにかく飲み会みたいになるわけです。そういうところで恐らく藤田さんに最初に会われたんだと思います。

中村　さっき大内ゼミで報告すると言うので、本を山ほど読んで行って、先生をやっつけてやろうとおっしゃってましたね。その当時のことを今の学生に聞かせたい位です。今の学生は、ゼミのテキストと、あと一冊は必ず読んでこいよ、と言っても、ほとんど読んでこない。大体大石さん以外の学生もそういう感じでしたか。

大石　人によりますけれどね。

中村　勉強家だったのですね。

大石　いや、何人かは同じだったと思います。大抵章末の注にいっぱい文献が出ているじゃない。あれを全部とにかくどこからか集めてきて、それを読んで、報告するという形ですね。

中村　学生同士でかなり激しい議論をやったんですか。

大石　いや、先生と学生ですね。あんまり言うと、「君は先生に失礼なことを言うな」なんて言うやつもいましたね。

『日本資本主義の農業問題』という本は非常に良くできている本ですが、なんか論理が堂々巡りだ、と思いました。つまり、最初は「日本の農民はなぜ貧しいか」という問題から出発しているのですが、ところが結論は、「貧しいから貧しい」というふうになっている。貧しい理由は地主制じゃなく、資本主義の中に零細農が存在するから、という議論なのですが、それがなんとも納得できないので、なんとか批判しようと思いました。

ちょうどストライキの間に大内ゼミがあったのですが、僕は報告者だったので、困りまして、悩んで、齋藤仁君と相談して、二人で、大内家へ行くのです。それで大内さんに、「実は、僕はストライキに賛成していて、明日のゼミに出られない。ただ、僕が出ないと、ゼミがやれないので、ほかの人に迷惑をかけるので、どうしたらいいか」とわざわざ聞きにいったのですよ（笑）。今考えるとばかばかしいですね。

そうしたらまた大内さんらしい返事ですね。「それは、君の判断次第だ」と。当たり前だけれど（笑）。

福島大学時代

西田　花の福島時代にいきましょう。五〇年の四月から、六三年まで、十三年間福島におられるわけですけれど、こうやって年表を見ても業績目録を見ましても、大石先生は若手研究者として、颯爽と仕事をされ、学会でも問題提起的な仕事を次々にされた時期なのではないかと思うわけです。この時代は、山田さんはじめ仕事を通して議論をされた方も多いと思いますので、大石先生のほうからは簡単に話していただいてみなさんの話を逆に聞くと、そういうふうにしたいと思います。

大石　さっき話しましたように、実際に僕が福島大学に行ったのは、一九五一年（二十六年）四月です。僕が行く前に、例えばマックス・ウェーバーをやっている松井秀親君、近代経済学の今学習院大学にいます渡部福太郎君、そういう若手もいたのですが、五一年に山田君と星埜君、羽鳥卓也さん、富塚良三さん、みんな一緒にやってくるのですね。それに学説史の、後で学長になる渡辺源次郎さんも、病気で休んでいたのが復帰してくるのです。

そういうちょうど若手が一斉に集まってきた時です。しかも、採用の仕方が、さっき話しましたように、全く牧歌的なので、何科目を担当するために採られたのか、本人が分らないのです。とにかく、いいやつを採ろう、というわけです。私はもともと農業問題をやろうと思っておりまして、福島大学でも、農業経済論を担当しようと最初は思っていたのですが、ところが、星埜君がやってきまして、農経の古島ゼミ出身ですので、彼が農業経済論をやるというので、それじゃ、僕はやめた、ということになります。山田君は、もともと理論で、アダム・スミスをやっていたのですが、しばらくして、おれは日本経済史をやることにした、というふうに変るのです。羽鳥さんは、もともと社会思想史ということができましたが、富塚さんは大河内一男ゼミ出身で、最初は社会政策を担当するはずだったのが、田添京二さんがきて、理論に専念します。私自身に即して言いますと、専門が非常に曖昧ですから、そのあと経済政策論とか、日本経済論とかいろんな科目を担当しました。勿論、日本財政史と地方財政論はよくやりましたけど、経済史は確か担当しなかったように思います。とにかく若手の研究者がたくさん集まって、ガヤガヤ、ガヤガヤしていたわけですね。大雑把に言うと、よく遊び、よく飲んで、そしてよく議論をして、よく勉強しました。

その中で、特記すべきことのひとつは、藤田さんが広島から戻られ、庄司吉之助さんが専任講師になられて、藤田さんと庄司さんとで資料調査を計画されて、我々がそれについて行ったことです。最初山田君は理論でしたから、行きませんでしたが、僕と星埜君がついて行きました。『藤田五郎著作集』の解説に書いておきましたので、詳しいことは省略しますが、藤田さんは、間もなく病気で亡くなられます。そのあと、庄司さんと山田君と星埜君と僕と、あるいは羽鳥さんや吉岡昭彦君など他の人も加わってとにかく福島県内をあっちこっち資料を探して歩きました。極端に言いますと、福島県内で行かない町村がほとんどないぐらいに歩いたという感じです。

その頃の調査は今と違いまして、汽車に乗って、バスに乗って、テクテク歩いて行くわけです。車というのは使いません。最初のうちは、勿論資料写しは手書きですから、資料を探して、それを借りてきて、宿で筆写して、というスタイルが中心です。途中でカメラが入りましたが、そのカメラも、今大学院生が盛んに使っているような大型なものではなく、普通の三十五ミリの接写用のフィルムで写すわけですから、生産力が非常に低い、限られたものでありました。

そういうことで、資料調査をよくやりましたので、今でもそういう資料に即した仕事が大事だという感覚が身についていると思います。そんななかで、幾つか学問上の問題に行きあたります。一番大きな問題は、私があとで『日本地方財行政史序説』という本に纒めることになる、自由民権運動と地方自治制という問題です。これは、出発点は、両面ありまして、一方では、この調査のなかで、自由民権運動の資料にぶっつかるということがあって、それに興味を持ったわけです。例えば会津の民権家の宇田成一のうちへ行って、その子孫と藤田さんが論争になったとか、そういう事件がありますけれども、福島・会津の自由民権運動というのが現にあったのにぶっつかるという問題がひとつあります。他方では、シャウプ勧告とか、地方財政の改革ということが当時現実に問題になっておりまして、それを歴史的に探求するという意識が出てきます。その場合、従来もかなり実証的な地方自治制成立史の研究があったわけですけれども、どちらかというと、制度史的な研究です。私はそれを、とにかくひとつの階級闘争の所産として把握すべきであるという観点から、新しくとらえ直そうとしたわけです。

あとの地主制の研究も同じなのですけれども、当時の問題意識を大きく言うと、二つあります。一つは、当時民主主義変革が進行しておりまして、戦前から残された古いもの、半ば封建的なもの、そういうまさに変革の対象となっている体制的なものを批判的に解明しようという意識、もう一つは、民主主義変革の源流を探るという意識、単に占領軍から与えられたものじゃなくて、日本の歴史のなかにそういう源流があり、それを探り出すという意識でありまます。自由民権運動と地方自治制の問題も、そういう両側面の問題意識が一緒になったような形で、進めた研究であったと思います。そして、一九五五年の「歴史と民衆」を共通課題とした歴研大会、堀江英一さんが組織された近代史部会で、はじめて学会報告をやりました。そのあと自由民権期研究会が発足します。それが一つです。

もう一つは、いわゆる寄生地主制論争に関係する問題ですが、私自身はこの論争の発端にはあまり関係ないと思います。ご承知のように寄生地主制論争というのは、福島大学の『商学論集』に載った論文をきっかけに起きたと言われておりますが、これには背景がありまして、その前に、ひとつは、大塚先生の西欧経済史からの問題提起がありますし、さらに日本経済史で言うと、古島先生の明治維新を地主制の発展の延長線上にとらえるという問題提起がありました。ちょうどブルジョア派と地主派の問題提起的な発言がすでに背景にあったわけです。あの『商学論集』の特集号で、立役者は、なんと言っても、吉岡君と山田君ですが、二人が大塚先生の「局地的市場圏論」あるいは「共同体論」を基礎にして、蓄積基盤の移行から地主制の成立を説く、あるいは「農民層分解そのものの二つの道論」から説く見解に対して、真正面から批判したというのが、特集号の特徴であろうと思います。そういう意味では、吉岡、山田両君と大塚先生あるいは岡田君との対立、さらには堀江英一さんとの対立、それが論争の中心だったと思います。

私は、自由民権運動の背景を成している経済的発展を把握する中で、小ブルジョア的な発展の中から地主制が出てくるという議論をやっていただけで、地主制論争については、「農民層分解の論理と形態」という論文ではじめて、いわば地主制論争では比較的遅れて、発言したように思います。そこでは、いわゆるブルジョア的発展を強調するというだけではなくて、むしろもともと私自身の考えである、日本資本主義論争とかかわっている、日本の地主制の特徴を問題にしたわけです。つまり単に絶対王制成立期の問題という視角から地主制をつかまえるべきでなくて、日本の場合には、日本資本主義の構造的一環としての地主制をつかまえるという視角と、地主制という農業の発展段階そのものに即してつかまえる視角とを統一しなくてはならないと、そういう発言をしたわけです。これはたまたま大塚先生が高く評価されて、その次の年の一九五八年に土地制度史学会の大会報告を僕はやっているのです。農民層分解に関する共通論題の時です。

もう一つ、その後、大隈財政から松方財政へというテーマが、私に出てきます。最初は、大江志乃夫君に対する批判という形です。ちょうど六〇年安保闘争をふまえて、有名な芝原報告がある歴研大会がありますね。あの大会で大江君も報告されるのですが、それに対して批判したのが、「大隈財政と松方財政」という論文です。あの大会は、江口朴郎さんがリードされて、それまでの世界史の基本法則という把握に対して、世界史像の再構成という発想で、世界史的な契機を非常に重視して、国際的契機への対応ということを強調する。そういう中で、芝原報告が出るわけですが、大江君は、民権運動に対応して出てくる松方財政にいたって初めて産業資本育成策がとられるという報告をされたのです。これは全然根拠がないので、非常に批判しやすいものでした。

この問題も実は、自由民権運動研究の中から出てきたものので、『自由新聞』を読んでいると、民権家が盛んに松方財政批判をやっている、松方はさっぱり紙幣整理をやらないじゃないかという批判をやっている。これは従来の通説と非常に違うわけですから、そこをなんとか確かめよう、というところから出発して、そして民権運動と大隈・松方財政との対応関係を問題にするようになるわけです。これをもう少しまとめた形で書いたのが、六二年の「松方財政と自由民権家の財政論」という論文です。この時には、佐藤昌一郎君が法政大学の大学院にいて、民権運動家の財政論に関する資料を集めてくれたのですけれども、この論文で、大隈財政と松方財政の連続・断絶論だけじゃなくて、新しく松方財政期に出てくる軍備拡張政策を取り入れて、日本の原始的蓄積政策の特徴が、軍事的・半封建的な日本資本主義をつくり出した点にあったということを最後のところで書いたのです。ただ松方財政自体はあまり詳しく分析しておりませんで、このあと佐藤君が、松方財政の研究をさらに発展させるということになります。最近は、これに対して室山義正君あたりから強い批判が出されていて、我々が通説批判のつもりでいたのですが、逆に、我々が通説で、新説というのは、かつて私が批判した通説に近いような状況が出てきていると思います。

もうひとつの学問の話をしますと、ちょうど六〇年安保闘争で、これも有名な吉岡提言というのがあります。吉岡君一流の発言で、これまで「封建制から資本主義への移行」という近代化の問題が中心だったが、今や安保闘争を経て、資本主義そのものの運動法則を解明しなければならない、という提言をします。それに賛成か反対かはともかくとして、客観的にはそれを画期にして、従来の移行論から資本主義そのものの構造論とか、展開論とかが問題になるようになります。そして、その頃すでに吉岡君は東北大学に移っておりますが、福島大学経済学部で、日本資本主義研究会だったかな、研究会の名前はちょっと忘れましたが、そういう研究会を作るのです。その時のノートによると、いろんな人が報告している。例えば東北大学の岡田君と吉岡君、福島大学の山田君、星埜君、諸田実君、そして田添さんが賃労働史の報告をしています。福島大学で、ちょうど私の福島大学の末期ですけれども、日本資本主義についての研究会が発足します。ちょうど同じ頃に、歴研が、またそういう問題をつかまえ始めるのです。歴研では、その時歴研委員に高村直助君がなっているのですが、近代史部会で、資本主義の確立、産業革命論を共通テーマとすることになります。六二年にドイツ史の大島隆雄氏、イギリス史の角山栄氏、それからフランス史の遠藤輝明氏、三人の報告がなされます。これが歴研で産業革命史を取り上げた最初です。

その次の六三年に、産業資本確立期をめぐる諸問題というテーマで、岡田君のイギリス産業革命論と、学習院大学の北条功氏のドイツ産業革命論、それと私の「日本資本主義確立期に関する若干の理論的諸問題」という三つの報告が行われる。これは確か高村君がわざわざ福島の私の家まで尋ねてきまして、ぜひ歴研で報告してくれ、ということでやった記憶があります。この報告は、あとで『歴史学研究』に纏めましたが、福島での研究会を踏まえただけで、ほんの出発点で、日本資本主義史上、産業資本確立をとらえる意味がどういうところにあるか、あるいはそもそも「産業資本の確立」とはどういうことか、それを分析する方法論はどうあるべきかとか、そういう前提となるような諸問題を、今からみると、かなり幼稚なのですけれども、あの頃は偉そうな顔をして、それを報告したわけです。ちょうどそのへんが福島大学にいた一番最後の頃になります。

西田　佐藤さん、福島大学で大石先生に……。

佐藤　僕は大石先生に初めてお目にかかったのは、確か五二年に経済学部で破防法反対の集会があったときです。あの時学生も教授もたくさん集まって、それでその時覚えているのは、大石先生と山田先生が、非常に歯切れのいい話をされたことです。若手で元気のいい先生がいるな、という印象をもちました。

僕が大石ゼミに入れていただいたのは、全く押しかけみたいだったのです。三年まで硬式野球部におりまして、三年の時肩をこわしちゃって、もう野球をやめようと決心して、今度最後になるから、どうしてもゼミに入らなきゃ、と思って、田添先生と大石先生と二つのゼミに応募したら、運よく二つとも入れて貰えたのですが、初めは大石ゼミに入るつもりはなかったのです。たまたま友人が大石ゼミにいて、「なにやっている」と聞いたら、「鈴木武雄さんの『現代日本財政史』をテキストに使ってやっている」というので、僕もどうしてもそれをやりたいからと、大石先生に直談判をして、二つは無理じゃないか、と言われたのですが、無理に入れてもらったのを記憶しているのです。大石先生のお宅にも何回か押しかけて行って、半日ぐらい粘っていたりしたことがあったのですけれども、先生は落着いている暇がないのですね。次から次へといろんな用事ができて、そのたびに席を立たれるのですよ。こんな状況でよく研究ができるなあと、感心したことがあります。

大石　学業と家業と二足わらじをはいていましたからね。

佐藤　地方の旧家で家の構えもしっかりしていたし、醸造業をまだやられていましたから、たいへんだったのでしょうね。

僕らのころは、わりと『商学論集』を学生でも読んだのです。それで先生の論文の第一弾が出て、その時どのぐらい理解できたか分りませんけれども、よく読みました。それで、率直に言って、非常に新鮮な印象を受けたのです。僕自身まだ地方財政のことはなにも知らなかったのですけれども、明治期には非常に関心を持っていて、特に逆コースの時期だったから、徴兵令の復活問題、憲法改悪というような問題が、ポツポツ話題になってきていまして、そういう軍国主義的な風潮の復活に非常に僕なりに反発を感じていたものですから、それが明治期と問題意識として重なっていたのです。大石先生のゼミでは、前期が、たしか鈴木武雄さんの『現代日本財政史』、まだ中巻が出ないで、上巻だけやりました。その時、僕も一度でもよいから大石先生を凹ましてやりたいという気持ちがありましたけど、残念ながら逃げられちゃったり、逆にやりこめられたりということがずいぶんあって、非常に刺激になりました。後半は、みんな研究のテーマで報告をしろというわけです。それで取り組んだのが、「明治前期の軍事費の問題」だったのです。それが今までずっとあとを引いてきているのです。また、確か先生が初めて講義を持たれたのは財政学特殊講義で、近代日本財政史をやっておられた。明治から昭和の初めまでぐらいの時期の財政史の講義を聞いて、これが大変面白かったのです。

僕はゼミがもう一つあとにつっかえていたものだから、先生と飲みにいくことがあまりできなくて、それでその時はちょっと残念でしたけれども、先に言いましたようにお宅まで押しかけて行って、個人的にも大変指導していただきました。僕が大石ゼミに入ったのが、僕のひとつの大きな転機になったのです。だから、先生のお書きになったものは比較的読ましていただいていて、今度も読み直してみたのですけれども、問題意識が非常にシャープですね。古い問題を扱っても、現代的な課題といつも結びつけて議論なさっているのが印象的です。先ほどもお話がありましたけれど、民権運動の下からの論理と、上からの論理を対抗させて、その中で、日本の地方自治制度を考え、そういう対抗関係のなかで、地方制度の成立を浮き彫りにしたという仕事は、あとにも先にもこの本しかない。しかも国際的契機まで取り込んで、経済構造と政治構造とを一体的・構造的につかんでいく努力にちょっと圧倒されました。今でもこういう分析方法を明確にした研究がないのじゃないかな。現在、僕も地方財政に関することをやっていて、いろいろ感じることが多いのですけれど、極論しますと、依然としてまだ制度論か、それとも不均等発展という経済論理で制度論を抜いちゃうか、どっちか、そういう議論がまだ意外と多いのですね。

大石　当時の福島大学の経済学部の学生というのは、かなり水準が高くて、学生でもって研究グループみたいなのをつくって、例えば自由民権運動について、二つばかり調査までやるのです。僕も一緒に出かけましたけれども、今船引町に合併している要田村というところへ行って、あそこの民権家に柳沼亀吉という人がいるのですが、そこの調査をしました。それからさっきいった会津の宇田成一の関柴村の調査をやっている。『信陵論叢』という学生の機関誌のなかにその成果が出ていますけれども、学部学生で、あんな水準が高いというのは今からみると驚異的ですね。

佐藤　確かにあの頃は、福島大学の経済学部というのは、先ほどいわれたようなことで人を採ったせいか、学史関係と経済史関係の先生がわりと多かったのです。だから福島大学の経済史学派みたいなことが言われていて、学生の関心も、経営関係は別にしまして、多分にそういう方向にあったと思います。これは福島大学の民主的な伝統で素晴らしいと思うのだけれども、学部内で、機関誌で論争をやるでしょう。当時の『商学論集』では、大石・羽鳥論争とか富塚・熊谷論争とか出ましたね。それが学生の話題になるのですよ。

それで先生に質問なのですけれども、どうして財政史の講義をやるようになったのですか。

大石　さっき言いましたように、農業経済論は星埜君がやることになり、経済史は山田君がやるし、日本経済史は庄司さんもおりましたし、もともと僕は学生の時から財政学には本当は興味を持っていたのですけれども、小野賢一さんという財政学担当の先生がおられたので、僕は財政史とか地方財政論とか、そういう講義をやることになったのです。もともと興味を持っていたというのは、やはり経済と政治の接点と言いますか、そういう問題をやるべきじゃないかという考えが絶えずあったせいだと思います。

佐藤　ただ、先ほどのお話で、助手になるまではプロパーではやってこられないわけですね。ところが短期間でとにかく日本財政史の通史の講義をちゃんとやられるし、『商学論集』の初期の論文でも、財政学の方法論的問題提起をやっておられるでしょう。だから、相当これはきつかったのじゃないかなあと、これは今にして思うことですけれども。

大石　そうですね。ただ、財政史は、わりとやっていたから、よかったですが、福島で講義させられて、きつかったのは、工業経済論というのを担当したときです。日本経済論というのを担当したこともあるのですが、これは現状分析を経済白書批判という形でやって、ごまかした記憶があります。

中村　大石さんの最初の本のタイトルの「地方財行政史」というのは、あんまり耳馴れない言葉ですが、中身はさっき言われたように、サブタイトルの「自由民権運動と地方自治制」ですね。

大石　自由民権運動と地方自治制が中心で、ある程度下敷にしたのは、エンゲルスの『ドイツ農民戦争』です。あれは地方自治制とはすぐには関係ないのですけれども、やはり方法論的にいって、経済的な状態が背景にあって、その分析の上に、経済的諸規定を受けた諸階級を検出する、これをまずやって、その経済発展方向のなかでの諸階級の対抗の所産として、制度変革を展望する、そういう発想なのですけれども。

西田　その場合に自由民権と地方自治制と、もうひとつ寄生地主制との関係で、農民層分解を重視するという視点がありますね。大石さんの『序説』を読ましていただくと、福島事件の社会経済的基盤を分析するなかで、松方デフレで貧しくなったから、農民が立ち上がったのだというのじゃなくて、かなり複雑な農民層分解の形態というのがあって、その上で、始めて自由民権運動、福島事件の意味が分ってくるという主張があると思うのです。例えば僕なんかの専門のほうでいけば、栗原百寿氏の、小作争議や農民運動が起こってくる経済的な基盤として、農民的小商品生産を重視する発想があるのですが、そういうような発想の影響があったのですか。

大石　いや、栗原さんのとは直接関係ありません。栗原さんの農民運動史論を読んだのはそのあとです。むしろ大塚先生の影響が方法論的にかなり大きいのじゃないかと僕は思います。

中村　この本を読んでいて、山田盛太郎『日本資本主義分析』に非常に厳しい批判をしておられますね。むしろ服部之総とか、大塚久雄先生のほうの線で発言している。やっぱりそうですか。

大石　そうなんです。藤田五郎さんの藤田説に近いと思いますけど。藤田説もまた独特だから、ちょっと簡単には言えないけれど、やはり服部説を受けついでいるでしょう。

福島に行って間もなく、服部之総のあの有名な「マニュファクチュア論争についての所感」という講演がありましてね。

石井　個人的にはどうですか。大石さんは、誰々の弟子というのじゃなくて、自立しておられて、いろんなところから吸収されたという感じがするのです。それを統一的なものに仕上げていくというのが大石さんの魅力だと思うのですが、産業革命論をやり始める前の大石さんの仕事というのは、服部之総の影響が非常に強い、という感じを持っていいます。服部さんとの個人的な議論とか、つき合いはないのですか。

大石　僕はあまり個人的なつき合いはありません。吉岡君なんかは、もともと服部家に出入りして、非常に個人的につき合いが深いのですけれども、僕は普通のつき合いしかないですね。つまり服部之総さんは藤田五郎さんを非常に愛しておられましたから、藤田さんが亡くなられる頃はずうっと福島にきっぱなしで、いるんですね。服部さんは大酒飲みですから、我々若手は毎晩、服部さんのお酒の相手をしなくちゃいかん。服部さんは、座談の名手でもありますから、お酒の相手をしても、全然退屈しないのです。非常に面白かった。その時のつき合いと、あとは京橋あたりに服部さんが作られた、『近代画報』を出していた研究所がありましたね、近代史研究会ですか、川村善二郎さんや藤井松一さんがおられた、あそこになんべんか訪ねていったことはあります。そういうことで、個人的にはあまり親しい関係じゃないのですが、服部さんの本はずいぶん読みましたね。

中村　さっきの一九六三年の歴研大会の時に高村君が歴研委員として、福島に行くわけです。そうすると大石さんのうちに呼ばれて、大石さんが着物を着て、デンと座っている。帰ってきてなんて言ったかと言うと「あれは豪農だ」って言うわけです。いろんな意味があって、僕なりに解釈すると、勿論端然として座って、格式を重んずると同時に、学問のスタイルとしても、大石さんは学説史、学問の手続が非常に厳しいのです。学説史をきちんと理解している。理論的な裏づけをどこまでも追っていって、そのうえで、実証する。そういう意味では正に豪農的な学問のスタイルです。風格というか、手続きを重んずるという意味です。僕なんかは福島時代のさきほどの大江批判なんかを読んでたまげましたよ。こんなにこてんぱんにやっつけちゃっていいのかと。また、歴研の大会で大島隆雄さんが報告した時に「山田先生が産業資本（第Ⅰ・Ⅱ部門）の確立云々」と言うけど「それはどこの山田先生ですか」なんて、すごんだ声で聞いたのを覚えていますが。

石井　僕もよく覚えています。

中村　山田盛太郎氏ならそういうことは言っていないのだ、どこの山田さんですかと問い詰めるわけです。

東京にきてからずうっとやさしくなりますけれど、僕らの若い頃は、なんとなく威圧感があった。

佐藤　それほどでもなかったですよ。非常に親しみを感じましたし、僕なんか平気で、押しかけて行ったりしてましたから。ただ、厳しいところはありましたね。変なことを言うと、いっぺんでパッとやられちゃいますから。

大石　いや、理論的といえば、山田君のほうが僕よりかなり理論的なのです。

山田　彼の場合、オーソドックスだと思いますね。研究室がすぐ側ですから、彼の論文を作成しているところをよく僕は見ているわけです。絶対にノートを取らないのですね。いろんな本を集めてきまして、全部合せていくのですね。いろんな紙切れみたいなものを挟んでいって、全部一応網羅的に。いちいち筆写して、ノートを作る余裕・時間はないですよ、あれだけ集めたら。だから、必要な箇所に全部しるしをつけて、それを全部集約しながら、論文を作っていく。これが彼の非常にオーソドックスなところだと僕は感心していました。ズボラに見えますけれども……。当時はゼロックスがなかったからね、コピーもないしね。

そういう点が一つと、やっぱり「農民層分解そのものの二つの道」というのが、いい意味でも、悪い意味でも、いろんな影響力を持ったということだと思います。あの昭和二十年代、安保までの状況は。結局、近代化の視点ということに尽きると思います。確かに時代もそうなのですね。私たちは、「農民層分解そのものの二つの道」とはどういう意味なのだ、ということから始めるわけですけれど。

中村　大塚先生の規定ですね。

山田　そうです。

大石　ここにブレッテン「土地制度史学3」というのがありますが、これは土地制度史学会の一九五四年度秋季学術大会の記録です。この時の共通論題が、「封建制より資本制への移行――農業共同体との関連において――」で、その総論が大塚報告なのですが、この報告のレジュメみたいなものを吉岡君が東京から持ってきたのです。そしてこの報告の前に大塚報告のレジュメを吉岡君が我々に説明をして、それについてみんなで、ああでもない、こうでもないという議論をやったのを覚えています。この時の土地制度史学会大会に出て行って、僕も山田君も発言しているのですけれども、やはり東京と福島というのは、えらく近かったですね。高橋幸八郎先生は当時東北大学も集中講義に行かれていて、東北は一年遅れている、という話をしていましたが、福島は東京直通的で、中央の学会の動向と非常に密着しながらみんな勉強していたように思いますね。

山田　そういうプラスの面があったと思うし、マイナスの面もあったと思います。それは農民層分解論だけやりますと、政治は除いて、下部構造ばっかりやるようになるのです。そういうなかで、大石さんは、佐藤さんがおっしゃったように、財政あるいは政治と経済の接点と言っても結構ですが、そういう政治的な側面を、我々のグループのなかで、一番強烈に意識していた人だったと、今でも、僕は尊敬しているわけです。その時はしなかったけれども、内心はそう思っていました。そういう政治的な側面が出てくるのは、生い立ちとからむのだなと思いました。僕はサラリーマンの子で、商売をやったことがないが、豪農だと地方政治をやりますから、そういった側面で、小さい頃から馴染んでいて、そういう面を広く知っているのですね。さっき専門がなにやら分らないと言われたけれど、やっぱりそういうふうになると思うのです。だから、先ほどの豪農が座っているという話は、僕は非常に意味があると思います。

中村　『日本地方財行政史序説』で、大石さんは山田盛太郎批判をやっているんですね。そこをちょっと読んでみますと、「地方自治制を底辺とする日本の「近代」国家機構は、「地主＝ブルジョアジー」を社会的基礎とする統一的な政治機構として把握される云々」と。つまり先ほどの地主＝ブルジョア、豪農的な存在をすごく重視している。例えば秋田仙北とか、新潟蒲原の千町歩地主地帯ではなくて、福島のまさに先進地帯に生れたためにもっと下からの発展を見る眼が養われている。それを豪農的な学風というのです。

佐藤　そうですかね。僕はそういう見方は、あんまりストレートに結びつけ過ぎ、一種の宿命論になってしまうように思います。ただ、そういう状況にある程度影響を受けたということはよく分ります。例えば大石先生が東京で生れて育っていたら、こういう本を書いたか、どうか、と言われると、ぼくも、ううん、と思います。

中村　地方自治制と自由民権という発想は東京からは出ないでしょう。

佐藤　いわれる意味は僕にもよく分るんだけど、自分のことを考えても、横田基地周辺に住まなかったら、軍事基地問題にどれだけ主体的に本格的にとりくんだか、というように。ただ、それでいいのかな、と最近思うことが多いのですが。

柳沢　ひとつ伺いたいのですけれども、東大生時代の研究のあり方と言いますと、まず社会科学研究会の活動があって、それから大内ゼミがあったわけですね。社研の中では、当時の機構研の人達の議論に参加し、日本資本主義論争に熱中しておられた。そのことと、福島に帰られてから、専ら自由民権の研究と地方自治制度の研究、それから財政史の研究を展開されていくこととの間に、なにか内的な連関があったのでしょうか。勿論五十年代の半ばから後半にかけては、全国的に自由民権研究が進んだ時期ではありますけれども、資本主義論争とそれが、先生の中で、どういうふうにつながってくるのかなあという疑問、先ほど話に出た服部之総の流れがどうやって出てくるのかなあ、という疑問なのですけれども、それはどうですか。

大石　それはちょっと難しいですね。そうすっきりつながっているように思えないですね。資本主義論争に興味を持ったと言っても、戦後再燃した資本主義論争というのは、ご承知のように、戦前の再版的なものですから、その論争点というのは、明治維新と農業問題とに偏るわけです。資本主義そのものというか、中核をなす重化学工業とか、そういったことは議論としてあまり出てこない。だから、論争のなかで一方で農業問題がありますが、他方で明治維新理解が、論争の一番大きな課題になっていて、それには初めから興味を持っていたことは事実ですね。だから、明治維新というか、日本資本主義の成立過程というか、そういった問題の解明ということは、論争に熱中したなかで抱いたひとつの論点であることは間違いないですね。

それを自由民権と地方自治制というふうになぜ絞ったかと言われると、ちょっとうまくつながらないのですけれども、やっぱり、そこに対象があったということと、財政問題をなんとかやらなければならないという問題意識が一緒になったような気がしますね。当時、地方財政の悪化問題とか、町村合併問題があって、僕は、明治の町村合併問題については現状の問題とからめて、『東北経済』に福島県の町村合併の資料紹介をやったのがあるのですけど、そういう現状の地方財政問題とからめて、地方自治制の成立過程を問題にしたことも事実です。

西田　地方資料と直接ぶつかったというのは、福島時代が最初なわけでしょう。

大石　そうです。

西田　それが大きかったのじゃないですか。

大石　ただ地方資料というのは、いろいろですから。特に最初の頃はむしろ徳川時代の資料です。よく調査に行く汽車のなかで、山田君なんかと一緒に庄司さんに近世文書の読み方を習ったものです。

石井　先ほど福島時代が非常に仕事ができたということをおっしゃったし、その通りだと思うのですが、東京との近さということを大石さんが言われたけれども、同時に東京と近いところがいろいろあるなかで、福島でなぜそういう反応が出たかということを考えると、福島がやっぱり独立した、学問的な情報の発信地になっていたという、そういう感じがするのです。そういう雰囲気というのはどうしてできたのかというのが、問題になるような気がしますが、結局は人の問題に帰着すると思うのです。大石さんがそこで仕事ができた環境というのは、仲間の問題なのか、あるいはもう少し学部の雰囲気があったのか、そのへん。

大石　その渦中にいた人間は、当時としてはなにも意識していませんね。あとから振り返ってという意味だったならば、やはり人間の問題が大きいのでしょうね。若い人たちが、同世代で、意見が違ったとしても、比較的共通の問題意識を持った人たちが集まってやったということ。

それと恐らく福島大学経済学部の雰囲気。今はどうなっているか、山田学長に聞かないと分らないけれども、当時は非常に自由ですね。なんと言いますか、人を採るのにどの科目を担当するか分らなくても採るというような調子ですから、まあいいやつがいればいいじゃないか、という雰囲気がありましたね。

それと、若い者だけでは限界があるので、福島で大きいのは、小林昇先生の役割のような気もするのですが。藤田さんは、最初学問的には影響を受けますが、早く亡くなられます。若い者にとって、研究生活の指導者は、小林さんなのです。これは小林さんの著作集の栞に吉岡君も書いて、僕も書いていますけれど、当時小林さんを「校長」と僕らは呼んでいました。小林校長の薫陶よろしきを得たというか、これは大きいと思いますね。

東大社研時代（1）

西田　まだ話が尽きないのですけれども、福島時代を象徴する大きな仕事が『日本地方財行政史序説』だとすれば、次の東大社研に移ってから、大石さんは共同研究の組織者としても大きな力を発揮するのですが、最初のそういう成果というのは、『日本産業革命の研究』上下だと思うのです。この間の大石さんの研究関心もだんだん自由民権期から産業資本確立期、あるいは産業革命の研究というふうに移ってくる。その時期の話に移らしていただきたいと思います。

東大社研にくるにあたって、まず家業をたたんできたということですけれど、このへんから……。

大石　これは、ちょっと知らない人が多いかと思いますけれども、大内先生が社研におられて、いつでしたかね、僕のところに「君は東京へ出てこれるか」という手紙をよこしたことがあるのです。それで、社研の選考委員会で、大内さんが推薦して、僕を呼ぶという話が、一時起きるのです。それは結局、大内さんが経済学部に移ることになって、潰れるのです。ご存知のように、僕は大内ゼミの反逆児で、大内説に全く従っていないのですが、それを呼ぶというのですから、大内先生って偉い人だなと思いました。その時はうまくいきませんで、結局最後は、安良城盛昭君が熱心に推進し、高橋幸八郎先生とか、加藤俊彦先生とか、そういう人たちが推してくれて、僕を呼ぶことになったようです。その時一番困ったのは、家業をどうするか、でした。ただ、お酒の場合には一種の許可制みたいのがありまして、比較的競争が制限されているのですが、味噌・醤油というのは、競争が非常に激しいですから、零細な醸造業者というのは大体苦しくなっていたのです。中央の大資本が次々に進出してきますから、だんだん山のなかに追われる。これはどっちみち潰れるな、という感じがしていました。おふくろはかなり悩んだようですけれども、とにかくこの機会に家業をたたんで出ていこう、ということになりまして、それで、うちの仕込みや桶や道具を同業者に売り払いまして、そして東京に出てくるのです。六三年十月にきたのですが、実際には六三年には福島に行ったり、きたりしておりました。ちょうど福島県史の編纂が始まっていた時です。本格的に出てきたのは六四年です。そして六四年から、早速、産業革命研究会なるものが始まるのです。

出てきて間もなく、高村君や石井君や中村君だけでなくて、特に水沼知一君がちょっと年が上で、当時若手研究者の中で指導的な役割を果たしておられたようですが、ぜひ産業革命の研究会をやろうということを言ってきたのです。もともとさっき言いましたように、歴研でもって、産業革命研究が開始されておりましたので、それとの関係もあったのだと思うのですけれども、それで始めるわけです。メンバーは途中で少し変って、水沼君と安良城君が途中でぬけ、佐藤君や村上勝彦君が途中から加わるのですけれども、時間がありませんので、細かいことは省略します。ただ、私にとって産業革命研究会というのは、研究生活のなかで、非常に大きい意味を持っていたように思います。というのは、産業革命の研究というのは、こっちもまだ始めたばかりですし、日本の産業革命なり、日本の産業資本確立の過程の具体的な分析については、非常に弱いわけです。むしろ当時若手の研究者であった人達、特に水沼君、それから後で三羽烏と言われる中村、石井、高村の三人は、それぞれ自分の専門分野を持っていて、ちょうど水沼君が助手で、お三人は大学院生、という時期で、逆にそういう人達から私はいろんなことを教わったように感じております。

いちばん最初の頃に、これは、たしか水沼君が発案してやったのですが、私が指導者として、産業革命研究会に参加した人達に宿題を出したりしたのです。今思うと、ほんとうに冷汗ものですけれども、テーマを五つばかりあげまして、そのテーマについてそれぞれ答えさせたのです。それをもとに、伊豆で合宿研究会をやりました。その合宿研究会には福島から山田舜君を呼び、山田君が出てくるのです。その五つのテーマというのは、一、明治維新、とくに地租改正と殖産興業。二、産業資本の確立、とくにそれと地主制との関連。三、帝国主義への転化、金融資本の成立と確立。四、階級構造と国家権力、天皇制国家の問題。五、戦後変革への展望。この五つのテーマについて、参加者がそれぞれ書いてこられたものをコピーしたものがありますけれども、これを読み直してみますと、大変立派なものなのです。今でもこの五つのテーマに答えるというのは大変なのですが、そこはこっちもまだ若いですから、それを全部僕は論評したわけです。その論評のメモが残っておりますが、誰々のはこういうところが駄目だとか、ここは疑問だとか、そういうことを臆面もなく僕は書いているのですね。このなかに村上はつさん、今西村はつさんですが、彼女も参加していまして、彼女は天皇制国家の問題について、「出来ません」と書いているのです。そういうことがありました。

それはごく初めの頃で、そのあとずっと研究会をやってきまして、かなり早くまとめる計画がある程度できあがるのですけれども、そのあといろんなことがありまして、特に間に倉敷紡績と大原家の調査をしたり、あるいは諏訪の製糸業の調査をやったり、さらに大学紛争がありまして、それでまとめるのがぐっと遅れて、ちょうど十年ぐらいかかってしまうのです。この間に私自身はあまりたいした仕事ができませんでしたが、むしろ参加した皆さん、特に石井君の製糸業の分析とか、高村君の紡績業の研究とか、あるいは中村君の地主制の研究とか、皆さんのほうがそれぞれ実証研究を進め成果を上げられて、そして一人前の研究者として成長されていった。そういう意味では私自身にとっては非常に幸福なめぐり合いだったように思います。それが東大にきて、ひとつ一番大きな経験だったように思います。

これも時間がないので簡単に申し上げますけれども、東大にきて、もうひとつ大きかったのは、土地制度史学会とのかかわりのような気がします。土地制度史学会は、ちょうど私が出てきた頃、御茶の水書房から機関誌を出していたのが赤字になりまして、その赤字の返済整理問題が起きていた時で、間もなく刊行を御茶の水から農林統計協会へかえるのです。理事の先生方が、いろいろお金を集めたりして、苦労しておられました。土地制度史学会は、山田先生とか大塚先生とか、創設期以来の偉い先生方の指導体制がずっと続いてきておりましたから、運営自体もかなり古い体制で、それにみんな職人的学者ですから、学会運営というのは苦手の面もあって、赤字になってガタガタしていた。それでその時に、赤字解消だけでなくて、学会運営の仕方を変えよう、という話が出てくるのです。そして最初は会計もなく、そのなかに巻き込まれまして、そして私がきて間幹事になって、初めて学会の帳簿に、大福帳でなくて、複式簿記を導入するのです。福島で家業をやっていて、簡易複式簿記で税務署に申告しておりましたから、それを作るのは私にはたいした苦労じゃないのです。学会が赤字になる原因というのは、大福帳では分らないのですね。それで私は、ぜひ複式をやろうと考えまして、やり出したら、みんな知らないのですね。だから総会で報告すると、偉い先生から、この頃目は、貸方と借方が反対じゃないかと質問されて、「いやこの通りです」と答えると、「ああそうですか」と、そういう調子でした。複式簿記の導入というのは一つの象徴的なことですが、もう一つは、理事の選出に選挙制度を導入したことです。それまでは、総会で選衡委員を選んで、それが理事を指名するという制度だったのを、選挙制度にかえたわけです。最初は、間接選挙的なものでしたけれど、間もなく全会員の直接選挙方式にかえました。そのほか、常任理事を設けるとか、事務局幹事を設けるとか、土地制度史学会の運営のあり方を三、四年の間にかなり変えていきました。また、土地制度史学会は、それまで東京でだけ大会をやっていたのですが、ちょうど私がきた次の年に初めて地方でやることになりました。山田先生が直々に岡田君と僕を呼んで東北でやってほしいという話があって、東北大学でやったのです。それは歴史と現状分析が一緒になって独占段階の問題をやった大会ですけれど、その頃から地方部会の活躍も活発になって、それ以来地方で一年おきぐらいにやる慣行ができあがってくるわけです。

ともあれ、土地制度史学会にずるずると嵌まり込んでしまって、いつの間にか事務局長的な立場に立たされて、それ以来相当長期間にわたって、事務局長的な仕事を引き受けることになります。ただ若い人達、特に経済史関係の若い人達が助けてくれましたので、運営自体はそのあと比較的うまく展開するようになったと思います。だから土地制度史学会との係わりというのは、生活の中ではかなり大きかったのですが、『土地制度史学』の発行とか、毎年共通論題を決めて大会を開くということに追われていて、学問的に私にとって意味があったかと言うと、必ずしもそう言えないような気がいたします。ただ、これはもっとあとの話ですが、最近はもうちょっと学会のあり方が変ってきまして、もう一度土地制度史学会のなかに新しい研究体制ができつつあるような気がいたします。

次に、社研の中での生活ですが、最初は私にとってあまり楽しいものではなかったように思います。東大にもどってきて感じたことは、東大がえらく権威主義になったなあ、ということです。正直言って、東大にきて間もなく僕は、福島にまた帰りたい、なんて言い出して、女房を困らせたことがあります。

社研の中では、私がきた頃から、ほぼ五年を単位とする全体研究が定着いたしますが、その基礎になる個人研究とグループ研究が重要なわけですけれども、そういうグループ研究的なものが、私にとっては必ずしもうまく展開いたしませんでした。全体研究には、「基本的人権」の研究にも、「戦後改革」の研究にも、勿論関係しておりますけれども、どちらかと言うと、会計とか、管理的なことをかなりやりました。

社研にきて間もなく、これも変なめぐり合わせなのですが、雑誌を出している社会科学協会が赤字で、有斐閣から断わられていた時期で、加藤俊彦先生が雑誌の委員長で、苦労しておられたのですが、僕がきたら早速、加藤先生から言われてその協会の仕事をやることになり、赤字克服に努力するのです。間もなく見事に赤字を克服したのですけれども、そういうことには僕は向いているのでしょうか。

それと並んで、社研の予算制度が曖昧でしたので、私は福島の時予算委員をやっていたせいもあって、大学の予算というのを知っていて、どうもおかしい、事務長が独断的にやっている、先生方はなにも分ってないと思い、早速発言しましたら、予算委員に任命されて、そして間もなく予算委員長というのになりまして、それで社研の予算決算制度を作りました。予算案を小委員会で作成して、それを所員会で承認を受け、さらに年度末には決算書を所員会に出して、承認を受けるという制度をつくったのですが、それがずうっとあとまで続くのです。それから、やはりきて間もなく、有泉所長と次の高橋所長の下で、特定研究「日本近代化の研究」の全国組織のセンターの事務局を、五年間ほどやりました。

もうひとつ大きいのは、例の大学紛争とのかかわりです。大学紛争には、それぞれの人がいろんなふうにかかわっていて、特に経済の大学院の紛争が長く続きますので、それとどうかわったかという問題がありますけれども、私個人に即して言いますと、この中で、改革準備調査会という全学的な組織ができ、その本委員会の委員になったことが大きかったと思うのです。この改革準備調査会、通常、改準調と言うのですけれども、その改準調の仕事は、ちょっと大変な仕事でした。一方で、紛争で学内が騒然としているなかで、大学院の研究科委員もしましたし、社研の対策委員もしておりましたが、改準調の会議というのは、一週間に七回以上あったこともあり、とにかくものすごく詰めた会議をやって、改革案をとりまとめました。あの時は完全にくたびれ果てて、歯が全部歯槽膿漏になりました。その時改準調で作ったのが、『東京大学改革準備調査会報告書』です。

改準調は、七人の委員からなる本委員会が中心で、その中には、皆さんご存知の人で言えば、法学部の田中英夫氏とか、経済学部の小宮隆太郎氏などがいて、私は研究所の代表で、研究所は私一人だけです。その本委員会の下にいろんな分科会がありまして、私が関係したのは、組織問題専門委員会、大学の管理運営に関する専門委員会でありまず。結果的に言いますと、改準調で次々と作ったいろんな案が、新聞を賑わしたのですが、ご承知のように、どれも実現いたしませんで、単なる薄皮まんじゅう、「あん」だけに終わってしまうのですが、改準調は、第一次の改準調に続けてさらに、第二次の改準調があります。ここでは、当面する問題だけでなくて、もっとも長期的な東大改革案を考えることをやるのです。ここで検討した案が、実はいま臨教審の大学改革論のなかで、大学の法人化と関連して取り上げられていますが、それは今の臨教審の考えとは全然違っていて、逆に「金は出すけど口は出すな」という形の組織はどうあるべきか、という案であります。そういう改準調がありまして、そして実際には、ご承知のように確認書という形で、一応解決して、そのあとに改革委員会というのができ、いろいろやりますが、結局これもほとんど実を結ばないで終わってしまうのです。

その改準調の時に研究所代表という形で出て行って、研究所見直し論というのをやり、それで研究所長会議から呼び出されまして、「お前は研究所代表で出ていながら、研究所を見直すとは何事であるか」とお叱りを受けた記憶があります。ちょうど今社研で、研究所見直し論というのが上から出てきていますけれども、大学の付置研とはどういう意味があるのか、どうあるべきかということは改準調のなかですでに議論されております。ただしこれは大学が独自の形で議論したもので、結局大学の自主的な改革が進行しないで終わったために、いま上から改革をせまられているわけです。

西田　最初に学問論のほうからですけれど、産業革命研究会の頃の大石さんというのは、石井さんや中村さんからみると、どういう感じだったのですか。

石井　年齢から言うと、大石さんは、東大にこられたのは三十六ですね。ちょっと信じられないくらいで、僕らからみて、すごく偉かったですよ。先ほど試験問題の話がありましたが、こちらは汗水流して、一生懸命書いて、それをこてんぱんにやられたのをよく覚えています。我々は大学院生で、実証的な産業革命の研究をやっているのだけれども、それを全体としてどういう理論的な枠組みの中で、さらに進めていったらいいのかというところが、手探りの状態であったのですが、そこへ格好の理論的指導者が現われたという、そういう印象でしたね。

高村さんとか、中村さんは、もうちょっと自立していたのですが、僕はまだその点が奥手だったものですから、特にいろいろ悩んでおりましたので、ちょうどいいタイミングにきてくださったと、思いましたね。

中村　大石さんがみえるということを、安良城さんからも聞いていまして、産業革命研究会を作るから、君らも参加してくれないか、という話が出ていたのです。その頃、明治史研究会というのを、歴研の近代史部会を中心に作りまして、これは高村君が私のうちにきて、大学を超えて作らないかというので、たしか歴研大会で、高村さんに石井さんを紹介された。それで私が事務局の仕事をやりました。

佐藤さん、加藤幸三郎さんとか、亡くなった教育大の青山秀彦さんもきて、そういう人たちで明治史研究会を作って、ある程度軌道に乗っていたところを引き抜かれたのですね。つまり若手の横断的結集体として、大学を超えてやっていたのです。ところが大石さんと安良城さんとに何人かがひっこ抜かれて、潰れてしまった。

僕にとって産業革命研究会というのは刺激があって、楽しかったですね。なんかワクワクするようなところがありました。なぜかというと、私のまわりには一橋大学の永原慶二先生と古島敏雄先生がいましたけれども、近代史そのものの学問をしかも理論的にディスカスする人がいなかったので、それはもう非常に楽しかったです。まあ、水沼さんに罵倒されました。その罵倒がまた良かったのですね。絶対僕はひるまなかったですから、何を言うかという感じでしたね。やられたらまた勉強する。その頃のノートを今日は持ってきていて、言いたいことが一杯あるのですが、ちょっと長くなるから……。いろんな報告をしているのですよ。ここにちゃんと大石さんの報告も全部書いてあるのです。二回目は水沼さん、三回目は僕が『分析』の第三編、「基柢」について報告しています。それから例の山田先生を招いて、延々六時間にわたって議論したでしょう。これについては私は『図書』（一九八三年十一月号）にちょっと書きましたけれども、このノートを読み返してみると、ずいぶんあの頃高級な議論をやっていたのだなあと思います。

大石　僕自身は、山田門下で全然ないですから、さっきの『序説』でも、そのあとでもそうですけれど、平気で山田批判をしています。それでも、山田先生に直接接するのは、土地制度史学会でです。それでも、産業革命研究会で『分析』について話を聞きたいということをお願いしたら、喜んで出てきてくれましたね。二、三時間と思ったのですが、向うも熱心で、延々と五時間か、六時間か、夕飯にうな重かなんか出したのだけれども、ほとんど食べられないで、話をされましたね。

僕が聞き役なのです。質問する項目は、あらかじめ作ってあって、それで『分析』についていろんな疑問を正直にぶっつけました。ただ、僕は聞き役だったので、ほとんどノートをとっておりません。あの時のテープを安良城君が持っていると思うのですが。彼はテープ役でしたからね。

中村　安良城さんが持っているといってました。

大石　そのテープを、山田門下の人たちは、貸してくれと盛んに言っているのですが。

中村　あの時に「総じて、産業資本の確立は、一般的には……特殊的には……」という『分析』の規定について、吉岡さんから大石さんに葉書がきたのを覚えています。この「一般的には……特殊的には」というのは、どういう意味なのか、それを聞いてくれということでした。しかし、山田先生の答はあんまりぱっとしなかったですね。

大石　答え方が感覚的なのですよ。

中村　あとで大石さんが社研の論文で発展させたのですね。

大石　あの時一番記憶に残っているのは、山田先生が途中で、「ちょっとテープをとめて下さい」と言ったことですよ。これは何ごとか、と思いましたね。僕の記憶で言うと、たしか質問の内容が、これはよくある『分析』に対する疑問の一つなのですが、「プロレタリアートが陶冶され、鍛冶されていく」といわれるが、現実の日本の労働運動では、そういう重化学工業の中核的なプロレタリアートは、変革の中心的な担い手にならなかったのではないか、という質問に答える時だったと思います。なにを言い出すのかな、と思っていたら、先生がつかまって入っていた刑務所の中でのことでした。

中村　その時に「あなた方の時代は、学問するのに大変ですね。つまり、矛盾の所在がどこにあるのか分らないでしょう。私たちの時代はすぐ特高がきました。だからすぐ分った」と言ってましたよ。それは良く覚えています。

佐藤　あのテープ、今度の著作集に入るのかなあ、と僕は思っていたけれど、ちょっと残念ですね。『分析』に関する事実上最後の発言でしょう。

大石　『分析』については、その後山田先生自身は何も書いておられませんから、本人が解説したものとしては大きいですね。

石井　僕は、「あの時期のことを、今の時点で私が書くとすれば、『分析』と違った視点から、別のように書くだろう」といわれたのが非常に印象的だったです。あの時期には、ああいう視点から書いたけれど、現在その後の歴史も知っている人間として書いた場合は、違うところに着目して、もっと違う構成にするでしょう、とおっしゃったのです。

大石　戦後書かれたのは、かなり視点が違いますよね。

西田　この時期だと、産業革命研究会のほか、さっきの社研の全体研究も含めて、戦後改革の問題について、何本か書かれていますよね。

大石　ええ、さっきちょっと言いましたように、僕自身は、社研の全体研究のなかで、研究の中心になるという形はなかったのですけれど、「戦後改革」の時は、ひとつは、第一巻の「課題と視角」で、これは全体の方法論の問題なのですが、大内先生が、例の機能論的な戦後改革論を見事にやられたのです。あれを聞いて、僕は違うと思いまして、もっと適当な人がいればよかったのですが、それを正面からやる人はだれもいなかったものですから、戦後改革について違う視角を述べなくてはならない、という立場に置かれたのです。

ただ僕は、前から連続と断絶の両面があるなと思っていたので、どこが断絶で、どこが連続するか、とくにどこが本質的な変化なのか、という問題をとりあげました。実態分析はほとんどないのですけれども。あれに対しては、今でもいろんな批判が出ておりますが、ただ、あれをきっかけに連続面と断絶面とをどうつかまえるか、ということは、かなり広く問題になってきていると思います。「戦後改革」については、今は、連続と断絶というだけでなくて、もっと国際的な位置づけをやるべきだったと思っています。やっぱり占領軍による改革、あるいは「戦後世界再編の一環としての日本改革」という問題をもっと位置づければよかったと思います。

もう一つは、農地改革班というのがあって、そこで最初は、農地改革の歴史的意義のような総論的テーマは安良城君が書くことになっていたのですが、それが急遽僕が書くことになって書いたのですが、やはり不十分でした。例の細貝大次郎さんが整理された農地制度資料を丹念に追っ掛けていって、農地政策が、いつ、どう変るかを考えたのですが、特にあそこで感じたことは、二重米価制度の実際の効果が、昭和二十年（一九四五年）産米の時に大きく変ることですね。二重米価制度自体は四一年にできるのですけれど、戦後経済変動の中ではじめて、地主制に決定的な打撃を与える、あれは大きな問題です。その論文でも、山田批判をしているのですが、農地改革を地主対農民という形でだけつかまえるのは非常に狭い視角で、やっぱり、日本資本主義全体の中に位置づける必要があるということですね。これは最近西田君が指導して農地改革研究会をやっていて、やはり、農地改革だけでなくて、その当時の食糧危機や供出と配給をめぐる対抗、そういうものの一環として農地改革を再検討されているようですから、もっと新しいものが出るだろうと思います。これからどれだけできるか分りませんが、さっきの産業革命研究会の最初の宿題にも、戦後改革への展望というのは、初めからあったのですから、戦後改革をあらためてやりたいと思っています。

中村　産業革命研究の意義について、大石さんは、戦前と戦後は、構造が断絶しているのだから、産業革命の研究をそのままストレートに現代の資本主義の課題と結びつけることはできないと書かれた。あれを読んでずいぶん失望したという若手研究者がいるのですね。それならば、なんで、いま産業革命研究をやる現代的意義があるのだと言うのです。

大石　僕は、今でもそれが正しいと思っていますけれどもね。歴史研究の問題意識と研究対象との関係という問題ですけれども、やっぱり歴史研究者というのは、現代的な問題関心に自分の研究を直結させようとする意識が強いでしょう。これはたまたま例えば資本主義の確立期をやっていれば、まだつながるかも知れないけれども、もっと古いところをやっていたら、つながらないのは当り前でしょう。それを無理につなげようとすると、かえって主観的、一面的になるような気が今でもします。

中村　一方で、吉岡提言のように、封建制から資本制への移行期ではなく、産業革命期に研究の対象をうつすべきだ、という提言があった。これに対して、大石さんの場合には、もうひとつ、ワンクッションがあって、産業革命研究といっても、それをストレートに戦後資本主義分析に結びつけることを拒否している。拒否というか、そうストレートにはいかないよと。

大石　それはまあそうですね。同じことですが、今でも明治維新研究で、例えば現在のアジアにおける日本の課題の出発点みたいにしちゃうということがよくあります。これは、やはり理論的に言うと、非常に一面的で、一見非常に問題意識として優れているように見えるけれども、逆に短絡しているというふうに僕は思うのです。

中村　僕が研究を開始した頃は、寄生地主制論争が、ある意味では、理論的な解決を得られないで、宙ぶらりんの状態になっているときでした。そのような地主制研究の低迷状態を突破するにはどうしたらいいのかと、僕は必死に模索していたように思います。ちょうどその頃、大石さんが資本主義の構造的一環としての地主制という視点をだされていた。これは僕にとってそのとおりだと思ったし、戦前の資本主義論争でも、日本軍国主義の経済的基礎としての寄生地主制、帝国主義の一環としての寄生地主制という把握だった。ですから戦後の寄生地主制論争は僕なんかの問題意識とずいぶんずれていたように思います。だから産業革命研究の提言があったときに、地主制研究も産業革命期に移すべきだと思ったものです。しかし、時期の転換は同時に、方法の転換を伴わなければならないのであって、産業革命期に対象を移したことによって、地主制研究のあり方自体も変えていったということがあったわけで、だから確かに「戦後資本主義分析に役立つ云々」という、そのもう一つ前に研究のあり方を変えていくという衝撃力があったと思うのです。

大石　地主制論争のなかには、やはり、農地改革という現実の課題を地主制史研究に結びつけて、地主制の生成・発展・没落だけを問題にする、そういう発想があったわけです。それでは、農地改革が終れば、一応問題解決ということになってしまう。資本主義の一環へ方法を変えたことによって、地主制論争の持っている限界も同時に出てきたのではないかという感じがしますね。

西田　東大にきて、大石さんは、一時期経済学部のゼミをもたれ、大学院のゼミは初めから最後まで持っておられたわけで、柳沢さんは、学部のゼミも、大学院のゼミも経験しているので、柳沢さんからみた大石さんの学問とか、印象に残っているようなことがあればちょっと述べてほしいと思うのですが。

柳沢　東大紛争の結果なのか、ある期間だけ、社研の先生が経済学部の学生を指導できるように、ゼミを持つことができるようになるのですね。たしか柴垣先生と、大石先生がゼミを開講されることになった。ちょうど私の一年上から、具体的に言いますと、一九七二年度から制度化されたという記憶があります。

私の場合は七三年に本郷に進学してきたのですが、大石先生の演習は、「日本近代経済思想史」というテーマで講義要項にのっていたと思います。その頃私は勉強していなくて、経済史の知識というのはほとんどなかった。経済史を本格的に勉強していたのだったら、むしろ経済学部所属の先生の演習に行ったと思いますけれど、たまたま社会思想史などに当時関心を持っていたことがあって、経済思想史というのは、なんとなく面白そうだから行ってみようかと、ということで軽い気持ちで大石ゼミに入ったわけです。そうしたら、上級生が十人ぐらいいて、私の学年が二人だけでした。非常に印象に残っているのは、初めに有斐閣から当時出た『近代日本経済思想史』ですね、当時の私には、大変難解な本でしたが、あれをやった覚えがあります。

それからあと『野呂栄太郎全集』を勉強しました。その頃は本当に私自身も不勉強の上に同学年のゼミ生が少なかったので、レポートに追われているような感じで、演習についていくのが精一杯という状態でした。ただ、野呂栄太郎の方法論について、かなり詳しく先生が解説されていたのは記憶に残っています。むしろ私にとって印象深かったのは、四年の時の演習です。毎年四月にどういうゼミの内容をやるかということを決定するのですが、大石先生の場合は、ゼミ生の意見を最大限尊重されるのです。それでいろんな本を積みあげまして、今年は何をしたらいいだろうかと、議論したわけです。

その時には私の一年後輩で、阿部武司君とか、谷口豊君など向学心に燃えている学生が入ってきて、そのほかにも結構変ったメンバーがいて、いろいろな文学や映画、思想史・宗教史とか、いわゆる社会史のようなジャンルに関心を持っている学生などもいたりして自主ゼミをやったりしたのです。その時、大石先生がおっしゃったことが印象深いのですけれども、たしか「もう古い学問じゃなかなか若い人をひきつけられなくなってきている。最近思想史とか、民衆史という潮流が出てきている。こういうのは、自分はまだそれほど本格的にやっていないのだけれども、やっぱり大事なテーマだ」と言われたのです。ひとつこれをやってみないかということで、その年勉強したのが、たしか、松尾尊兊さんの『大正デモクラシー』と色川大吉さんの『明治精神史』です。その二冊を一生懸命読んで議論した覚えがあります。その時に大変新鮮な印象を受けました。

あの時期にちょうど、一九七四年から七五年で、オイルショック後の社会の転換期、学生の意識も大きく変りつつある時期だったし、当時もずいぶん世の中の雰囲気が変ってきたなと実感しはじめていた頃でした。そういうなかで、民衆思想史とか、民衆運動史をやったというのは僕にとって大変勉強になりました。大石先生が演習をもてたのはほんの数年間だけれど、その後当時の大石ゼミ参加者が何人も研究者になったのは、あの時期の自由で活気のあったゼミの雰囲気というのが大きく影響したのではないかな、という気がしています。

大学院時代の演習では、大石先生は、院生の問題意識を大事にして演習指導をされていた。特に当時の院生は、第一次大戦期から一九二〇年代、あるいは三〇年代にかけての時期の産業・金融・財政・植民地などに興味を持っていましたから、そういうテーマで報告・討論をやりました。大石先生のやり方は、それぞれの報告・討論に対して、はじめはじっと聞いておられるのですが、途中で、「ちょっと待ってくれ」と言って、「それは、どういう意味で、そういうことになるのか」というぐあいに丹念に質問されるのです。曖昧ないい方をすると、その根拠をただされることがしばしばあったように思います。

大石　研究所の教官ですと、大学院生とはつき合うけれども、学部学生とつき会う機会というのは非常に少ないのです。ところが、実際に世の中のいろんな動きを直接反映しているのは、学部の学生なのですね。いろんな制度的な難しさはあるけれども、研究所の教官も学生とつき合って、今の若い人たちがなにを考えているのか、それとの関係で、自分のいろんな研究上の問題意識を考えると、そういう機会があったほうがいいな、ということは感じましたね。ただ、残念ながら、五年ぐらいでしたか、紛争後から始めて、僕がイギリスに行っている間に終わりになって、経済学部のゼミは、学部の教官だけでやるということになったのです。

柳沢　でも、学生の立場から言うと、やはり演習というのは、自分で学問にぶつかる初めての機会ですから、すごく新鮮な印象だったのですね。経済思想史というジャンルがあるのかというふうに思いましたし、それで有斐閣の『近代日本経済思想史』を読んだ時も感激しましたけれども、やはりなんといっても二年目の『明治精神史』と『大正デモクラシー』とを読んで、思想史であるけれども、それを基礎構造とのからまりで、つかまえなければいけないのだ、ということを勉強させられました。それから大石先生の研究の方法になるのだと思うのですけれど、常にダイナミックな動きの中でつかまえないといけない。第一次大戦期に中小商工業者とか、いわゆる中間的諸階層が、華々しい動きをさまざまな地域で展開しているわけだけれども、それの政治的な表現として、大正デモクラシーを押えていくというように社会経済過程と政治過程を統一的に把握する方法を、はじめて学んだのが、二年目の大石ゼミだったのです。

東大社研時代（2）

西田　まだ予定した質問項目がずいぶん残っているのですけれども、特にこの時期に大石さんが組織される共同研究について本格的にお聞きしたいと思うのですが、時間がなくなってしまいましたので、社研時代の後半の一〇年間について、大石さんに簡単にお話いただいて、終りにしたいと思います。

大石　一九七七年から七八年にかけて一年間、長期在外研究で、イギリスのオックスフォードとドイツのケルンに滞在し、ケルンで五十歳の誕生日を迎えました。私の在外研究は文字どおり外遊でありまして、石井君のように学問的な成果をあげることはできなかったのですが、ヨーロッパの各地を実によく旅行して、よく言うと見聞を広めることができた、まァ楽しませていただきました。とくに各国の農村や農家をみて歩いたことは、日本の農業を考える上で参考になりました。

帰ってきて、社研の協議員にまた選ばれていたのには驚きました。それで私は協議員の最長不倒記録をつくることになりました。それが石田所長の時で、その時僕は、大部門制への改組を言いだして、次の藤田所長の時に、その改組の委員長になり、藤田君と協力して改組案を作成いたします。藤田君のあと、八二年三月から二年間、所長に就任いたします。

所長になって、まず当面したのが、社研と新聞研および教育学部の増築問題ですが、これは、その前から建築委員長という役をやっていて、新聞研や教育学部、それに図書館と増築と交換分合について何回も話し合いました。柴垣和夫君が委員長代理で、あと委員長として助けてくれました。この増改築で社研の書庫や会議室など、面積が増えるには増えたのですが、あまり抜本的なものでなくて、現在すでに書庫問題が起きております。所長として大きかったのは、全国研究所長会議の会長になったことです。この会長は、十年に一回も廻ってこないものですが、前所長の藤田君が、僕が所長になるのを見越してひきうけてきたものです。その会長になって、弱体な社研の事務機構でどうなるかと心配したのですが、ここで懸案になっていた全国所長会議の規約の改正や研究センターの加入問題をいっきょに解決しまして、みんなに感謝されました。藤田君がよく助けてくれましたし、事務の人たちもよくやってくれました。会長になって、文部省の役人とも親しくなりましたので、大部門制への改組が実現するかと思ったのですが、結局、僕の時は実現しないで、次の戸原所長の時に実現いたします。

所長の時は、ほとんど研究ができなかったのですが、ちょうど『日本資本主義発達史講座』刊行五十周年にあたっていて、岩波書店から急に頼まれて、その復刻版の解説を短期間にまとめることになります。当時大学院生だった柳沢君と戸塚喜久君に何から何まで手伝っていただいて、僕自身は五時以降に研究室にもどって、毎日夜遅くまでかかってやったのが、今でも強く印象に残っています。

社研外では、土地制度史学会が、私が外遊から帰った七八年の秋に、理事代表の高橋先生自身がイニシアチブをとって、創立三十周年記念大会をやります。そして、その翌年の金沢での大会で、高橋先生がやめられ、それから、私が理事代表ということになります。山田先生や高橋先生という偉い先生が指導する時代は終ったと思いまして、それから学会の機構改革をやり、理事会の下で、編集委員会と研究企画委員会という二つの委員会が活動する現在の体制にいたしました。もう一つは、国立大学協会の第六常置委員会の委員も、外遊する前からやります。最初は、第六常置の飯島委員長、当時広島大学長で現在は名古屋大学長の飯島先生の下で、そのあと北海道大学長の今村先生の下で、「国立大学の財政の現状と問題点」という報告書をまとめました。これには法学部の塩野宏さん、現在法学部長の塩野さんが専門委員としてよく協力してくれました。こうして十年あまり、第六常置の委員として、授業料問題や特別会計制度のことについて、いろいろやることになります。

この十年間の研究活動としてやはり大きいのは、私が代表者となった三つの共同研究だと思います。ひとつは、岡山の大地主服部家の調査ですが、七六年からはじめます。これは、はじめ西田君と二人で企画して、東北型、養蚕型、近畿型の三つの地域の農村史をやろうと思って、東北については山形に調査に出かけたのですが、これはまとまりませんでした。養蚕型地域については、西田君が独自に研究会を組織されて、長野県の西塩田村を中心として、『昭和恐慌下の農村社会運動』をまとめられました。近畿型地域について、予備調査を行なっているうちにゆきあたったのが、服部家の未公開の膨大な資料です。岡山の坂本忠次君、神立春樹君、森元辰昭君などと我々東京のメンバーが協力して、本格的な共同研究をやり、十年ばかりかかって『近代日本における地主経営の展開』を刊行しました。これには何と言っても西田君の役割が大きいです。

もう一つは、長野県の五加村を対象とした明治から戦後までの地域史の研究会です。この五加村研究会は、一九七九年に、大江志乃夫君が組織した研究会がまとめた『日本ファシズムの形成と農村』に対する批判と反省から出発し、それに参加した林宥一君と安田浩君、それに一橋大の田崎宣義君以下の若手研究者と、東大の地方財政史の能地清君、金澤史男君などが参加した、インターカレッジの若手研究者を主とした共同研究です。五加村のほとんど完全な形で残っている役場史料と区有文書を中心にして、農村史と地方財政史とを統一した視角から「行政村の構造と展開」を分析しようとしています。途中で、全村全戸の所得調査簿をコンピューターに入れて、データーベースを作ろうということになって、私自身はやりませんが、若い人たちがそれで苦労しているところです。データーベース化には大変お金がかかり、幸い朝日学術奨励金をいただきましたが、それでも足りない状況です。

もう一つ、同じく七九年から、日本帝国主義史研究会を発足させ、すでに『日本帝国主義史』第一巻の「第一次大戦期」については公刊し、現在、第二巻の「世界大恐慌期」についてとりまとめ中であります。これは、前の産業革命研究会の続きという意味をもっておりますけれども、むしろ、武田晴人君や橋本寿朗君といった戦間期を直接やっている若い研究者に突き上げられて発足した面もあって、私自身にとっては、新しい問題をいろいろと勉強させてもらっている感じがあります。

おわりに

毛利　最後になりましたが、今後の大石さんの研究の方向や計画について、一言、聞かせて下さい。

大石　これから何年生きられるか分らないですが、現在人間ドックの検査で、胃潰瘍の疑いありということで、胃潰瘍でなくて胃癌じゃないかと心配しているのですが、それは冗談として、まず、昨年から論文集の公刊を計画して、それがうまくできなくて、出版委員長の毛利君に迷惑をかけております。ともかく計画としては、一応今までの主な論文をまとめた論集、ただし、石井君や高村君から単なる論文集でなくて、各巻に新しい書き下しを必ず一つ加えること、という注文がついていて大変なのですが、その仕事を前提にして、なにか新しいことをやろう、とも考えております。

すでに予定しているもう一つは、さっき申しました五加村研究会の成果の刊行で、これは今年中にとりまとめる予定です。

もう一つは、日本帝国主義史研究会の続きでありますが、もしうまくいけば、戦時経済から戦後改革あたりまでを対象にした第三巻を、二年後には出す予定になっております。それを踏まえて、日本資本主義史と言いますか、それの少し分厚い通史を書いてみたいというふうに思っています。これはできるかどうか分りませんが。

私がある時期から考えているのは、やっぱり日本の地方自治、地方財政の歴史をまとめることです。以前のは『序説』ですから、なんとしても本論的なものをどこかでまとめなければならないと思っておりまして、もしも体力と時間が許すならば、ある意味のライフワークみたいなものを完成したいということを考えております。

もう少し色気がありまして、僕自身は、土地制度史学会に大変尽くしてきたつもりで、いま理事代表ということでおりますけれども、東大も定年ですので、土地制度史学会は定年が六十五歳ですけれども、そろそろこのへんで辞めさせていただいて、近代地域民衆史の研究連絡会のようなものをつくりたいと思っています。実は「自由民権百年」という運動がありまして、一種の民衆史運動なのですけれども、ここ数年かかわりを持ってきまして、第一回の全国集会が、八一年の横浜大会、それから八四年に早稲田大学で第二回全国集会があって、今年、高知で第三回全国集会があるのです。代表者が遠山茂樹さんなのですが、全国集会はともかくとして、そういうアカデミズムの世界だけでない歴史研究運動がありまして、それに大変僕は興味を持っているのです。そういった運動が、国民の歴史意識を変える、と言うと大袈裟なのですけれども、そういう意味があるような気がして、この運動をなんらかの形で続けさせていきたいと思っているわけです。今は、法政大学の江村栄一君と、そのあと松尾章一君がその全国連絡組織の事務局長みたいなことをやってくださっているのですが、これはなんらかの形で、続けていくとすれば、近代の地域民衆史研究協議会みたいなものを作って、全国で動いている地域民衆史研究をなんとか発展させる、それのお手伝いをしたい気もあるのです。

毛利　ほんとに最後ですが、社研内外の後進の者に、一言言っていただけたら、と思います。

大石　後進や社研へなにか注文するというのは、おこがましくて、言いにくいのですが、一言言うとすれば、とくに若い世代の研究者が、はっきりした問題意識を持って研究を進めてほしいということと、そして我々がやってきた構造史的把握を重視してほしいということですね、勿論構造史的把握には、いろんな問題が含まれていると思います。特に世界史の中の日本という問題もありますし、あるいは、アジア諸国と日本という問題もありますから、単に日本だけの構造史じゃないのですが。しかし、どうも若い人の動きを見ていると、ある特定の分野の、あるいはある特定の産業部門の、しかも特定の時期のことだけをやっていて、全体の構造的関連をつかまえる意欲に乏しいように思われます。業績を上げていくにはやむをえないことだと思いますけれども、少なくとも構造史的な視角をもっと発展させていただければ、と思うのです。それは、戦前についてですが、戦後の、例えば社研で今やっている現代社会の全体研究でも、現代社会で起きているいろんな現象・問題を構造的に把握するにはどうしたらいいか、という観点が必要なのではないか、それを前提にしてはじめて、戦後の歴史的な諸段階と現在を把握することができるのではないかと思います。

社研については、現在社研の存立が問われているために、今言いました全体研究に社研がかなりかけていて、それを一生懸命やっておられる。これは勿論結構なのですけれども、ただ、社研の研究部門というのは、社会科学のいろんな分野、しかも古今東西にわたっているので、全体研究というのは、非常にやりにくいのですね。会議室が満員になるような研究会をやっていては、生産的ではないと、僕は思うのです。研究会を本当にやるのは、何人か限られた人で立ち入った議論をしなければなりませんので、やはり社研で大事なのは、学際的なグループ研究をもっと強化すること、これが一つです。もう一つは、やはり研究所ですから、学部にできないような、系統的な文献資料の整備、あるいは実態調査に基づく第一次資料の収集とその分析、そういった側面を強化したほうがいいのではないか、と僕は思います。もう、法学部と経済学部の図書資料に依存する時代は終りつつありますので。

そのためにもう一つ出てくるのは、恐らく大型コンピューターの利用だと思います。僕はいま学術会議で、第五常置委員会という学術情報の常置委員会の委員をしているのですが、ここで文献情報だけでなく、生情報のデーターベース化の議論をしているのです。私自身は、もうこれからコンピューターをやる気はありませんけれども、これからは当然問題になってきますから、社研のような研究所でこそ、そういうのを積極的に導入して、今の文献資料あるいは調査資料の処理ということを積極的にやったほうがいいのではないかと思っています。

西田　長時間、どうもありがとうございました。

（一九八七年六月三日　於　社研所長応接室）

〔『社会科学研究』第三九巻四号、一九八七年一二月、東京大学社会科学研究所〕

＊第Ⅲ部に収録した論稿・座談会記録については、誤植等、最小限の修正を行った。

Ⅳ 経歴と業績

オックスフォードの近郊ブレニアム・パレス
（チャーチルの生家）の前でのご夫妻（1977年春）

経歴

一九二七年　九月一七日　福島県伊達郡保原町に生まれる
一九四〇年　三月　保原町立保原尋常高等小学校尋常科卒業
一九四四年　三月　福島県立保原中学校第四学年修了
一九四七年　三月　第二高等学校文科乙類卒業
一九五〇年　三月　東京大学経済学部経済学科卒業
一九五〇年　三月　福島大学経済学部助手
一九五三年　四月　福島大学経済学部講師
一九五五年　三月　福島大学経済学部助教授
一九六三年一〇月　東京大学社会科学研究所助教授
一九六四年　四月　東京大学大学院経済学研究科担当
一九六九年　四月　東京大学社会科学研究所教授
一九七七年　三月　イギリス・ドイツにて在外研究（一九七八年三月まで）
一九七九年一一月　土地制度史学会理事代表（一九九〇年一一月まで）
一九八二年　三月　東京大学社会科学研究所長（一九八四年三月まで）
一九八五年　七月　日本学術会議会員（一九九一年七月まで）
一九八八年　三月　東京大学を定年退官
一九八八年　四月　明治学院大学経済学部教授、東京大学名誉教授
二〇〇〇年　三月　明治学院大学を退職
二〇〇〇年　四月　明治学院大学名誉教授
二〇〇六年一一月二一日　逝去

著作目録

I　著書・編著書

1　『日本地方財行政史序説――自由民権運動と地方自治制』御茶の水書房、一九六一年二月
2　『日本歴史の視点4　近代・現代』（児玉幸多と共編著）日本書籍、一九七三年一〇月
3　『日本産業革命の研究――確立期日本資本主義の再生産構造（上・下）』（編著）東京大学出版会、一九七五年六月、一〇月
4　『日本資本主義発達史の基礎知識――成立・発展・没落の軌跡』（宮本憲一と共編著）有斐閣、一九七五年一一月
5　『日本近代史要説』（高橋幸八郎・永原慶二と共編著）東京大学出版会、一九八〇年三月
6　『日本帝国主義史1　第一次大戦期』（編著）東京大学出版会、一九八五年一月
7　『近代日本における地主経営の展開――岡山県牛窓町西服部家の研究』（編著）御茶の水書房、一九八五年二月
8　『日本帝国主義史2　世界大恐慌期』（編著）東京大学出版会、一九八七年一二月
9　『自由民権と大隈・松方財政』東京大学出版会、一九八九年二月
10　『近代日本の地方自治』東京大学出版会、一九九〇年六月
11　『近代日本の行政村――長野県埴科郡五加村の研究』（西田美昭と共編著）日本経済評論社、一九九一年二月
12　『戦間期日本の対外経済関係』（編著）日本経済評論社、一九九二年六月
13　『県民100年史7　福島県の百年』（編著）山川出版社、一九九二年一一月
14　『日本帝国主義史3　第二次大戦期』（編著）東京大学出版会、一九九四年一二月
15　『文明の選択――日本の農業・農村をどうするのか』（水間豊と共編著）農林統計協会、一九九六年六月
16　『日本資本主義の構造と展開』東京大学出版会、一九九八年五月
17　『日本資本主義史論』東京大学出版会、一九九九年五月

18 『図説 伊達郡の歴史』（監修、梅宮博ほか編）郷土出版社、一九九九年一一月
19 『日本における地方自治の探究』（室井力・宮本憲一と共著）大月書店、二〇〇一年二月
20 『近代日本都市史研究――地方都市からの再構成』（金澤史男と共編著）日本経済評論社、二〇〇三年二月
21 『日本近代史への視座』東京大学出版会、二〇〇三年八月
22 『日本資本主義百年の歩み――安政の開国から戦後改革まで』東京大学出版会、二〇〇五年一一月
23 『近代日本地方自治の歩み』大月書店、二〇〇七年四月

II 論文・研究ノート

1 「農業理論の課題について――硲正夫教授『小農経済論』を中心として」福島大学経済学会『商学論集』第二一巻一号、一九五二年五月
2 「明治前期における地方制度の変革――明治前期地方財行政史試論（その一）」福島大学経済学会『商学論集』第二一巻四号 一九五三年二月
3 「民権運動と地方自治――明治前期地方財行政史試論（その二）」福島大学経済学会『商学論集』第二二巻四号、一九五三年一一月（のち、坂根義久編『論集日本歴史10 自由民権』有精堂、一九七三年三月に収録）
4 「国有林野利用の発展構造――北会津郡一箕村下居合部落」東北経済研究所『東北経済』第一四号、一九五四年九月
5 「自由民権運動と寄生地主制」福島大学経済学会『商学論集』第二三巻五号、一九五五年一月（のち、福島大学経済学会編『寄生地主制の研究』御茶の水書房、一九五五年六月、に収録）
6 「福島事件」歴史学研究会編『歴史と民衆』岩波書店、一九五五年一二月
7 「わが国地方自治制の成立――明治前期地方財行政史試論（その三）」福島大学経済学会『商学論集』第二四巻四号、一九五六年三月
8 「封建制の構造論について――山田舜著『日本封建制の構造分析』によせて」『歴史評論』第八四号、一九五七年二月
9 「農民層分解の論理と形態――いわゆる寄生地主制の研究のための一試論」福島大学経済学会『商学論集』第二六巻三号、一九五七年一二月（のち、大塚久雄・入交

好脩編『経済史学論集』河出書房新社、一九六二年六月、および著書17に収録）
10「明治前期における蚕種業の発達と地主制」高橋幸八郎・古島敏雄編『養蚕業の発達と地主制』御茶の水書房、一九五八年三月
11「福島事件の社会経済的基盤」堀江英一・遠山茂樹編『自由民権期の研究　第二巻』有斐閣、一九五九年九月（のち、著書9に収録）
12「明治維新と自由民権運動」「日本産業革命の展開とその歴史的特質」「日本資本主義の展開」金子武蔵・大塚久雄編『講座近代思想史IX』弘文堂、一九五九年一〇月（「日本産業革命の展開とその歴史的特質」はのち、歴史科学協議会編『歴史科学大系10　日本の産業革命』校倉書房、一九七七年三月、および著書21に収録）
13「維新政権と大隈財政――大江志乃夫氏の新説を中心として」『歴史学研究』第二四〇号、一九六〇年四月（のち、著書9に収録）
14「地租改正をめぐる問題点――一九六〇年度土地制度史学会大会報告を中心として」『土地制度史学』第一一号、一九六一年四月（のち、著書21に収録）
15「大隈財政と松方財政――一九六一年度歴研大会大江報告によせて」『歴史学研究　別冊特集　世界史と近代日本』一九六一年一〇月（のち、著書9に収録）
16「初期帝国議会下の民党運動――福島県地方の実態」東北経済研究所『東北経済』第三七号、一九六一年一〇月（のち、宇野俊一編『論集日本歴史11　立憲政治』有精堂、一九七五年九月、および著書10に収録）
17「松方財政と自由民権家の財政論――日本資本主義の原始的蓄積過程の理解のための一試論」福島大学経済学会『商学論集』第三〇巻二号、一九六二年一月（のち、著書9に収録）
18「農業財政投融資の展開と構造」庄司吉之助編『戦後農業資本形成に関する研究』一九六二年三月
19「地方自治」『岩波講座　日本歴史16　近代3』岩波書店、一九六二年九月（のち、著書10に収録）
20「日本資本主義確立期に関する若干の理論的問題――実証研究の発展のために」『歴史学研究』第二九五号、一九六四年一二月（のち、著書21に収録）
21「日本資本主義論争と経済政策論」山中篤太郎・豊崎稔監修『経済政策講座2　経済政策の史的展開』有斐閣、一九六四年一二月
22「日本における「産業資本確立期」について――最近

の「通説」批判の検討」東京大学社会科学研究所『社会科学研究』第一六巻四・五合併号、一九六五年三月（のち、武田晴人・中林真幸編『展望日本歴史18　近代の経済構造』東京堂出版、二〇〇〇年五月、および著書21に収録）

23　「「世界史の基本法則の再検討」によせて――椽川論文を中心に」『歴史学研究』第三一一号、一九六六年四月

24　「資本の原始的蓄積」『経済』第二七号、一九六六年八月

25　「発足としての明治維新の性格」『経済評論』第一七巻五号（特集　日本資本主義百年の条件）一九六八年五月（のち、著書17に収録）

26　「自由民権運動の『基本的人権』論とその基盤」東京大学社会科学研究所編『基本的人権2』東京大学出版会、一九六八年七月（のち、著書9に収録）

27　「明治維新と階級闘争（とくに農民闘争）」『歴史学研究』第三三九号、一九六八年八月（のち、著書21に収録）

28　「日本製糸業賃労働の構造的特質――等級賃銀制を中心として」川島武宜・松田智雄編『国民経済の諸類型』岩波書店、一九六八年一〇月（のち、著書16に収録）

29　「「殖産興業」と「自由民権」の経済思想」長幸男・住谷一彦編『近代日本経済思想史Ⅰ』有斐閣、一九六九年一二月（のち、著書9に収録）

30　「農地改革の再検討」佐伯尚美・小宮隆太郎編『日本の土地問題』東京大学出版会、一九七二年七月

31　「雇用契約書の変遷からみた製糸業賃労働の形態変化」東京大学社会科学研究所『社会科学研究』第二四巻二号、一九七二年一二月（のち、著書16に収録）

32　「戦後地方財政改革の意義」林健久・貝塚啓明編『日本の財政』東京大学出版会、一九七三年八月（のち、著書10に収録）

33　「戦後改革と日本資本主義の構造変化――その連続説と断続説」東京大学社会科学研究所編『戦後改革1　課題と視角』東京大学出版会、一九七四年四月（のち、著書17に収録）

34　「農地改革の歴史的意義」東京大学社会科学研究所編『戦後改革6　農地改革』東京大学出版会、一九七五年二月（のち、著書16に収録）

35　「課題と方法」大石嘉一郎編『日本産業革命の研究上』東京大学出版会、一九七五年六月（のち、著書17に収録）

36 「近代史序説」『岩波講座　日本歴史14　近代1』岩波書店、一九七五年八月
37 「労働力群の構成」大石嘉一郎編『日本産業革命の研究　下』東京大学出版会、一九七五年一〇月（のち、著書16に収録）
38 「日清『戦後経営』と地方財政」大内力編『現代資本主義と財政・金融2　地方財政』東京大学出版会、一九七六年八月（のち、著書10に収録）
39 「日本資本主義論争と農業＝土地問題」（解説）歴史科学協議会編『歴史科学大系9　日本資本主義と農業問題』校倉書房、一九七六年九月（のち、著書17に収録）
40 「資本主義の確立」『岩波講座　日本歴史17　近代4』岩波書店、一九七六年一二月（のち、著書16に収録）
41 「昭和恐慌と地方財政」（全体研究報告）東京大学社会科学研究所『社会科学研究』第二八巻四・五合併号、一九七七年三月
42 「昭和恐慌と地方財政——農村財政を中心として」東京大学社会科学研究所編『ファシズム期の国家と社会1　昭和恐慌』東京大学出版会、一九七八年一二月（のち、著書10に収録）
43 「日本近代史概観」高橋幸八郎・永原慶二・大石嘉一郎編『日本近代史要説』東京大学出版会、一九八〇年三月
44 「自由民権運動と地方自治」『ジュリスト』（増刊総合特集）第一九号、一九八〇年七月一八日（のち、著書21に収録）
45 「戦後日本資本主義の歴史的位置と戦後改革」『講座今日の資本主義2　日本資本主義の展開過程』大月書店、一九八一年一一月（のち、著書21に収録）
46 「『日本資本主義発達史講座』刊行事情」『日本資本主義発達史講座』（復刻版）「別冊1　解説・資料」岩波書店、一九八二年五月（のち、著書17に収録）
47 「日本の歴史学における絶対主義論の特徴」『史潮』新一三号、一九八三年一〇月
48 「課題と方法」「国家と諸階級」大石嘉一郎編『日本帝国主義史1　第一次大戦期』東京大学出版会、一九八五年一月（のち、著書17に収録）
49 「本書の課題と構成」「西服部家の変遷と特徴」大石嘉一郎編『近代日本における地主経営の展開』御茶の水書房、一九八五年二月
50 「農村財政の展開（一八九〇〜一九五三年）——埼玉県比企郡高坂村の事例」東京大学社会科学研究所『社会

科学研究』第三七巻四号、一九八五年一一月（のち、著書10に収録）

51　「地方自治制の確立――行政村の定着を中心として」遠山茂樹編『近代天皇制の成立』岩波書店、一九八七年一一月（のち、著書10に収録）

52　「世界大恐慌と日本資本主義――問題の所在」大石嘉一郎編『日本帝国主義史2　世界大恐慌期』東京大学出版会、一九八七年一二月（のち、著書16に収録）

53　「課題と方法」大石嘉一郎・西田美昭編著『近代日本の行政村――長野県埴科郡五加村の研究』日本経済評論社、一九九一年二月（のち、著書21に収録）

54　「戦間期日本の対外経済関係――問題の所在」大石嘉一郎編『戦間期日本の対外経済関係』日本経済評論社、一九九二年六月（のち、著書16に収録）

55　「近代都市財政史研究の課題と方法」（金澤史男と共著）明治学院大学産業経済研究所『研究所年報』第一一号、一九九四年一一月（大石嘉一郎執筆箇所「近代都市史研究の視角と課題」は、のち大門正克・小野沢あかね編『展望日本歴史21　民衆世界への問いかけ』東京堂出版、二〇〇一年一〇月および著書21に収録）

56　「第二次世界大戦と日本資本主義――問題の所在」大石嘉一郎編『日本帝国主義史3　第二次大戦期』東京大学出版会、一九九四年一二月（のち、著書16に収録）

57　「戦前期地方都市財政の展開過程――静岡市・水戸市の事例分析」（金澤史男・田中重博と共著）明治学院大学産業経済研究所『研究所年報』第一二号、一九九五年一二月

58　「農業・農村の現状と問題」『文明の選択――日本の農業・農村をどうするのか』（水間豊と共編著）農林統計協会、一九九六年六月

59　「近代的地方自治の歴史と限界」大石嘉一郎・室井力・宮本憲一著『日本における地方自治の探究』大月書店、二〇〇一年二月

60　「課題と方法」（金澤史男と共著）「水戸市――標準的地方都市の事例研究Ⅰ　近世城下町の近代行政都市への再編」（大槻功と共著）大石嘉一郎・金澤史男編著『近代日本都市史研究――地方都市からの再構成』日本経済評論社、二〇〇三年二月

Ⅲ　欧文論文

1　'The Differentiation of the Peasantry and Peasants' Movement in the Process of Disintegration of Feudal and Seigneurial *Land Property in Japan*', *Annals of the Institute of Social Science*, 12, 1971.

2 'Japan's Industrial Revolution: Its Evolution and Characteristic Features', *Annals of the Institute of Social Science*, 17, 1976.

3 'Food Supply and Reorganization of Rural Community in Japan, 1937-1945', (with Nishida Yoshiaki), *Annals of the Institute of Social Science*, 27, 1985.

Ⅳ　調査報告（分担執筆）

1 『福島県における農村金融の実態』福島県農家経済研究所、一九五三年三月

2 『福島県における農村財政と農民負担の実態』同右、一九五四年三月

3 『福島県における農村過剰労働力の実態』同右、一九五五年三月

4 『福島県における開拓営農の実態』同右、一九五六年三月

5 『福島県における農家負債の実態』同右、一九五七年三月

6 『福島県における農業機械化の実態』同右、一九五八年三月

7 『福島県における青果物市場の実態』同右、一九五九年一一月

8 『戦後農業資本形成に関する研究』（昭和三五年度農林漁業試験研究費補助金による研究報告書）一九六一年三月

9 『福島県における肉畜流通の実態』福島県農家経済研究所、一九六一年五月

10 『福島県における農村集落活動の実態』同右、一九六二年三月

11 『福島県における農家労働力移動の実態』同右、一九六三年三月

12 『磐城市における漁業経営の実態とその諸問題』福島県農政部、一九六三年三月

13 『石城郡四倉町における漁業経営の実態とその諸問題』同右、一九六三年一二月

14 『福島県相馬沿岸における漁業経営の実態とその諸問題』同右、一九六五年三月

15 『福島県相双地区における漁業経営の実態とその諸問題』同右、一九六五年六月

16 『倉敷紡績の資本蓄積と大原家の土地所有・第一部』

（東京大学社会科学研究所調査報告　第一一集）一九七〇年三月

V　書評

1　藤田五郎『近世経済史の研究』、福島大学経済学会『商学論集』第二三巻五号、一九五四年二月
2　歴史学研究会編『明治維新と地主制』、福島大学経済学会『商学論集』第二五巻二号、一九五六年九月
3　明治史料研究連絡会編『自由民権運動』、『歴史学研究』第二〇三号、一九五七年一月
4　小池基之『地主制の研究』、『経済評論』第七巻一一号、一九五八年一〇月
5　古島敏雄編『日本地主制史研究』、『土地制度史学』第六号、一九六〇年一月
6　丹羽邦男『明治維新の土地変革』、福島大学経済学会『商学論集』第三一巻四号、一九六三年三月
7　長幸男『日本経済思想史研究』、『土地制度史学』第二五号、一九六四年一〇月
8　佐々木潤之介『幕末社会論』、『史学雑誌』第七九編七号、一九七〇年七月
9　暉峻衆三『日本農業問題の展開　上』、『土地制度史学』第五二号、一九七一年七月
10　山田公平『近代日本の国民国家と地方自治』、日本地方自治学会編『条例と地方自治』敬文堂、一九九二年一一月
11　持田信樹『都市財政の研究』、日本地方財政学会編『現代地方財政の構造転換』勁草書房、一九九六年一一月

VI　文献解説

1　山田盛太郎『日本資本主義分析』、『歴史評論』第二〇九号、一九六八年一月（のち、歴史科学協議会編、山口啓二・黒田俊雄監修『歴史の名著〈日本人篇〉』校倉書房、一九七〇年二月に収録）
2　「解説」『藤田五郎著作集　第一巻　日本近代産業の生成』御茶の水書房、一九七〇年九月（のち、著書17に収録）
3　「解説」『藤田五郎著作集　第四巻　封建社会の展開過程』御茶の水書房、一九七一年二月（のち、著書17に収録）
4　山田盛太郎『日本資本主義分析』、平野義太郎『日本資本主義社会の機構』、沢田章『明治財政の基礎的研

究』、藤田武夫『日本地方財政制度の成立』、山田勝次郎『米と繭の経済構造』、島恭彦『財政政策論』、飯淵敬太郎『日本信用体系前史』、大内兵衛・向坂逸郎・土屋喬雄・高橋正雄『日本資本主義の研究（上・下）』、信夫清三郎『日本の独占資本主義（上）』、島恭彦『日本資本主義と国有鉄道』、山口和雄『明治前期経済の分析』、守田志郎『地主経済と地方資本』、遠藤元男編『日本史研究書総覧』名著出版、一九七五年一二月

5 「解説」野呂栄太郎『初版　日本資本主義発達史（下）』岩波文庫、一九八三年一二月

VII　序論・概説・研究動向・コメント

1 「近代三」『史学雑誌』第七四編五号（一九六四年の歴史学界——回顧と展望）一九六五年五月

2 「紙幣整理か、軍備拡張か……松方デフレ」家永三郎・井上清ほか編『近代日本の争点（上）』毎日新聞社、一九六七年四月

3 「序論」歴史学研究会・日本史研究会編『講座日本史5　明治維新』東京大学出版会、一九七〇年一一月

4 「序説」「明治の「御一新」」「明治国家の発展」「松方財政は日本経済の進路をどのように定めたのか」「大隈財政と松方財政」児玉幸多・大石嘉一郎編『日本歴史の視点4　近代・現代』日本書籍、一九七四年一〇月

5 「幕末・維新期」日本経済学会連合会編『経済学の動向　上巻』東洋経済新報社、一九七四年一一月

6 「明治維新と資本の原始的蓄積」「自由民権運動」「大隈財政と松方財政」大石嘉一郎・宮本憲一編『日本資本主義発達史の基礎知識』有斐閣、一九七五年一一月

7 「豪農論」「マニュファクチュア論争と寄生地主制論争」塩沢君夫・後藤靖編『日本経済史』有斐閣、一九七七年一二月（「マニュファクチュア論争と寄生地主制論争」は、のち著書17に収録）

8 「補足コメント」（芝原拓自「報告六　日本の開港＝対応の世界史的意義」）石井寛治・関口尚志編『世界市場と幕末開港』東京大学出版会、一九八二年一一月

9 「近代福島地方史研究の回顧と展望」『明治維新史学会報』第三一号、一九九七年一〇月（のち、著書21に収録）

VIII　県史・市史・町史

1 『福島県史11　近代資料1』（編集と解説執筆）一九六四年三月、『福島県史12　近代資料2』（編集と解説執

筆）一九六六年三月、『福島県史13 近代資料3』（編集）一九六八年三月、『福島県史15 政治1』（編集と第一編第二章第一節執筆）一九六八年三月、『福島県史14 近代資料4』（編集）一九六九年三月、『福島県史16 政治2』（編集）一九六九年三月、『福島県史17 政治3』（編集と第一編第一章第一節執筆）一九七〇年三月、『福島県史18 産業経済1』（編集）一九七〇年三月、『福島県史19 産業経済2』（編集）一九七一年三月、『福島県史4 近代1』（編集と第一編第一章執筆）一九七一年三月、（「自由民権運動の発展と福島事件」は、のち、著書9に収録）『福島県史5 近代2』（編集）一九七一年一一月

2 『郡山市史 第四巻 近代（上）』（編集と第一編第一章、第二編第一章第一節、第二節執筆）一九六九年四月

3 『保原町史 第四巻 民俗』（監修）一九八一年三月、『保原町史 第三巻 資料 近代・現代』（監修）一九八二年七月、『保原町史 第二巻 資料 原始・古代・中世・近世』（監修）一九八三年一二月、『保原町史 第五巻 文化・教育』（監修）一九八五年三月、『保原町史 第一巻 通史』（監修）一九八七年一二月

4 『船引町史 民俗編』（監修）一九八二年三月、『船引町史 資料編II 近代・現代』（監修）一九八三年三月、『船引町史 資料編I 原始・古代・中世・近世』（監修）一九八四年九月、『船引町史 通史編I 原始・古代・中世・近世』（監修）一九八六年一一月

5 『東松山市史 資料編 第四巻 近・現代編』（編集）一九八四年三月、『東松山市の歴史 下巻』（編集と近代第一章（第六節を除く）、第二章（第五節を除く）執筆）一九八六年三月

6 『水戸市史 下巻1』（編集と第一章第一節、第二節執筆）一九九三年一〇月、『水戸市史 下巻2』（編集と第四章第一節一・二、第五章第一節一（雨宮昭一と共著）・二執筆）一九九五年八月、『水戸市史 下巻3』（編集と第七章第一節一「敗戦と占領」「占領軍の水戸進駐」「茨城軍政部の活動」「公職追放とその解除」・二、第八章第一節、第十章第八節執筆）一九九八年五月

7 『喜多方市史 第六巻 下（資料編六）』（監修と「序」「総合解説」を執筆）一九九三年三月、『喜多方市史 第六巻 中（資料編五）』（監修と「序」「総合解説」を執筆）一九九六年六月、『喜多方市史 第七巻（現代資料編）』（監修と「序」「総合解説」を執筆）一九九八年六月、『喜多方市史 第六巻 上（資料編四）』（監修と

「序」「総合解説」を執筆）二〇〇〇年六月、『喜多方市史　第三巻　通史編3』（監修）二〇〇二年三月、『喜多方市史』別巻一（監修）二〇〇四年三月、『喜多方市史』別巻二（監修）二〇〇四年六月

IX　講演記録

1　「福島県の「立県」と自由民権」『福島県文化センター月報』一九七六年八月（のち、著書21に収録）

2　「明治維新研究と階級闘争史研究の諸問題」山口啓二・浜林正夫監修、東京歴史科学研究会編『歴史を学ぶ人々のために　第2集』三省堂、一九七七年七月

3　「保原の歴史と現在」『郷土の香り』（郷土文化財資料第一四集）保原町文化財保存会、一九八一年三月

4　「自由民権運動の今日的意義」喜多方事件98周年・国会開設請願100周年記念集会・巡検報告書『自由民権運動の今日的意義』一九八一年一一月（のち、著書21に収録）

5　「自由民権運動と現代」『福大史学』第三五号、一九八三年三月

6　「〔大会記念講演要旨〕自由民権運動と地方自治――福島事件を中心に」『千葉史学』第三号、一九八三年九月

7　「自由民権運動と現代――加波山事件百周年を記念して」季刊『葦牙』第二号、一九八五年三月

8　「近代史の編さんと史料保存」埼玉県市町村史編さん連絡協議会『会報』第一五号、一九八九年三月（のち、著書21に収録）

9　「近代都市史をいかに学ぶか」（上・下）『東京』第八〇・八一号、一九八九年八月・九月

10　「近代日本の人権思想――自由民権運動の人権論を中心に」（日学双書9『〝人権の歩み〟から何を学ぶか』）日本学術協力財団、一九九〇年四月

11　「大石教授講話」『茨城信陵同窓会』福島高等商業学校・福島経済専門学校・福島大学経済学部　茨城信陵同窓会、一九九四年五月

12　「私と地方自治研究」日本地方自治学会編『介護保険と地方自治』（地方自治叢書12）敬文堂、一九九九年一一月（のち、著者21に収録）

X　座談会・シンポジウム

1　「シンポジウム　明治百年をどう評価するか」（〈報告〉色川大吉、〈討論〉市井三郎・松本三之介・大石嘉一郎）『潮』一九六七年一月

2　「シンポジウム　大学の自治の課題」（岩尾裕純・梅根悟・大石嘉一郎・兼子仁・渡辺洋三）『法律時報』一月号臨時増刊、一九七〇年一月
3　「座談会「大塚史学」の方法論をめぐって」（大石嘉一郎・太田秀道・田中正俊・山之内靖・和田春樹・永原慶二）『歴史学研究』第三七五号、一九七一年八月
4　「産業資本確立期における国家と経済」（安良城盛昭・石田雄・大石嘉一郎・利谷信義ほか）高橋幸八郎編『日本近代化の研究　上』東京大学出版会、一九七二年一月
5　『シンポジウム　日本歴史18　日本の産業革命』（大石嘉一郎・石井寛治・柴垣和夫・高村直助・中村政則・山之内靖）学生社、一九七二年三月
6　「座談会　経済史研究とその国際交流——社会科学研究所二五年間の回顧とともに」（語り手　高橋幸八郎、聞き手　稲本洋之助・潮見俊隆・大石嘉一郎・和田春樹・渡辺洋三・岡田与好〔司会〕）東京大学社会科学研究所『社会科学研究』第二四巻二号、一九七二年一二月
7　「座談会　自由民権運動と日本の近代」（大石嘉一郎・松永昌三・金原左門）『歴史公論』第二号、一九七六年一月
8　『シンポジウム　日本歴史16　自由民権』（永井秀夫・江村栄一・大石嘉一郎・大江志乃夫・遠山茂樹・松永昌三・山田昭次）学生社、一九七六年二月
9　「座談会　研究生活を回顧して——金融史研究を中心に」（語り手　加藤俊彦、聞き手　渡辺洋三・大石嘉一郎・柴垣和夫・山崎広明・戸原四郎〔司会〕）東京大学社会科学研究所『社会科学研究』第二八巻四・五合併号一九七七年三月
10　「研究討論　時代区分の理論的諸問題——日・朝両国史を素材として（上・中・下）」（石上英一・大石嘉一郎・永原慶二・梶村秀樹・糟谷憲一・木村誠・武田幸男・旗田巍・宮島博史・矢沢康祐・宮地正人〔司会〕）『歴史評論』第三六五・三六六・三六七号、一九八〇年九月、一〇月、一一月
11　「座談会　自由民権運動と現代——進歩と革命の伝統を語る」（大石嘉一郎・小林栄三・高橋磌一）『赤旗』一九八一年一〇月六日、七日、八日、九日
12　「座談会　自由民権運動と現代」（安在邦夫・大石嘉一郎・上条宏之・遠山茂樹）『歴史評論』第三七九号、一九八一年一一月
13　「座談会　わが研究生活をふりかえる」（語り手　渡辺洋三、聞き手　江守五夫・大石嘉一郎・利谷信義・藤田

勇・稲本洋之助（司会））東京大学社会科学研究所『社会科学研究』第三三巻五号、一九八一年一二月

14　「座談会　近代日本の自治と抵抗の系譜」（大石嘉一郎・飛鳥井雅道・金原左門）『歴史公論』第一一〇号、一九八五年一月

15　「追悼座談会　庄司吉之助先生を偲ぶ」（（司会）星埜惇、大石嘉一郎・大村三良・田中正能・山田舜・松井秀親）東北経済研究所『東北経済』第七九号、一九八六年三月

16　「座談会　日本資本主義史研究の歩み――自由民権から戦後改革まで」（語り手　大石嘉一郎、聞き手　石井寛治・佐藤昌一郎・中村政則・毛利健三・柳沢遊・山田舜・西田美昭（司会））東京大学社会科学研究所『社会科学研究』第三九巻四号、一九八七年一二月（本書第Ⅲ部に収録）

17　「分権を妨げる歴史的風土」（大石嘉一郎・金原左門）『月刊自治研』第三一巻二号、一九八九年二月

18　「所長座談会」（語り手　石田雄・藤田勇・大石嘉一郎・戸原四郎・奥平康弘・加藤榮一・利谷信義・山崎広明・坂野潤治・和田春樹、平石直昭（司会）、聞き手　広渡清吾・渋谷博史・中川淳司）『社会科学研究』第四八巻四号、一九九七年一月

19　「（明治学院大学）経済学部50周年記念座談会（その3）回顧と展望」（語り手 大石嘉一郎・大宮侠一、聞き手　松島恵・中山弘正・大塩武・大西晴樹）明治学院大学『経済研究』第一二二・一二三合併号、二〇〇二年一月

Ⅺ　評論・随想・その他

1　「解説」（町村合併に関する文書）東北経済研究所『東北経済』第一六号、一九五五年二月

2　「日本資本主義論争と私」内田義彦・大塚久雄・松島栄一編『現代日本思想大系20　マルキシズム1』「月報33」筑摩書房、一九六六年三月

3　「「大学紛争」と日本の社会科学」『社会科学の方法』第一三号、御茶の水書房、一九七〇年一月

4　「思想のことば」『思想』第五六一号、一九七一年三月

5　「後記」高橋幸八郎編『日本近代化の研究　下』東京大学出版会、一九七二年二月

6　「伏黒村調査のこと」『古島敏雄著作集　第四巻』「月報4」東京大学出版会、一九七四年一二月（のち、著書21に収録）

7　「近代地方史料論の必要性」『茨城県史料　近代政治社会編II』「付録15」茨城県史編さん委員会、一九七六年三月（のち、著書21に収録）
8　「福島時代の小林さん」『小林昇経済学史著作集Ⅶ』「月報7」未来社、一九七八年一二月（のち、著書21に収録）
9　「解題」『服部完二家所蔵文書目録』（東京大学社会科学研究所文献資料目録　第七冊）東京大学社会科学研究所、一九八〇年三月
10　「土蔵の中の『資本論』」『経済』第一九三号、一九八〇年五月
11　「自由民権百年全国集会に期待すること」自由民権百年全国集会実行委員会『自由民権百年』一九八一年一〇月
12　「追悼特集にあたって」（故山田盛太郎先生追悼特集）『土地制度史学』第九三号、一九八一年一〇月
13　「自由民権と地方自治」『福島史学研究』復刊三二・三三号一九八一年一一月
14　「自由民権百年と研究者の課題」自由民権百年全国実行委員会『自由民権百年』第七号、一九八一年一一月（のち、著書21に収録）
15　「社会科学の歴史に画期——『日本資本主義発達史講座』発刊五十年」『赤旗』一九八二年六月二日
16　「開会宣言」「全国集会のまとめ」自由民権百年全国集会実行委員会『自由民権百年の記録』三省堂、一九八二年八月（「全国集会のまとめ」は、のち著書21に収録）
17　「福島・喜多方事件の歴史的意義——福島・喜多方事件百周年に際して」『歴史評論』第三九〇号、一九八二年一〇月
18　「福島事件は百年目の今日何を語るか」『赤旗』一九八二年一一月二日
19　「自治と連帯を求めて」自由民権百年全国集会実行委員会『自由民権百年』臨時増刊号、一九八四年一一月（のち、著書21に収録）
20　「自由民権運動の全体像にせまる」『赤旗』一九八五年三月一一日
21　「マルクス再生産論との出会い」『経済』第二五五号、一九八五年七月
22　「能地清君を偲ぶ」能地清遺稿・追悼集編集委員会『日本帝国主義と対外財政——能地清遺稿・追悼集』一九八五年九月
23　「民衆史運動と歴史研究——庄司吉之助を偲んで」『日

本の科学者』第二〇巻一〇号、一九八五年一〇月
24 「歴史の教訓――過ちを二度とくりかえしてはならない」(『国家機密法に反対する』)『経済』第二五九号、一九八五年一一月
25 「基調報告――自治と連帯を求めて」自由民権百年全国集会実行委員会編『自由民権運動と現代』三省堂、一九八五年一二月
26 「私のふるさと　保原町」『文化福島』第一七四号、一九八六年六月
27 「わが福島――その歴史と現実」『岩波現代ふるさと情報』岩波書店、一九八七年三月
28 「地方自治史研究の視点――とくに農村自治について」『新編　埼玉県史　資料編20　近代・現代2』「新編埼玉県史だより24」一九八七年三月
29 「地域文化活動と自治体史編さん事業」八潮市史編さん委員会編『八潮市史研究』第七号、一九八九年三月(のち、著書21に収録)
30 「帝国憲法体制を支える地方制度づくり――市町村制をめぐる地域の動きを中心に」『歴史地理教育』第四三八号、一九八九年二月
31 「国立大学財政制度をめぐる問題点」『全大教時報』第四号、一九九〇年八月
32 「近代日本の地方自治と行政村――地方自治の新たな視点」明治学院大学学長室『白金通信』第二七〇号、一九九一年一〇月(のち、著書21に収録)
33 「民主的な地域的公共関係の創造」『季刊科学と思想』第八三号、一九九二年一月
34 「自由民権百年の運動と遠山さん」『遠山茂樹著作集』第七巻、月報4、岩波書店、一九九二年三月(のち、著書21に収録)
35 「福島・喜多方事件一一〇周年にあたって」『歴史地理教育』第四八九号、一九九二年七月
36 「地域開発、二つの路線の交錯――喜多方事件から初期議会へ」『自由民権運動　福島・喜多方事件百拾周年記念のつどい』自由民権運動　福島・喜多方事件110周年記念のつどい実行委員会、一九九二年一一月
37 「歴史研究と地域掘りおこし」歴史教育者協議会編『あたらしい歴史教育4　地域史に学ぶ』大月書店、一九九四年二月
38 「戦後史と私の日本資本主義史研究」永原慶二・中村政則編『歴史家が語る戦後史と私』吉川弘文館、一九九六年五月

39　「大塚久雄さんを偲ぶ――近代日本経済史研究者の立場から」『歴史学研究月報』第四四二号、一九九六年一〇月（のち、著書21に収録）

40　「野呂栄太郎の学問的業績と影響――生誕一〇〇年に寄せて」（上・下）『赤旗』二〇〇〇年七月七日・九日

41　「福島自由民権大学10周年を祝う」『福島自由民権大学10周年記念出版〝大学通信〟集録』福島自由民権大学、二〇〇〇年九月

42　「小林賢齊編『資本主義構造論――山田盛太郎東大最終講義』に寄せて」『評論』第一二五号、二〇〇一年六月

43　「松本登さんを偲ぶ」三春地方自由民権運動血縁の会『会報』第四五号、二〇〇三年八月

44　「戦前期日本資本主義――その構造と段階」『UP』第三七二号、二〇〇三年一〇月（本書第Ⅲ部に収録）

45　「わたくしにとっての同時代史」『評論』第一四〇号、二〇〇三年一二月（本書第Ⅲ部に収録）

46　「市史編纂から資料館の設立へ」『「喜多方市史完結記念シンポジュウム」報告書』喜多方市教育委員会、二〇〇五年三月

XII　辞典項目

1　『日本近代史辞典』（「福島事件」等を執筆）東洋経済新報社、一九五八年一一月（のち、『日本近現代史辞典』東洋経済新報社、一九七八年四月、として補充のうえ再刊）

2　『経済学辞典』（「町村制」等を執筆）岩波書店、一九六五年九月

3　『社会科学大事典』（「市制・町村制」等を執筆）鹿島研究所出版会、一九六八年四月～一九七一年八月

4　『現代世界百科大事典』（「地方自治制」等を執筆）講談社、一九七一年一〇月～一九七二年四月

5　『世界伝記大事典――日本・朝鮮・中国編』（「三島通庸」を執筆）ほるぷ出版、一九七八年一月

6　『国史大辞典』（「産業革命」等を執筆）吉川弘文館、一九七九年三月～一九九七年四月

7　『大百科事典』（「日本資本主義」〈戦前〉等を執筆）平凡社、一九八四年一一月～一九八五年六月

8　法政大学大原社会問題研究所編『社会・労働運動大年表』（「昭和農業恐慌」等を執筆）労働旬報社、一九八六年一〇月～一九八七年一月

9 『社会学事典』(「明治時代の社会」等を執筆) 弘文堂、一九八八年二月

10 『日本歴史大事典　第一巻~第四巻』(「自由民権運動」等を執筆) 二〇〇〇年一〇月~二〇〇一年七月

＊以上の著作目録は、戸塚喜久氏が作成した「大石嘉一郎教授著作目録」(東京大学社会科学研究所『社会科学研究』第三九巻四号、一九八七年一二月) をもとに、大石先生追悼文集刊行会事務局において、同目録刊行以後に発表された著作などを加え、若干の修正を施したものである。

あとがき

二〇〇六年一一月二一日、大石嘉一郎先生が、長い闘病生活の後に逝去されたあと、大石先生の学恩を受けた研究者の間から「追悼文集を出そう」という声が生まれ、それが、二〇〇七年四月三日の「大石嘉一郎先生を偲ぶ会」によってより強い要望となり、大石史学の総括と追悼文集の両側面をもった、『日本近代史研究の軌跡――大石嘉一郎の人と学問』がここに誕生するに至った。刊行の主体となったのは、四月初旬につくられた「大石先生追悼文集刊行会」であったが、ここで、ごく簡単に本書刊行の経緯にふれておきたい。

実務を担当したのは、西田美昭・長谷川信・柳沢遊・沼尻晃伸の四人からなる事務局であった。長谷川が、執筆を依頼する呼びかけ文の作成から文書発送作業に至るまでの業務を担当した。柳沢は、刊行会事務局代表者として、追悼文の送付先ならびに、執筆者・募金者からの問い合わせの窓口となった。沼尻は、東京大学退職後の大石先生の著作目録づくりを完成させた。西田は、大石美代子夫人との連絡を受け持つとともに、適宜、実務を担当した三人からの相談に乗る役回りを担当した。五月二四日には、西田と沼尻が、小石川の大石宅を伺い、大石美代子夫人の許可を得て、写真、名簿、公演テープなど「大石先生関連資料」の発掘を行ったことも記しておきたい。この四人が中心となって刊行会の意向を具体化し、必要な募金の呼びかけを行うとともに、執筆者になっていただくお願いと執筆要項の送付が五～六月に行われ、本書の編集が開始された。

大石先生の交際範囲はとても広く、活躍期間が長期間に及んだため、追悼文の執筆依頼者は多方面にわたった。さいわい、刊行会メンバーをはじめ、二高・福島大学・東大社研・明治学院大学、各種研究会の関係者から適切な助言を得て、短期間に、募金依頼・執筆依頼を進めることができた。とくに福島大学ＯＢとして連絡調整に当たっていただいた市川捷治氏と業績目録作成に助力をいただいた大江治一郎氏・田崎公司氏にはお世話になった。残念だったのは、大石先生が、一九八八年から一二年間勤務した明治学院大学における大石ゼミナール卒業生とのコンタクトが最後まで取れなかったことである。

こうして、六九名の方から想いのこもった追悼文を寄せていただき、また当初の予想をはるかにこえる一六〇万余円もの刊行援助資金を賜ることができた。心よく私たちの依頼に応じ、殊玉の追悼文をお寄せくださった方々、また、募金に協力いただいた方々に心から感謝の意を表したい。

本書の読者の多くは、それぞれの文章から、大石先生の生き方と学問が、後進の研究者・教え子・同僚たちに深い影響を与え続けたこと、大石先生の研究成果が、戦後の日本近代史研究を前進させるとともに、そこから紡ぎ出された諸論点が、今日の私たちになお未完の課題として残されていることを知ることができよう。本書が、大石先生にゆかりのある方々のみならず、若い世代の歴史研究者の手に届くことを願っている。

二〇〇七年一〇月一五日

大石先生追悼文集刊行会事務局を代表して　柳沢　遊

日本近代史研究の軌跡
――大石嘉一郎の人と学問

2007年11月21日　第1刷発行

定価（本体6000円＋税）

編　者　大石先生追悼文集刊行会

発行者　栗　原　哲　也

発行所　株式会社　日本経済評論社

〒101-0051 東京都千代田区神田神保町 3-2
電話 03-3230-1661　FAX 03-3265-2993
E-mail: nikkeihy@js7.so-net.ne.jp
URL: http://www.nikkeihyo.co.jp/

装幀・渡辺美知子　　印刷：シナノ／製本：山本製本所

落丁本・乱丁本はお取替えいたします　Printed in Japan

ISBN978-4-8188-1965-8

大石嘉一郎・金澤史男編著

近代日本都市史研究

―地方都市からの再構成―

A5判　七二〇頁　一二〇〇〇円

水戸・金沢・静岡・川崎・川口の各都市の経済構造、市政担い手層、行財政機能に焦点をあて、都市比較に留意しつつ実証的に分析し、地方の視点から近代日本都市史像を再構築する。

（二〇〇三年）

大石嘉一郎・西田美昭編著

近代日本の行政村

―長野県埴科郡五加村の研究―

A5判　七八四頁　一四〇〇〇円

近代天皇制国家の基礎単位として制度化された行政村が、いかにして民主的「公共性」を獲得していったか。膨大な役場文書を駆使し、近代日本の政治構造を捉え直す。

（一九九一年）

大石嘉一郎編

戦間期日本の対外経済関係

A5判　四〇九頁　五五〇〇円

第一次世界大戦を契機に東アジアの中で能動的な帝国主義国家として登場する日本資本主義が両大戦間期にいかなる経済関係をアジア諸国、欧米諸国と形成していったか。

（一九九二年）

（価格は税抜）　日本経済評論社